1 MONTH OF
FREE
READING

at

www.ForgottenBooks.com

By purchasing this book you are eligible for one month membership to ForgottenBooks.com, giving you unlimited access to our entire collection of over 1,000,000 titles via our web site and mobile apps.

To claim your free month visit:
www.forgottenbooks.com/free1041897

ISBN 978-0-364-60938-5
PIBN 11041897

Forgotten Books is a registered trademark of FB &c Ltd.
Copyright © 2018 FB &c Ltd.
FB &c Ltd, Dalton House, 60 Windsor Avenue, London, SW19 2RR.
Company number 08720141. Registered in England and Wales.

For support please visit www.forgottenbooks.com

Die Wiedergeburt Deutschlands im 17. Jahrhundert

Der
Große Kurfürst

Von

Martin Spahn

Mit einer Karte in Farbendruck, 93 Porträts auf 8 Tafeln und
138 Abbildungen im Text und reichem Buchschmuck

Mainz
Verlag von Franz Kirchheim
1902

Inhalt

Der Große Kurfürst

Geleitwort

Diesem Büchlein wurde die Aufgabe gestellt, seinen Lesern einerseits eine umfassende Uebersicht über das Leben und die Entwicklung der deutschen Nation von 1555 bis 1713 zu geben, anderseits die Persönlichkeit des Großen Kurfürsten als die kräftigste und erfolgreichste innerhalb dieses Zeitraums deutlich zu machen. Die Jahre vom Augsburger Religionsfrieden bis zum Frieden von Utrecht und Baden tragen einen Abschnitt der deutschen Geschichte, in dem auf allen Lebensgebieten des Volkes das Alte morsch wird und untergeht, und in dem erst allmählich durch die Trümmer neues Werden zu Tage bricht. Solche Zeitalter können ihrer Natur gemäß nie von einem einzigen, sie ganz und allseitig beherrschenden Menschen ihr Gepräge erhalten; nur nach und nach rinnen ihre tausend jungen Quellen zu Bächen und die Bäche zum breiten, mächtigen Strome zusammen. So bereitet die erste Hälfte dieses kurzen Versuchs bloß auf den großen Herrscher vor, und die zweite allein spricht von ihm. Der Schöpfer Preußens wurde im Jahre 1620, das in der Geschichte der österreichischen Schwestermonarchie bereits das bedeutsamste des Zeitalters ist, erst geboren, und erst ein Jahrhundert nach dem Anfange unserer Erzählung trat er in den Mittelpunkt des deutschen Lebens ein, um ihm dann mit bewunderungswürdiger Kraft und Hingabe den frischen, starken Zug mitzuteilen, der uns aus den Niederungen und Sümpfen allzu langen Friedens und innerer Uneinigkeit wieder zur vollen Entfaltung unsres nationalen Seins emporhob.

Ich weiß, daß die nachfolgenden Blätter das Jahrhundert des dreißigjährigen Krieges von Grund aus anders beurteilen, als es meist beliebt zu werden pflegt. Die Neigung zum gegenseitigen Anklagen, die unser konfessionell geleitetes Denken in Deutschland beherrscht, hat sich das nachreformatorische Jahrhundert zum Opfer ausgesucht, um aus seiner Geschichte alles Elend und Verderben zu beweisen, das eine Konfession der Wirksamkeit der andern gerne nachsagen möchte. Als ich bei der Beschäftigung mit jenen Tagen mein Augenmerk zuerst von der bloß brandenburgischen Geschichte auf das Leben der Nation richtete, wollte auch ich nur einmal nachschauen, ob sich das sonst so triebkräftige deutsche Wesen denn damals ganz in sich zurückgezogen hatte. Mit Erstaunen sah ich mehr und mehr von seinem Weben und Wirken sich mir erschließen, so daß ich den alten Standpunkt überhaupt verließ und einen andern, erhebenderen wählte. Das 17. Jahrhundert fing gewiß trübe und schlaff für uns an, aber es scheint, daß in seinem Verlaufe unsre Nation insgesamt herrlich genug den brandenburgischen Fahnenspruch an sich bewährte, den ich meiner Schilderung als Sinnspruch mitgeben möchte:

> Vertrau auf Gott, dich tapfer wehr,
> Darin besteht dein ganze Ehr.
> Denn wer's auf Gott herzhaftig wagt,
> Wird nimmer aus dem Feld gejagt!

Straßburg, 1901 am Tage der hl. Elisabeth von Thüringen.

Rückblick

Könnten wir das Deutschland des Jahres 1618 heute noch einmal aus der Vogelschau überblicken, wir würden glauben, es in ein Festgewand von unvergleichlicher Pracht gehüllt und doch noch immer mit der Einfügung neuen Schmucks beschäftigt zu sehen. Auf keinem Felde deutschen Lebens leuchtet uns in jener Zeit gleichviel Glanz, gleichviel Thätigkeit wie in der Kunst entgegen.

Seit dem 15. Jahrhundert hatte sich der Bautrieb in unserem Vaterlande leidenschaftlich geregt, und selbst die Stürme der Kirchenspaltung und des schmalkaldischen Bruderkrieges verzögerten seine Entwicklung nur vorübergehend. So durfte ein Franzose schon in der zweiten Hälfte des 16. Jahrhunderts unsere Städte als die sehenswürdigsten der Welt nächst denen Italiens preisen.

Bis in die Tage Luthers überwog noch der Kirchenbau. Nirgendwo hielt sich die Schaffenslust bloß an das Bedürfnis. Auch kleine Orte errichteten sich machtvoll schöne Kirchen, die weit aus der Linieneinheit ihrer Landschaft heraustreten und in deren Zier ein unermüdliches Kunstgewerbe, eine rasch reifende Bildnerei, eine groß emporstrebende Malerei sich nie genug zu thun vermochten.

Dann freilich wurde die Herrschaft des baufreudigen Katholizismus gebrochen. Die neue Religion, noch mit anderen Sorgen beschäftigt, nahm gerne mit den von der Kirche geräumten Gotteshäusern vorlieb und dachte vorerst nicht an anbre. Sie hatte den Gottesdienst in diesen gothischen Hallen, nicht den Geist des Germanentums befehdet, aus dem sie selbst erwachsen waren, und noch verschlug es ihr nichts, daß sie den veränderten Absichten ihres Gottesdienstes nicht genügten. Erst mit dem Ende des Jahrhunderts fing hüben und drüben auch das Kirchenbauen wieder an.

Inzwischen hatte der sich wandelnde Zeitgeist der Baukunst neue weite Gebiete erobert. Je mehr sich nämlich unser Reichtum häufte, desto stattlicher entfaltete sich zugleich der weltliche Bau.

Die Neigung des Bürgertums hatte sich ihm sichtlich schon vor der Kirchenspaltung zugewandt. Aber ehe sie sich noch ganz entwickelt und verallgemeinert hatte, wurden die meisten deutschen Städte durch die Religionswirren zerrüttet und schließlich durch die Siege Karls V. auch in ihrem Reichtum hart getroffen. Erst nach 1555 ward darum der Eifer allerorts der gleiche.

Damals hat Nordwestdeutschland seinen Städten den Zauber verliehen, der uns bis zur Stunde so innerlich und mit so seinem Reiz umfängt. Hildesheim, Halberstadt und Braunschweig wetteifern vor allem in der Schönheit ihres Bürgerhauses miteinander. Und dennoch wird, wer etwa Görlitz oder Brieg in Schlesien kennt, zweifeln dürfen, ob das Beste nicht dem Osten gelungen ist. Die ungemeine künstlerische Ausdrucksfähigkeit des niederdeutschen Holzbaues ward aufs äußerste gesteigert, nach dem Westen zu mehr in der Richtung des zierlich Malerischen, gegen Norden hin stärker nach der quellenden Kraft.

Zu gleicher Wirkung konnte oder kann sich doch heute der weniger farbige Bau des südlichen Deutschlands nicht erheben. Seine ehemals gemalten Fassaden sind vom Regen zerwaschen worden, Holzschnitzereien von derselben Kunst wie

Mitteldeutſchland hat er nie beſeſſen. Aber vieles macht er durch den großen Eindruck ſeiner maſſiv ſteinernen Gemeindebauten und Kaufherrnpaläſte wett.

wir im Süden einmal ganze Straßenbilder von künſtleriſcher Wirkung mit einem Blick umfaſſen können wie die Maximilianſtraße Augsburgs, da werben

Abb. 1 · Wedekind=Haus in Hildesheim

Die Rathäuſer zu Nürnberg, Augsburg und Rotenburg übertreffen an Pracht gewiß für unſer aller Gefühl die zu Emden, Leipzig oder Paderborn, ſogar die zu Lüneburg und Bremen. Und wo

wir ihr breites, ſtolzes Weſen ebenſo genießen wie das anmutig ſchillernde, gemütvolle Ausſehen etwa des halberſtädter Holzmarktes und der Goslarer oder Hildesheimer Häuſerfluchten.

Den deutschen Städten folgte unmittelbar das deutsche Fürstentum.

Zufrühest kam das Wettinische Geschlecht mit seinen Schlössern zu Meißen und Torgau, Dresden und Merseburg. So entsprach es seiner Bedeutung im Reiche. Aber bald versuchten die Wittelsbacher es zu überflügeln. Zuerst die der pfälzischen Linie. Menschen glänzenden Genußlebens, schufen sie sich zu Heidelberg vielleicht das Karaktervollste der deutschen Baukunst des 16. Jahrhunderts überhaupt. Zu Anfang des nächsten Jahrhunderts errichtete dann Max I. die staunenswert mächtige Residenz in München. Fast zur selben Zeit begann der Erzkanzler des Reichs, ein Greiffenklau, sein schönes Schloß zu Mainz, nachdem sein Vorgänger eben erst die großartige Feste zu Aschaffenburg hatte aufführen lassen. Die prächtigen Bauten des württembergischen

Abb. 2 · Toplerhaus in Nürnberg

Antriebe Wettins die Hohenzollern zu Berlin, die Greifen zu Stettin und die schlesischen Herzöge gebaut. Die Mecklenburger hatten mit ihrem Fürstenhofe zu Wismar und dem Schlosse von Güstrow geradezu künstlerisch Selbständiges geleistet. Und die welfische Familie plante ihre Anlagen so groß, als sollten sie bereits verraten, wie sehr sie ihren Platz an der Sonne nicht bloß zu behaupten, sondern auch auszudehnen gedachte. Hier in Niedersachsen und in Böhmen bethätigte sich ausgangs dieser Zeit auch der Abel in künstlerischen Bauten.

Kaum kommt uns über der Fülle und Mannigfaltigkeit des allenthalben Geschaffenen noch zum Bewußtsein, daß in einzelnen Strecken unseres Vaterlandes der allgemeine Eifer allmählich nachließ. Einzig die geradezu nackte Armut der niederrheinischen Städte an Werken des späteren 16. Jahrhunderts fällt uns beim Wandern schmerzlich in die Seele.

Hauses standen schon seit der zweiten Hälfte des 16. Jahrhunderts vollendet, gleich der malerischen Wohnstätte des Bamberger Herrn, dessen Stadt das Gepräge des deutschen Bischofsitzes bis auf unsere Tage so getreu bewahrt hat wie außer ihr nur noch Frauenburg im entlegenen Ermlande. Weithin herrschte jetzt die Willibaldsburg des Eichstädters mit ihren Massen und großen Linien über die Landschaft. Und in Würzburg hatte der reckenhafte Führer der Gegenreformation, Bischof Echter von Mespelbrunn, mit all seinen Bauten gar dem ganzen Orte ein neues Aussehen von ausgeprägter Eigenart gegeben. Im Norden hatten unter dem

Treten wir nun mitten unter alle die Bauten, so empfinden wir unwillkürlich ihre innere Zusammengehörigkeit, ihre vollkommene künstlerische Einheit. Oder tragen wir etwa nicht von Nürnberg ein künstlerisch geschlossenes Bild in unserer Erinnerung, obwohl die kirchlichen Bauten der Stadt gothisch, die weltlichen vorwie end deutsche Renaissance sind? So ist auch Hildesheim bei aller Verschiedenheit des äußeren Eindrucks ebenso ausgeprägt wie etwa Augsburg eine Stadt der einen deutschen Kunst des 16. Jahrhunderts. Im Wettinischen Gebiete die Fürstenschlösser, dahinter der Backsteinbau von Königsberg und Danzig bis Wismar, in Niedersachsen und am Rhein die Holzhäuser, in Schwaben, am Oberrhein und in der Schweiz die Sandsteinbauten und zuletzt in der österreichisch-bayrischen Gruppe trotz aller Abhängigkeit von Italien die zweimalige, ursprüngliche Blüte in

den Eindruck des ganz gesammelten, rastlosen zum Himmel Hinaufstrebens und schafft sich, zwar mit ihren Formen, nicht jedoch in ihrem Geiste, ruhig weite Räume. Zur Herrschaft über sie gelangt es nicht.

Da wächst es plötzlich auch in neuen Formen, dem zierlichen Rankenwerk und der einschmeichelnden, ganz seinen Architektonik der Frührenaissance, zuerst vereinzelt, bald überall, recht eigentlich aus den Mauern der Gebäude hervor. An

Abb. 3 · Rathaushalle zu Köln
Anbau vom Jahre 1569

Schlesien: überall sind es verwandte und einander ebenbürtige Leistungen, — Leistungen ein und desselben Kunstzeitalters, das sich in üppiger Schaffenslust über 150 bis 200 Jahre deutscher Geschichte erstreckt.

Aber dieses Kunstzeitalter ist über die Stufe des Suchens und Ringens nie hinausgelangt. Vor den ersten Bauten an der Wende des 15. zum 16. Jahrhundert verrät uns nur unser Gefühl, daß da ein Neues in der deutschen Kunst aus den Tiefen des Volksgemütes emporzuquellen beginnt. Dieses Neue rüttelt an dem Gefüge der alten Gothik, reißt ihre Linien in die Breite, zerstört ihr

den kleinen Holzbauten der Möbel im Innern des Hauses war es seit Jahrzehnten schon daran, sie auszubilden, sie auszubilden, und Peter Vischers und Holbeins Genie kommt ihm soeben dabei zu gute. Nun baut es in der neuen Weise hier erst einen Erker, dann dort ein Portal. Es ändert die Fensterverkleidung. Ein Fries schiebt sich zwischen die Stockwerke. Zwei oder drei malerische Giebel unterbrechen die Langeweile des Daches. Wo es nur geht, wird das Holzwerk geschnitzt, das Gestein mit Ornamenten bedeckt, und sogar die ganzen Fassaden erblinken in einem neuartigen, bunten, leuchtenden Farbenspiel.

Aber bereits entwickelt es sich fort zu den derberen Formen der Spätrenaissance, und während es neugierig an ihnen noch prüft und erfindet, wird es durch die gelehrten Baukünstler wie Dieterlein rastlos weiter in den Barock gerissen.

Heiß loht es uns in diesem Augenblick entgegen. In der Vermischung mit dem Barock geht die neue Kunst wie in

Aber selbst in diesem letzten Entwicklungsabschnitt gelangt sie bis 1618 noch zu keiner ausgereiften und karaktervollen Formensprache. Vielmehr wird sie um so unsicherer, je näher ihrem Ziele sie streift. Und immer mehr erschöpft sich insgemein auch ihre ohnehin geringe Fähigkeit, größeres organisch durchzubilden und zu vollenden.

Abb. 4 · Rathaus zu Rotenburg o. d. T.
Erbaut seit 1572

einem glühenden Rausche unter. Denn sie empfindet ihn mit seiner Unverbrauchtheit, seiner Saftfülle, seiner Wucht, seinem spielenden Ueberwinden der Massen, seinem Ueberschwang als Blut von ihrem Blute, gleichviel ob sie in seinen Formen den Jesuiten des Südens Kirchen baut oder der wieder durchgebrochenen nordischen Sinnlichkeit in Niederdeutschland die Wohnhäuser einrichtet.

Bloß in einem einzigen, unabhängig geworbenen deutschen Stamme, dem der Niederlande, wo in denselben Tagen auch Frans Hals und Rembrandt geboren wurden, hat sie in der Verbindung mit dem Barock einen wirklich schöpferischen Architekten, Lieven de Key, erzeugt. In Deutschland blieb Elias Holl ebenso wie vorher Buchner, Schickhardt oder Riedinger nur ein achtbarer Meister von erkennbar eigener Schaffensweise, kein Künstler von genialem Können. Viele Fürsten zogen daher mit Max von Bayern vor, große Schloßanlagen von den Fremden, die immer zahlreicher einströmten, planen und von den Einheimischen nur ausführen zu lassen. Doch auch in den Schlössern, für die das nicht geschah, sind die Entlehnungen meist beträchtlich. Als man um 1600 aufs neue Kirchen baute, wurden sie trotz ihrer barocken Formenwelt teils wieder gotisch gedacht wie die Universitätskirche zu Würzburg und die Marien

der romanischen Michaelskirche steht, wer Goslars Bürgerhäuser betrachtet hat und plötzlich sich dem Kaiserhause des 11. Jahrhunderts gegenübersieht, dem wird es offenbar, wie sehr es der Baukunst des 16. Jahrhunderts an Größe gebrach.

Einen überragenden Bildner besitzt die Nation um 1600 ebenso wenig. Und der letzte große Maler des alten Deutschlands, Adam Elsheimer aus Frankfurt, malt fern in der römischen Landschaft jene farbenduftigen, zarten Stimmungsbilder, auf denen das Menschenvolk nur noch wie ein flüchtiger Erdentagstrieb der einen

Abb. 5 · Rathaus in Bremen
Die Ostfassade 1612 von Lüder von Bentheim errichtet

kirche zu Wolfenbüttel, teils ganz aus italienischem Geiste heraus entworfen, wie es mit den beiden künstlerisch wirkungsvollsten Kirchenschöpfungen dieser Jahrzehnte, der Münchener Michaelskirche und dem Salzburger Dom, der Fall gewesen ist. So bleibt auch das Bürgerhaus wie vor alters schmal und tief, und seine Stockwerke sind niedrig wie zuvor. Es fehlt den Künstlern die Flugkraft zur Erhebung über ihre Umgebung, und über die Anläufe zu einem besonderen Baustil kam die Zeit bei allem Mühen nicht hinaus. Wer durch Hildesheims Straßen, die Häuser entlang, gegangen ist und dann im Chore

unvergänglichen Natur erscheint, in Betrachtung der Ewigkeit, die sich mit ihrer schauervollen Ruhe überall auf diesem Boden um ihn breitet.

Doch wenn der deutschen Kunst des 16. Jahrhunderts der Stil und die Künstler fehlten und sie immer in den Niederungen der Massen geblieben ist, wenn die Schwäche ihrer organisatorischen Begabung ebenso wie die Unreife der Form ihr nur das Gepräge der Handwerksleistung geben, so ist sie trotzdem in allem einzelnen und kleinen um so reicher, das volkstümlichste, das lustigste Leben überbrodelnde künstlerische Schöpfung unseres Volkes gewesen. Wie wenig Widerstand sie oft

Abb. 6 · Adam Elsheimer · Die Erziehung des Bacchus
(Städelsches Institut in Frankfurt a. M.)

auch gegen das Ausländische bewiesen, wie manchesmal sie sich in Ton und Geschmack vergriffen haben mag, es hat sich nicht umsonst ein jeder unserer alten unverwelschten Stämme ihrer bemächtigt und jeder auf seine Art sie innerlich fortgebildet. Höchste kunstgewerbliche Erfindungskraft und ein im allgemeinen für Form- und Farbenwerte gleich reizbares Auge verbanden sich hier mit der ganzen Erfahrung und außerordentlichen Meisterschaft, die sich das Handwerk unseres reich gewordenen Vaterlandes seit dem 14. Jahrhundert hatte erwerben können.

Und so hat diese Kleinkunst denn unsere Kirchen mit den köstlichen Marmorlettnern, Altären und Grabmälern, Gittern und Kanzeln, dem Chorgestühl und Metallschmuck zieren können, ohne die sie uns leer und trostlos

Abb. 7 · Kanzel aus dem Jahre 1624 zu Schönau im Königreich Sachsen · Holzschnitzerei mit Intarsienarbeit

erscheinen würden. So hat sie auch in den weltlichen Bauten die Holzverkleidungen der Wände getäfelt, die herrlichen Kachelösen der Schweiz in die Säle gestellt, die Thüren, die Schränke und Truhen, die Tische, Bänke und Stühle geschnitzt, Böhmens seine Teppiche, Oesterreichs wundervolles Schmiedewerk und seinen Zinnguß, des Kannenbäckerländchens Töpferware dazu gethan und zuletzt mit dem deutschen Kunstgewerbe ohnegleichen, den Gold- und Silberarbeiten, den Glanz des Eindruckes vollendet. Da ist durch sie denn zum ersten Male in allen deutschen Gauen von Holstein bis Steier das entstanden, was der Nation seitdem zumeist ans Herz gewachsen ist: das deutsche Heim.

*

Um das Werden der deutschen Kunst des 16. Jahr-

hunderts ist es geheimnisvoll bestellt
wie um das des deutschen Märchens.
Ihre tiefsten Wurzeln werden wir nie
bloßlegen, ihren ganzen Reichtum nie

Abb. 8 · Straße in Mühlheim a. d. Ruhr
Die Hölle

erschauen. Aber eines wird uns immer
wieder zwingen, eine Antwort zu
suchen: Wie es möglich war, daß sich so
viel sprudelnde Kraft, so hohe Begabung
nicht zu großem Gestalten emporzuheben
vermochte?

Aus der Kunst selbst haben wir
die Lösung nicht zu hoffen. Aber wenn
wir sie im Spiegel unseres Volkstums be=
trachten, wie wir immer sollten, vielleicht
mögen sich dann Volks= und Kunstleben
einander erklären und jedes in dem
andern recht verstanden werden.

In dem Dasein der Massen der zweiten
Hälfte des 16. Jahrhunderts entrollte sich

kein begeisterndes Bild vaterländischen
Lebens vor den Augen der beobachtenden
Zeitgenossen; aber begreifenswert ist es
wie wenig andere in unserer Geschichte.

Jeder, der die Sammlungen deutscher
Gemälde des Zeitalters der Kirchen=
spaltung durchwandert hat, kennt das
bäurische Aeußere fast all der Frauen=
und Männergestalten dort, auch der aus
dem Bürgertume und Adel. Nur die
wenigen Gelehrten, einzelne städtische
Kreise Schwabens und am Rhein, viel=
leicht die Fürsten bildeten bereits eine
Ausnahme, und nur langsam verfeinerten
sich die Züge in den breiteren Schichten.

Unser Volk war in der That im
16. Jahrhundert trotz seiner zahlreichen
und großen Städte noch ein Bauernvolk,
in seinem Lebensgenusse derb, roh in
seiner Lebensart. Doch seit einigen
Jahrzehnten erblühte städtische Kultur
überall unter ihm, und damit hatte jene
Uebergangszeit begonnen, in der ein
bäurisches Empfinden, von den ersten
Lockungen städtischen Wesens aufgeregt,
Geschmack und Haltung so leicht verliert.
Peinlich in jeder Volksgeschichte, in der
sie sich wiederholt, bedrohte diese Zeit die
Deutschen mit doppelter Gefahr. Denn

Abb. 9 · Schauseite des Gasthauses zu Husum

bereits waren sie durch Handel und
Gewerbe in einem solchen Grade reich
geworden, daß sie im Ueberflusse fast
erstickten und ohnehin die Lust zum
Prassen in sich hatten. Aber wie jene
Jahre dann thatsächlich auf uns gewirkt
haben, die Größe der Entartung, die sie
in unserm Dasein nach sich zogen, die

tödliche Gewalt, mit der sie die Seele unsres Volkes bis in die Wurzeln ihrer Güte erschütterten, ging freilich über alles zu Befürchtende hinaus.

Gegen die Mitte des Jahrhunderts erscheint die sittliche Spannkraft der Nation plötzlich wie in einem jähen Bruch erschlafft, selbst die bloße Fähigkeit zur Zucht und der Wille zu irgendwelcher schaffenden Thätigkeit sind geschwunden. Stumpfheit gegen alles Geistige, häßliche Selbstsucht überkommen das Volk. Es wendet sich in seiner Masse dem Genusse zu. Aber anstatt traulicher Ge=
selligkeit im Glanze behag=
lich reichen Haus= und Tischgeräts häusen jetzt vergeuderische Feste durch ganze Wochen abgeschmackte Aufzüge, Mahlzeiten und Spiele. Die alte Freude an auf=
fallender Tracht ist in ein Prunken mit aufgebauschter Kleiderfülle und tausend Schönheitsmitteln umgeschlagen, dessen Selbstgefälligkeit zum Kennzeichen des Deutschen wird. In Faulheit zieht das Dasein vorüber, aufgewühlt allein durch die Nationallaster der Trunksucht und ekeln Uebermaßes im Essen; und während die Reichen beim Heidelberger Fasse oder in pommerischen Trünken an der überladenen Tafel fröhnen, beginnt unter den Aermeren der Branntwein sein heimliches Mordwerk. Lärmender Sang und Zuruf, kreischende Zanksucht, wiehernde Zoterei füllen Saal und Straße. Auch aus dem Munde der Besten hallen sie uns entgegen und ver=
pesten die Dichtung eines Fischart so sehr wie das Volkslied, das mit seinem zarten Liebessehnen und seiner Heldenfröhlichkeit in diesen Zeiten der Verrohung, Verhetzung und Thatenscheu über Nacht welkte. Wie sich die Verwilderung auch in der Behandlung Anderer, zumal der Niedrig=

Abb. 10 · Felsenkeller im Schloß Mansfeld
Rundbogenfeld über einer Thüre

stehenden geltend machte, davon wissen nicht nur Strafjustiz und Jagden zu er=
zählen. Aller Verkehr vergröberte sich. Die Kälte aber gegen fremdes Leid, die Ausbrüche der Wut, die Abnahme der Mildthätigkeit schneiden uns ins Herz. Erschreckend niedrig wird alles Menschen=
leben überhaupt gewertet, und Totschlag, Ehrabschneidung und Frauenschande wer=
den gleich gemein. Mögen wir auch gerade hier der Verschiedenheit des Em=
pfindens zwischen damals und jetzt noch so viel zugute halten, des unter allen Umständen Unzüchtigen bleibt allzu viel in der Frechheit des Tanzes, der Liebesausge=
lassenheit und der Leicht=
fertigkeit des Ehebruchs. Die Litteratur der Zeit und der Bilddruck sind durch ihren Inhalt und ihre Ver=
breitung noch heute Zeugnis dafür. Die Achtung vor der Frau, das Feingefühl in der Rede vor ihr und über sie ist weit zurückgewichen, und so oft Prädikanten und Pfaffen in Verleumdung aufeinander stürzen, immer ist es die deutsche Frau, über deren Ruf sie den Unflat ergießen. Hier erreicht die sittliche Erschlaffung des Volkes ihren letzten Entwicklungspunkt; jenes Meer von Gehässigkeit, in dem alles Gefühl der Zusammengehörigkeit, natio=
naler Einigkeit schließlich unterging, öffnet sich vor uns in seinen Tiefen.

Was der deutsche Bürger sich an geistigem Interesse noch gewahrt hatte, sammelte sich in der Teilnahme an den kirchlichen Kämpfen. In welcher Gesell=
schaftsklasse es auch war, so oft eine Unterhaltung ein wenig höher griff, galt es den Dogmen. Es gab kein Lebens=
gebiet, das der Deutsche jener Zeit nicht ausschließlich vom kirchlichen Standpunkte

aus beurteilt hätte. Aber aus ihm redete nur ein entartetes Gefallen an kon-

zielscheibe der öden und tauben Lärmsucht. Nur einzelne Gelehrtenkreise, hier und

Abb. 11 · Festschießen der Stadt Zwickau im Jahre 1573 (Meister B. L. oder L. B.)

fessioneller Abschließung, nicht religiöse Sehnsucht nach der Reinerhaltung des Gotteswortes. Und so wurde das Heiligste und Persönlichste, der Glaube, die Haupt-

da ein Geistlicher und hier und da die Einwohner einer Reichsstadt lebten im Frieden. Die Massen rasten unter Führung ihrer Priester und Prediger widereinanber, gegen die ‚viehischen Kreaturen' des Papsttums und die ‚jesuwiderischen Henkersknechte' hier, gegen die ‚lutherischen Schanbbuben' und die kalvinistischen ‚Seelenmörder' dort. In diesem Wortkrieg, der verheerendere Wirkungen hatte als so mancher blutige, standen alle wider alle. So viele Kirchen an die Stelle der einen getreten waren,

Abb. 12
Ziehbrunnen aus Markt Groningen

so viele Parteien stürmten aufeinander. Ein fanatischer Spürsinn für Ketzerei und Sektiererei, eine beängstigende Unduldsamkeit gegen jede freie Meinung, ja sogar gegen jedes bedächtige Wort in Glaubenssachen, ein roher Glaubenszwang vergiftete das ganze Volk. Trunksucht, Unsittlichkeit und die denkfeindlichste, religiös unfreieste Streitlust schienen das Leben der Nation um 1600 vollkommen zu erfüllen. ‚Es ging wie aller Friebe, so auch alle Kraft des Geistes und Studierens in Streit und Gezänkigkeit auf.'

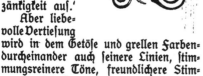

Aber liebevolle Vertiefung wird in dem Getöse und grellen Farbendurcheinander auch feinere Linien, stimmungsreinere Töne, freundlichere Stimmen wahrnehmen.

Unsere Augen schauen unwillkürlich auf alles das zurück, was deutsche Kunst damals in Schönheit und Innigkeit geboren hat; und es erhält seinen ganzen Wert für uns in diesem Augenblicke, da sein verklärendes Licht hoch über der Menge, die Markt und Schenke füllt,

aus den Häusern uns entgegenglänzt und uns der äußeren Entartung gegenüber daran erinnert, daß auch die Menschen dieser Jahre am deutschen Heime gebaut und so viel Liebe auf seinen Schmuck und seine Heimlichkeit verwendet haben. Und mit dem deutschen Hause darf uns zugleich wieder die ehrlich feste Frömmigkeit lebendig werden, die noch tief im innersten Wesen unseres Volkes wurzelte.

Wohl wurde die deutsche Religiosität unter dem Einflusse der Gehässigkeit und unter dem Drucke des Kleinstädtertums, dem die Nation bis 1600 insgesamt verfiel, freudlos und neidisch, kirchengängerisch, eng und pedantisch, aber in ernster Not und in Todesgedanken wie im Zusammensein des Vaters mit den Kindern fand sie dennoch, zunächst im echten Luthertum und bald auch in der katholischen Bevölkerung, ihren männlich kräftigen, ergreifend vertrauensvollen Ausdruck wieder. Noch war auch der Strom des Kirchenliedes und der Musik nicht versiegt, und in den ‚Vier Büchern' Johann Arndts († 1621) ‚vom wahren Christentum', vorzüglich aber in der Dichtung Friedrich Spees († 1635) trieb auch die deutsche Mystik frische Blüten. Ja, in der Andacht vergaß eine ganze Gemeinde wohl des wüsten religiösen Streits, und den Protestanten stiegen die Lieder der alten Kirche wieder aus der Brust empor, und die Katholiken wiederholten die der neuen. In solchen Stunden sind auf protestantischer Seite die wackeren Männer aufgestanden, die, in ihrem adlichen Glauben an die menschheitsheiligende Kraft der neuen Lehre enttäuscht, in so vielen Predigten und Schriften der zweiten Jahrhunderthälfte

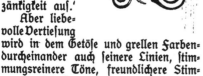

Abb. 13
Hausglocke · Hallstadt in Oesterreich

die Verrottung ihrer Zeitgenossen angeklagt haben. Und in solchen Stunden haben auch jene anderen, die im Gefolge des Peter Canisius waren, immer wieder die überzeugende Begeisterung in sich erneuert, mit der sie den Abfall der Massen vom Katholizismus zuerst wieder zum Halten brachten. In die letzten Jahre vor dem großen Kriege fällt schon das Frühlicht der synkretistischen Einigungsbestrebungen. 1600 wurde die

Seltsam genug ist die Einsicht, die sich uns in die Seele des Zeitalters eröffnet. Nebeneinander her ging treues Wachen über die Tugend des Hauses und draußen gröblichste Auflösung aller Zucht und Sitte. Indessen, wie schlimm auch die Einzelerscheinungen waren, und wenngleich unverkennbar ist, daß mit den Jahrzehnten

Abb. 14 · Halberstadt · Holzmarkt mit Rathaus

Friedensuniversität Helmstedt begründet, 10 bis 20 Jahre später in den Niederlanden die erste weltgeschichtliche Schlacht zwischen Duldung und Unduldsamkeit durch die Arminianer und Gomarianer geschlagen, und in den beiden deutschen Großstaaten der Zukunft, im österreichischen und brandenburgischen Gebiete, 1609 sogar der Grundsatz des territorialen Zwangskirchentums durchbrochen.

*

immer schwärzere Schatten von der Verderbnis aus auf das bisher noch Edle und Gute, die Kunst, die Familie und den Volksglauben fielen, so ist die Erklärung doch keineswegs erlaubt, daß das Mark unserer Nation selbst in Fäulnis geraten war und die Verderbnis aus den Tiefen unseres Wesens emporstieg. Noch wußte das Herz des Volkes nicht viel von dem, was die Zunge und die Hände fehlten. Seine Sünde war mehr noch ein sich gehen lassen als bewußte Niedertracht und Unnatur und Wille zum Bösen. Es ist Kraft, die nicht in schöpferische Arbeit umgesetzt wird, in ihrer Ueberfülle deshalb nach allen Seiten überbrodelt und

ihrer Entstehung an ins Auge fassen und Art und Orte ihrer Entwicklung im einzelnen uns vergegenwärtigen.

Noch stand, wir sahen es, nicht alles Dasein in unserem Volke still. Im engen

Abb. 15 · Goslar · Marktstraße

sich in steter geistiger Aufgeregtheit, in gierigem Genuß, in groben Entartungen verschäumt, verlockt von einem in die Verkehrsadern nicht mehr einströmenden Reichtum, verschlammend durch die Ungunst der Kulturstufe, auf der die Bevölkerung soeben steht. Die letzte Ursache aller sittlichen Schäden der Nation war also die Lähmung ihres Arbeitstriebes.

Ohne Zweifel hatte eine schwere Krankheit das Volk ergriffen und die vollkommene Erschlaffung seines Thätigkeitsvermögens bedeutete den Eintritt der über Sein und Nichtsein entscheidenden Stunde. Aber um das Krankheitsbild ganz übersehen und die Möglichkeiten des weiteren Verlaufs verstehen zu können, müssen wir die Erkrankungsursache von

Kreise seines häuslichen und Innenlebens, das der deutsche Bürger von jeher selbstständig und allein zu regeln pflegte, wirkte der fromme, tüchtige Vätergeist noch weiter. Nur überall dort, wo er von Natur oder durch Volksbrauch an genossenschaftliche Leitung gewöhnt ist, in Staat und Gemeinde, in Kirche und Schule, im gesellschaftlichen Verkehr, in Gewerbe und Beruf, da ließ er sich gehen.

Hier ist der Punkt, von dem aus wir das wirre Auf und Nieder der inneren Geschichte Deutschlands vom 13. Jahrhundert bis zum Zusammenbruch am Ende des 16. in seinem Zusammenhang und seiner Bedeutung erfassen können. Die organisatorische Fähigkeit der Nation hatte sich im Laufe der Jahrhunderte erschöpft.

Schon ſeit brei Jahrhunderten war
die politiſche und kirchliche Organiſation
unſeres Vaterlandes dem Zerfalle preisgegeben. In der Kirche dauerte wenigſtens
bei aller Entartung ihrer Glieder die
Feier des Opfers, die Verwaltung der
Sakramente fort. Das Reich aber war
nahezu nur noch ein Name.

So war die Nation in Willkür ſich
ſelbſt überlaſſen geblieben. Jung, eben
erſt auf der Schwelle ihrer Lebensent-
faltung, burch und burch idealiſtiſch ge-
ſinnt, mit einem Uebermaße von Thatkraft und Begabung ausgeſtattet, ſah ſie
ſich ohne Pflege für ihre Wehrkraft,
ohne wiſſenſchaftliche und künſtleriſche
Mittelpunkte, ohne die Möglichkeit, ihre
großen ſtaatsmänniſchen Fähigkeiten im
Innern und nach außen zu entwickeln
und die Tiefe und Reinheit ihres Weſens
für die Kirche und die Religion fruchtbar zu machen. Die Salier und Heinrich
der Löwe, Wilhelm von Hirſchau und
Engelbert von Köln fanden keine Nachfolger mehr. Der Forſchergeiſt Alberts
des Großen war brach gelegt. Unſere

Abb. 17
Vom Brunnen
im Ständehauſe zu Graz

der Alpen und Vogeſen
burch das Lateinertum
wieder ausgeſchieden
wurden. Schickſalsneid
zwang ihn, vorerſt ſich im
weſentlichen auf die För-
berung ſeiner materiellen
Lage zu beſchränken.

Hier entfaltete die Nation nun
freilich eine bewunderungswürdige Kraft
der Selbſthilfe. Sie ſchuf ſich ihre
Gemeinden und ackerwirtſchaftlichen Or-
ganiſationen, ihre Städtebünde und Ritter-
geſellſchaften, ihre Zünfte, Geſellenver-
bände und Hanſen; und auch Genoſſen-
ſchaften, die nur auf religiöſe und wirtſchaftliche Zwecke angelegt waren, bewieſen
eine ungemeine Anpaſſungsfähigkeit zur
Wahrnehmung geſellſchaftlich erziehlicher,
polizeilicher, richterlicher, diplomatiſcher
und kriegeriſcher Bedürfniſſe. Ein Jahrhundert ſpäter wiederholte ſich mit der Errichtung und Entwicklung der Univerſitäten
dasſelbe Schauſpiel in der Organiſation des
geiſtigen Lebens, wenn auch nicht mit dem-
ſelben Ertrage für die Nation, ſo doch mit
verwandter Zeugungskraft. Und abermals ein Jahrhundert darauf ſchien es,
als wollte die Nation ihre organiſatoriſche
Thätigkeit zum drittenmal und diesmal
ſtärker als je entfalten: Wo immer
ihre großen Erwerbsſtände noch in einzelnen Gebieten ihre politiſche Zuſammengehörigkeit unter einem Territorialfürſten
bewahrt hatten, begannen ſie, ihre gelegent-
lichen ſtändiſchen Verſammlungen, die nur
den Zweck der Steuerbewilligung hatten,
zu geſetzgebenden, Recht und Wirtſchaft
regelnden Körperſchaften fortzubilden.
Aber an die Stelle der Reichseinheit
und der Kirche konnten allerdings auch die

Abb. 16 · Ofen in einem Hauſe zu Elgg
Schweizer Arbeit

Dome wurben nicht mehr vollendet. Und
mit gebundenen Händen ſah der Deutſche
zu, wie die germaniſchen Elemente in
den von uns geſchaffenen Völkern jenſeits

besten Organe der Selbsthilfe nicht treten, und nicht einmal ihren ursprünglichen Aufgaben im engeren Sinne vermochten sie bei dem mangelnden Rückhalt an Staat und Kirche dauernd zu genügen. Innerhalb der Zünfte kam es schon früh des Staates in der wichtigsten Sorge der inneren Verfassung Deutschlands, dem Gegensatze zwischen Stadt und Land, der, so alt wie die Städte, dem Karakter unseres Volkes gleichsam eingeboren ist, immer unersetzt geblieben. Die ganze

Abb. 18 · Augsburg · Brunnen

zu Störungen. Wenn demgegenüber die Hanse in dieser ganzen Zeit sogar internationalen Aufgaben ohne jede örtliche Begrenzung vollkommen gewachsen schien, so dankte sie das nicht bloß der Anstachelung der gewiß vorhandenen Thatkraft durch den außerordentlichen Geschäftsgewinn, sondern mehr noch kam ihr die wirtschaftliche Unselbständigkeit der benachbarten Völker zu gute. Vor allem aber war die ausgleichende, zusammenführende Thätigkeit Rechtsentwicklung stockte, und für die wirtschaftlich vorgeschrittenen Verhältnisse mußte fremdes Recht in Anspruch genommen werden. Die Städte strebten aus jeder Einordnung in eine umfassendere politische und wirtschaftliche Organisation selbstsüchtig hinaus, und wo sie, wie in Süd- und Mitteldeutschland oder an der Küste zu lebhafterer Blüte gelangten, wurde die Reichsunmittelbarkeit selbst von solchen erreicht, die an Einwohnerzahl

2*

unbedeutend waren. Die Nation erwies sich in dieser Richtung so ganz ohnmächtig, daß unvermeidlich von hier aus zerstörende wirtschaftliche Unruhen eines Tages über sie hereinbrechen mußten.

Sie hat denn auch immer empfunden, wie sehr die einheitliche Gewalt ihr fehlte, und hat von der Mitte des 15. Jahrhunderts ab mit allen Fasern ihres Seins nach einer solchen hingedrängt.

In aufrichtiger Begeisterung ist sie in den Zeiten Kaiser Maxens den staat-

Selbstorganisationen im Wirtschaftsleben noch einmal zur ursprünglichen Leistungsfähigkeit erheben zu wollen. Unsere Städte blühten empor, wir wurden das gewerbereichste Volk der Erbe, und unser Handel herrschte von Nowgorod bis London, von Bergen bis Lissabon. Sofort wurden Reformen großen Stils im Rechts-, Heer-, Finanz-, Verfassungs- und Wirtschaftswesen ins Werk gesetzt; und es war damals, daß durch den Eifer der Stände die Landtage der einzelnen Territorien einen völlig neuen Inhalt erhielten.

Abb. 19 · Rathaus in Lübeck · Fredenhagisches Zimmer

lichen Erneuerungsbestrebungen des großen Erzkanzlers Berthold von Henneberg gefolgt, gleich darauf hat sie in rührendem Vertrauen dem ‚jungen Blute‘ Karl zugejauchzt und in unerhörter Einigkeit und Herzlichkeit die Worte Luthers aufgenommen, als er mit all seiner brennenden Leidenschaft sie die Besserung der Kirche fordern hieß. Welch eine köstliche Fülle geistigen Strebens, künstlerischen Ringens hat schon allein die Hoffnung politischer und religiöser Genesung in ihr erschlossen! Nikolaus von Cues, Erasmus und Dürer standen damals auf. Und ebenmäßig schienen sich auch all unsere

Aber da sich die leitenden Gewalten, erst der Kaiser selbst, Max I., aus Unfähigkeit, dann das Papsttum aus Mißverstand, der Nation versagten, mußte sie, nachdem die Lohe ihrer Begeisterung verschlagen war, in zerrüttenden sozialistischen Aufständen, in Bruderkrieg und Glaubensspalt erkennen, daß sich bereits abgrundtiefe Risse zwischen ihren Berufsständen, ihren Fürsten, zwischen Nord und Süd geöffnet hatten, denen gegenüber Volkswille und Volkskraft, auf sich gestellt, machtlos waren. Der Augsburger Reichsabschied von 1555 besiegelte die kirchliche Trennung Nord- und Süddeutschlands und legte die Räder der Reichsmaschine, wenngleich noch nicht ausdrücklich, so doch thatsächlich still, durch die Unabhängigkeits=erklärung der mächtigeren Landesfürsten in Recht und Wirtschaft, Polizei und Kirche; die norddeutschen Fürsten nahmen an der innerdeutschen Reichsentwicklung kaum noch Anteil. In diesem Augenblicke brach unser Volk entmutigt zusammen.

Die vollständige Auflösung unseres nationalen Daseins vollzieht sich von jetzt ab in wehrloser Eile.

Die durch die Stände angeregten, lebensvollen Ansätze zur territorialen Sammlung und Gesetzesordnung waren um 1500 von einer Reihe hochbegabter und kräftiger Fürsten aufgenommen worden. Man war bald sogar über die terri=torialen Schranken hinausgestrebt; im Südwesten durch Ausbilden der Kreis=verfassung Maximilians, anderswo durch freie Vereinbarung der mächtigeren Fürsten von Fall zu Fall. Diese Entwicklung erreichte in den mittleren Jahrzehnten des 16. Jahrhunderts ihren Höhepunkt mit der landeskirchlichen Organisation des lutherischen Kirchenwesens und der von Staatswegen durchgeführten Ueberleitung der kirchlichen Dinge in die neue Ord=nung. Sogleich nach 1550 verkümmerte sie wieder. Tüchtige Fürsten werden die Ausnahme, die Verwaltungen werden meist nur stockend weitergebildet, die größeren Aufgaben verschleppt, die Fi=nanzen erschöpfen sich, das Streben nach örtlicher Abschließung gebiert den Geist der Kleinstaaterei, der Territorien sind allzu viele, und nur Sachsen hält sich unter der meisterlichen Regierung des Kurfürsten August noch bis 1585, um dann ebenfalls zusammenzubrechen.

Wie über Nacht wurden unterdessen die Wunden brandig, die im Wirtschafts=körper der Nation offen waren. Es ist schon oft genug geschildert worden: die Erstarrung der alten Geschäftsweisen, des Stapelwesens etwa oder der Handwerks=verfassung, und die Unbehilflichkeit dem Wechsel der Betriebsformen in Handel und Gewerbe nachzukommen.

Tiefer noch läßt es uns in den Fort=schritt des Verfalles hineinblicken, wenn das, was sich von Natur organisch zu=sammenschließen sollte, vollkommen ver=ständnislos in Kampf miteinander sich befindet.

Nach den Niederlagen des Rittertums und dem Bauernkriege kam über Süd=deutschland die Ruhe des Verblutens. Zwar schienen die Städte dort der Knebe=lung des platten Landes zu Gunsten ihres Marktsystems nahe zu sein. Aber als sie bald darauf durch die Abdrängung von den ausländischen Absatzgebieten auf ein verbrauchsfähiges, einheimisches Hinter=land angewiesen wurden, fanden sie nur noch eine ausgebeutete, wirtschaftlich halt=los gewordene und ablehnende Bevölke=rung, die ihnen nicht mehr helfen mochte. Und wenngleich die Landwirtschaft in Norddeutschland sich besser hielt, so störte doch auch dort das verblendete Mißtrauen das Gedeihen.

Ebenso grell durchleuchtet jene andere Spaltung die Lage Deutschlands, die nun=mehr in dem Bürgertume selbst zwischen Handel und Gewerbe eintrat. Ließen doch die norddeutschen Handelsstädte nicht nur das blühende Tuchgewerbe ihres Hinterlandes gleichgültig zu Grunde gehen; sie vereitelten sogar allerorts die fürstlichen Bemühungen, es wieder wettbewerbsfähig zu machen, aus Furcht vor einem Schaden an ihrer Rohstoffausfuhr und Fein=wareneinfuhr! Und als die Gewerbestädte

Abb. 20
Radschloß · Westfälische Arbeit

Süddeutschlands in derselben Zeit durch die Verödung des Mittelmeers seit 1500 und die Vernichtung Antwerpens im niederländischen Aufstande ihre altge=wohnten Häfen verloren, gingen sie eher kampflos zu Grunde, als daß sie sich zu dem Ausbau ihrer dürftigen Verbindungen mit den Häfen des Nordens verstanden. Die Hanse selbst zerbröckelte. Nach der Wende des 16. Jahrhunderts vermochte kein Handelsvertrag mehr und kein Syndikus Domann (1605—1618) die blinde Eigensucht in ihr niederzukämpfen.

Unterdessen tobten durch das Innenland die Streiks der Gesellen und die Aussperrungen der Arbeitgeber. Der glänzende Ertrag des deutschen Gewerbes bis zu dieser Zeit war zum Teile nur einer rücksichtslosen, durch nichts gebundenen, kapitalhäufenden Betriebsweise zu danken gewesen, beren raubartiger Karakter am frühesten in der Erschöpfung unserer Bergwerke zu Tage trat. Bei der Unterbrechung unseres Handelsaufschwunges war man weder vor Unredlichkeiten noch vor einer Proletarisierung der Arbeiter zurückgeschreckt und hatte damit weithin das Zeichen zu brutalen Wirtschaftskämpfen gegeben.

Die Erhebung der bisher von uns abhängigen Völker, ihre nationalwirtschaftliche Organisation, ihre Uebergriffe gegen uns auf hoher See und sogar bis weit unsere Flußmündungen hinauf, die politische Zerrissenheit des Reiches mit ihrer Zoll- und Abgabenhäufung und ihrer Münzverwirrung und -entwertung, die konfessionelle Verfolgungssucht, nicht zuletzt die große Flutwelle der europäischen Preisrevolution, die in der zweiten Hälfte des Jahrhunderts auch über Deutschland hinwegtoste, endlich die sittliche Erschlaffung unterspülten nun Stütze für Stütze des einst so stolzen Baues unsres Wirtschaftslebens, den niemand mehr verteidigte.

Mit dem Kriege von 1563 bis 1570 und durch den Sundzoll brach Dänemark unser politisches und wirtschaftliches dominium maris baltici, fast in derselben Zeit, da die Holländer uns auch die andre Quelle unserer Welthandelsherrschaft, die Rheinstraße, sperrten und die freie Spanienfahrt der Hansen durch die Nordsee hemmten. Lübeck und Köln gingen darüber zu Grunde. Und an Stelle der hansischen Kaufleute bemächtigten sich die Holländer nun auch der Schiffahrt

auf unserm Strome selbst und der auf der Ostsee, die damals noch die ertragreichste der Erbe, das ‚Fundament alles Handels' war. Sogar das ganze Verlagsgeschäft in unseren Häfen nahmen sie an sich, während der englische Tuchhandel die gesamte norddeutsche Tiefebene sich unterthänig machte. Der regelnde, befruchtende Strom des Geldverkehrs ward entweder ins Ausland abgelenkt oder versumpfte. Immer mehr der wirtschaftlich Schwächeren gerieten darüber dem Wucher in die Fangarme, und Zehntausende fielen dem Bettel zum Opfer. In stierem Elend verkamen sie, oder durchzogen plündernd als Landstreicher und ‚gartende Knechte', zu Hunderten zuweilen, die deutschen Lande.

Feig und träge stand der deutsche Kaufmann dem gegenüber. Er bildete

Abb. 21 · Wahrzeichen der Stadt Halle

sich nicht mehr weiter, er eignete sich nichts Neues mehr an. Schon die bloße Aufhebung der hansischen Vorrechte in der Fremde hatte genügt, um den hansischen Wettbewerb auf den fremden Märkten auszuscheiden. Und 1619 sprachen die Stettiner die erbärmlichen Worte, daß das Abenteuern über See gefährlich und besser anderen Nationen zu überlassen sei. Das Bewußtsein einer unendlichen Vereinsamung hatte sich auf die Seele des deutschen Handels gelegt, der mehr als jeder andere nationale Erwerb den Antrieb des Gemeingeistes und das Frohgefühl gesamtvaterländischer Blüte braucht. Die Furcht vor dem Meere kam über ihn.

*

Nicht weniger hatte der Wechsel der Zeit das frische Gedeihen der deutschen Bildung verscheucht. Vergeblich hatten Melanchthon, Johann Sturm und ihre Geistesverwandten den Widerstand zu organisieren versucht; auch die Schule war in allen ihren Zweigen der allgemeinen Verwilderung erlegen. Und wenn es gegen Ende des Jahrhunderts einer an sich nicht hoch genug zu schätzenden Anstrengung der Jesuiten gelang, eine beschränkte Zahl von Hoch- und Mittelschulen wieder über Wasser zu bringen, so konnte es doch nur um den Preis der Absperrung von

Abb. 22 · Blick in das Innere der Michaelskirche in München
Erbaut 1582 bis 1597

Lehrern wie Schülern wider alles heimische Wesen und mit dem Ergebnisse einer empfindlichen Erschütterung der individuellen Entwicklung geschehen, die den damals ohnehin beklagten Mangel des katholischen Volksteils an schöpferischen Talenten und Führernaturen noch vermehrte. Was aber evangelischerseits der Holste Wolfgang Ratich (1571—1635) am heilsamen pädagogischen Gedanken vor den Jesuiten voraus hatte, das konnte sich bei Ratichs Ueberschwänglichkeit, unpraktischer Art und Hoffart nicht einmal erproben.

Hatte der Beginn des 16. Jahrhunderts zuerst wieder seit der Zeit des Rittertums die Dichtkunst Knospen treiben sehen, so kam es nun doch nur in den Niederlanden durch Hooft, Vondel und Cats zu einer allgemeinen Blüte. Wohl besaßen auch wir Deutsche damals in Fischart, daneben vielleicht in Ayrer und dem Herzog Julius Heinrich von Braunschweig reichveranlagte Dichterpersönlichkeiten, und aus Fischart spricht zuweilen, wie in großen Tagen, die Seele unsres ganzen Volkes zu uns, in allen seinen Ständen. Aber mit welcher Verwilderung mußten sie sämtlich die Be-

Abb. 23 · Marienkirche in Wolfenbüttel
Erbaut in der ersten Hälfte des 17. Jahrhunderts

rührung mit der Allgemeinheit bezahlen! Französische Sitte und Sprache beherrschten unser gesellschaftliches Leben, englische Schauspiele unsere Bühnen. Die deutsche Zunge wurde den Knaben nicht mehr gelöst, der Geist unserer Sprache erstarb in uns durch Ausländerei und

ober Johann Gerhard, noch auf katholischer Seite der Dogmatiker Tanner und der juristisch geschulte Kasuist Laymann sind dahin zu zählen. Auch die

Abb. 24 · Gestühl im Paderborner Dom

eigene Roheit und rings an den Grenzen drängten die fremden Sprachen jählings vor, das Französische nach Rhein und Schelde hin, das Dänische in Holstein, stärker noch das Polnische in Preußen und Schlesien.

Unbeachtet gehen die wenigen hervorragenden Gelehrten der Zeit ihren Weg. Es sind bemerkenswert genug außer einigen Philologen ausschließlich Vorläufer der Naturwissenschaften, wie der Geograph Mercator, der Zoologe Gesner, der Botaniker Clusius, der Anatom Platter, der Hygieniker Guarinoni und als Mathematiker und Astronom neben dem Jesuiten Scheiner, der bedeutendste von allen, Johann Keppler. Die Rechtswissenschaft dagegen und die Theologie, an die das praktische Leben damals die brennendsten Fragen zu stellen hatte, blieben ohne große Werkmeister und Wegweiser. Denn weder die fleißigen Männer, die in den einzelnen Territorien den Landesbrauch sammelten

Abb. 25 · Taufbecken in der Lutherischen Kirche zu Bückeburg
Ausgeführt 1615

und bearbeiteten, noch die Rechtsgelehrten hier und da wie Althusius, noch unter den Lutheranern etwa Chemnitz, Flacius

deutsche Philosophie fand ihre Förderung in diesem Zeitalter sich wandelnder Weltanschauung nur in dem phantastischen Tiefsinn eines so unerzogenen Denkers wie Jakob Böhme (1575—1624).

Ganz lichtlos aber war das Ergebnis der großen religiösen Erhebung der ersten Jahrhunderthälfte. Sie war von der Nation jubelnd unterstützt worden im Sinne des hundertjährigen Strebens nach konziliarer Reform, nach Erneuerung des christlichen Lebens, nach vertiefter innerlicher Hingabe an den christlichen Glauben, nach Herstellung eines Gleichgewichtes zwischen dem Papsttum, das im politischen Getriebe der Kurie stets gefährdet erschien, und den bischöflichen Kirchen, deren Gesamtheit die Völker ein religiös unbeirrteres, katholischeres Urteil zutrauten, so gewiß sie auch einzeln in Tradition und theologischer Bildung zurückstanden. Nun endete diese Erhebung und das ganze Zeitalter der Konziliums-hoffnungen damit, daß sich die Lutheraner, fast wider ihren Willen, seit 1540 aus der Einheit der Kirche, die auch ihr Glaube war, losgelöst sahen und

daß infolge der Spaltung die Hauptleiden
der Christenheit, das Staatskirchentum
und die dogmatisierende Richtung der
Theologie, die Oberhand im gesamten
Deutschland gewannen. Die religiöse Or=
ganisation der Nation ging darüber in
Stücke, und alle Einigungsbestrebungen
der lutherischen Theologen, die im Kon=
kordienbuche von 1577 gipfelten, konnten
der Auflösung nicht mehr Halt gebieten.
Wenn die werbende Kraft der lutheri=
schen Lehre, soweit sich im Osten der deutsche
Kolonialboden erstreckte, noch bis nach
1600 ungeschwächt fortwirkte, so ver=
mochte sie sich doch nirgends mehr durch=
zusetzen und ein größeres Kirchenwesen
zu schaffen, wo die Regierungen sich ihr
versagten; und umgekehrt dürfen uns die
äußeren, organisatorischen Erfolge der
Gegenreformation nicht bestimmen, deren
Wirkung auf die Seelen und ihr Durch=
glühen mit neuer Glaubensüberzeugung
daraufhin für die ganze Bevölkerung
durchdringend einzuschätzen.

Unterdessen hatte sich noch während
der Versuche der allgemeinen Wieder=
erneuerung der Kirche der gewaltige,
bis in unsere Tage tobende Kampf
zwischen Rationalismus und Kirchen=
glaube in dem ganzen alten Kultur=
gebiete Westeuropas bis an und über
den Rhein entfacht. Gestützt auf die
vorzügliche Organisation, die unermüd=
liche Angriffslust und die politischen Ge=
lüste des Kalvinismus und durch macht=
volle Geister im Sturmschritt der Klarheit
über seine letzten Entwicklungsziele zuge=
führt, radikal und fanatisch in jedem
Blutstropfen, vielleicht unter allen großen
Schöpfungen des Lateinertums seine echteste,
fand der Rationalismus nur in dem gleich=
falls im Lateinertum geborenen Jesuiten=
orden einen ernsthaften Gegner zur Vertei=
digung des Glaubens. Das religiöseste
und seelisch tiefste Volk Europas, von
dem allein eine innerliche Ueberwindung
des Antichristentums zu erwarten war,
blieb durch die schmerzliche Zerrüttung
seines kirchlichen Lebens auf die Anfänge
dieses Kampfes ohne Einfluß. Es empfand
zwar augenblicks das Wesen des Kal=
vinismus trotz dessen religiösem Gepräge
als Aufklärung, und die lutherische und
katholische Geistlichkeit schlug sogleich er=

bittert auf ihn los, in den Massen faßten
seine Wurzeln nirgends. Aber langsam
drang er doch durch tausend Poren in
uns ein.

Gar zu armselig war es damals um
die religiöse Bildung Deutschlands be=
stellt, gar zu krank das Herz der Nation
geworden. Wundersucht, Sterndeuterei,

Abb. 26 · Grabplatte des D. Nikolaus Selneffer
in der Thomaskirche zu Leipzig

Zauberwahn, Hexenfurcht und Teufels=
angst zerstörten Vernunft wie Glauben
der Volksseele, die inmitten all der auf=
flammenden Scheiterhaufen trost= und
hoffnungslos an der Sage vom Dr. Faustus
dichtete, von seinem unruhigen Allbe=
gehren und nichts vermögen, seinem
Bündnis mit dem Teufel, seinem sitt=
lichen Verschulden und seinem ewigen
Verderben. Zu den bloßen Verzweiflungs=
einfällen, die ein Jahrhundert früher
in Macchiavellis Kopf am Sterbebette
Italiens aufgeflackert waren, ersann hier

das ganze deutsche Volk das unvergeßliche dämonische Seitenstück, als Sage von seiner eigenen Verschreibung an das Böse, vom Dahinfahren seines Geistes zusammen mit seinem Leibe.

Schon wurden in der Moderluft unseres Siechtums die ansteckenden Krankheiten zu ständigen Gästen, die Hungerjahre folgten an der Wende des 16. Jahrhunderts einander immer rascher, das Durchschnittsalter der Menschen verkürzte sich. Und bereits auch zernagten und zerzerrten die Hyänen des Auslandes Deutschlands Glieder, und die fremden Geier stießen gierig darauf herab. Düster huschten die Schatten der großen Tragödie, die sich zu gleicher Zeit im Hause Oesterreich vollzog, über alle unsere Lande: das Haupt selber unseres armen, kranken Volkes, Kaiser Rudolf, war von der Nacht des Irrsinns umfangen worden.

Der Geist der Fremdherrschaft wehte über dem Deutschland des Jahres 1600. Schon solange als der Zerfall unserer staatlichen Einheit und die innere Auflösung der Kirche währte, stand sie in Aussicht, und nun schien sich Westeuropa wieder in einen baltisch=germanischen und einen mittelmeer=lateinischen Völkerkreis zerteilen, Deutschlands Norden Dänemark oder Schweden, sein Süden und Westen Frankreich unterliegen zu sollen. Statt diesen Prozeß durch die innere Wiedererneuerung des Volkes zu unterbrechen, hatte ihn die Reformation durch das Versagen der nationalen Gestaltungskraft seinem Gipfelpunkte entgegengeführt. Die lutherischen Territorien büßten in ihrer Vereinsamung ihr Widerstandsvermögen gegen den Eroberersinn des Skandinaviertums mehr und mehr ein. Im katholischen Süden genügte die Mitwirkung treulich deutsch Gesinnter nicht, die romanische Seele der Gegenreformation schon jetzt zu wandeln. Der Westen aber saugte geradezu mit dem Kalvinismus und durch die Mittel französischer Bestechung das Lateinertum begierig in sich ein. In den Ostmarken war dem Verluste des Ordensstaates kurz nach der

Mitte des 16. Jahrhunderts der der Ostseeprovinzen gefolgt; zum ersten Male tauchte dabei die russische Gefahr bedrohlich hinter uns empor. Dänemark, schon 1460 (1474) durch die Vereinigung mit Holstein und Schleswig Reichsstand geworden, besetzte die Bistümer Lübeck und Ratzeburg, bemühte sich vorübergehend 1580 bis 1588 auch um die Stifter Bremen, Hildesheim und Straßburg und drängte unter der bedeutenden Regierung Christians IV. (seit 1596) mit wachsender Zuversicht nach Norddeutschland hinein. Von unserer Westgrenze aber riß Verrat im eigenen Volksstamme Stück für Stück. Moritz von Sachsen gab 1552 Metz, Toul und Verdun an die Franzosen. Wie 1500 die Schweizer, so sagten sich die Holländer 1580 von uns los, womit die Entwicklung eines halben Jahrtausends zu ihrem Ziele gedieh. Und kurz danach ward auch am Mittel= und Oberrhein eine Partei kleiner, reformierter Reichsstände abtrünnig und trat zu Frankreich und den Niederlanden über, die fortan über Krieg und Frieden im Reich entscheiden durften.

Die politische Geschichte Deutschlands von da ab bis zum Jahre 1618 ist im wesentlichen nur eine Geschichte der Drohungen und Plackereien dieser Partei. Sie ist gleichgültig in allen Einzelzügen, ohne denkwürdige Entwicklungen, dennoch bedeutsam für uns, weil der Wirrwar und die Todesschwäche des Reiches ihren letzten und stärksten Ausdruck in ihr fand.

Johann Kasimir führte die Verräter, von 1583 ab der Kurfürst der Pfalz, des unseligsten deutschen Territoriums mit seinem Ansehen in der Reichsverfassung von alters her und seiner Bedeutungslosigkeit in der neuen, durch Gebietsumfang und =einheit bestimmten fürstlichen Machtentwicklung. Ein ähnlicher Zwiespalt in ihrer fürstlichen Stellung bedrückte diese Männer alle; allzu zersplittert und klein, waren ihre Staatswesen in der Isolierung der Reichsunmittelbarkeit weder wirtschaftlich noch politisch zu halten. Die Not des Daseins hatte aus der Mehrzahl überlegungs= und heimatlose Freibeuter und Raufgesellen gemacht; kaum daß noch in einigen der pfälzischen

Genossen sich einzelne staatsschöpferische Gedanken, absonderlich genug, mit dem raubritterlichen Wesen mischten. Alle lebten von der Gier nach den wehrlosen Gütern der geistlichen Herren des Rhein- und Maingebiets, in die ihr Eigenbesitz gleichsam nur hineingesprenkelt war. Im Anschluß an das revolutionäre Reformiertentum Frankreichs und der Oranier hofften sie, unfähig zu eigener That, am leichtesten zum Beutezug zu kommen.

Ebenfalls seit 1583 war Heinrich von Navarra, der bedeutendste Staatsmann des Hugenottentums, in der Organisation der gesamten reformierten Welt wider die Gegenreformation und ihren Mittelpunkt, Philipp II. von Spanien, begriffen. Zunächst gehörten die Oranier und England in sein System, aber in Rücksicht auf die Deckung der Oranier galt es auch, das dichte Netz geistlicher und weltlicher katholischer Territorien am Nieder- und Mittelrhein und ihre Verbindung mit den spanischen Niederlanden zu zersprengen, und das ließ ihn die Pfälzische Partei willkommen heißen. Sofort wurde von ihr mit Unterstützung der Oranier um das Erzbistum Köln gekämpft (1583—1585), dessen Erzbischof Gebhard von Truchseß sich für den Kalvinismus hatte gewinnen lassen; der Angriff mißlang, aber man verlegte ihn darauf in das Stift Straßburg, näher an Frankreich heran, und erlangte nun das Uebergewicht. Hier konnte Heinrich helfen, von hier aus weiterbauen. Bald ließ der ehrgeizige und großplanende Hugenottenführer seine Gedanken auch gegen die österreichische Linie des Hauses Habsburg schweifen.

Dänemark, voller Absichten auf den Erwerb norddeutscher Gebiete, näherte sich ihm, und er strebte nun nach dem Bündnisse der großen lutherischen Ter-

ritorialherren in Deutschland selber, ohne deren Unterstützung er sich doch nicht zutrauen wollte, das Kaiserhaus herauszufordern.

Unerwartet eifrig gingen die lutherischen Fürsten in die Verhandlungen ein. Der Zug zur Machtausdehnung, die Sucht nach Besitzerweiterung, die das deutsche Fürstentum jener Tage kennzeichnet, beherrschte auch sie. Sie hatten sich 1555 auf den Norden zurückgezogen. Aber dort war ihr Werk nun im großen vollendet, sechzehn Bistümer waren eingezogen oder jüngeren Fürstensöhnen übertragen worden. Daher ließ sich jetzt der brandenburgische Kurprinz Joachim Friedrich, der als Administrator des Erzstifts zu Magdeburg saß, durch den Vorschlag seines Sohnes für den Bischofsstuhl von Straßburg ködern, um den der Streit noch tobte. Aber auch Furcht für die kaum erst erworbenen Stifter war in den Lutheranern wach geworden. Hatten doch die katholischen Stände deren Administratoren auf dem Reichstage zu Augsburg 1582 die Ausübung ihres Sitz- und Stimmrechtes versagt, wodurch die ohnehin geringe Stimmenzahl der weitgedehnten norddeutschen protestantischen Territorien auf den Reichsversammlungen bedenklich beschränkt wurde, und bereits setzte die jesuitische Propaganda ihren Fuß nach Norddeutschland selbst hinüber. Den Pfälzern wurde zu Dresden geglaubt, als sie von einer Absicht der Bayern auf Magdeburg, ‚den rechten Kern‘ in Sachsen, munkelten. Auch das berührte die norddeutschen Lutheraner wieder nahe wie seit

Abb. 27 · Michaelskirche in München · Kandelaber

langem kein Ereignis im evangelischen Lager, daß Rudolf II. nach 1576 in Oesterreich ihre nächsten Konfessionsverwandten zu katholisieren begann.

Wie sehr darum auch die Lutheraner im Grundsatz alle Unruhen und
unbilligen Forderungen im Reiche ver-
lich. Wie sich schon Kurfürst August von
Sachsen 1572 den Pfälzern und Oraniern
vorübergehend genähert hatte, so er-

Abb. 28 · Alte Residenz in Bamberg

Abb. 29 · Friedrichsbau des Heidelberger Schlosses
Erbaut von 1601 ab

abscheuten, so schienen sie doch im einzelnen Falle unter dem Drucke höchst
verschiedenartiger Beweggründe reformierten Anerbietungen nicht unzugäng-
reichten diese von 1586 ab, daß sich ihnen
im Februar 1591 der Nachfolger Augusts
mitsamt den Hessen und Hohenzollern
durch das Torgauer Bündnis diplomatisch

und kriegerisch verpflichtete. Sie versprachen, die reichsgerichtliche Thätigkeit des rein katholischen kaiserlichen Reichshofrats trotz ihrer verfassungsmäßigen Berechtigung fast in ihrem ganzen Umfange anzufechten und die Freistellung der Evangelisation auch für die süd- und westdeutschen Stifter anzustreben. Eine Kriegskasse und die Werbung eines Heeres wurden beabsichtigt.

Die Pfälzer träumten von einem ‚goldenen Zeitalter‘. Drei Jahre vorher war die spanische Flotte an den Küsten

erwiesen sich als vollkommen erschöpft; die öffentliche Meinung Sachsens erhob sich gebieterisch gegen die kalvinistischen Pläne, und eine blutige Reaktion erfolgte. Auch Heinrich IV. zog sich wieder zurück. Er fand im Inneren seines neuen Königreichs Aufgaben, die ihn lockten, und in dem nächsten Jahrzehnte ist er allmählich aus dem großen Hugenotten der große Franzose geworden, der zwar unablässig den Feldzug gegen Habsburg vorbereitete, aber behutsam die rechte Stunde abzuwarten entschlossen war.

Abb. 30 · Fürstenhof zu Wismar
Erbaut 1553 bis 1555

Englands zu Grunde gegangen, 1589 Heinrich von Navarra als Heinrich IV. König von Frankreich geworden, der Oranier schon seit 1585 im kölnischen Stifte und gegen Oldenburg zu offenem Angriff auf deutschen Reichsbesitz geschritten. Den deutschen Katholiken war in wirrer Beklemmung längst wieder der Mut entsunken. Sie waren still von ihrem letzten politischen Horte, dem 1556 gegründeten Landsberger Bündnis, zurückgetreten. Seit 1589 wagte auch Bayern sich nicht mehr hervor.

Aber noch im Jahre 1591 rief der Tod den sächsischen, gleich danach den pfälzischen Kurfürsten hinweg. Beider Staatsfinanzen

Das deutsche Reformiertentum begab sich darum nicht zur Ruhe. 1595 trat Anhalt zu ihm über, 1599 Baden, 1604 Hessen; selbst Gottorp, Güstrow, Brieg und Liegnitz wurden von ihm gewonnen, und Brandenburg trieb schon seit 1594 näher und näher an es heran. Christian von Anhalt, der Leiter der pfälzischen Regierung, war jetzt der Führer der Partei. Aber für sich allein bedeutete sie doch zu wenig, als daß ihre überall betriebenen Bündnisversuche, wie sie es wünschten, den Krieg heraufbeschworen hätten.

Bloß auf den Reichsversammlungen fand sie nach 1600 Gelegenheit zu billigem

Erfolge. Reichstage und Reichskammer=
gericht waren seit 1555 nur noch dann

von Einfluß, wenn eine Persönlichkeit
hinter ihnen stand, die die kleineren

Abb. 31 · Tafelaufsatz · Arbeit Jamnitzers

Territorialgewalten
ihrem Willen beugte; die
größeren hatten sich dem
Reiche ohnedies entzogen.
Infolgedessen erhielten
mit der Erkrankung Kaiser
Rudolfs die Männer des
Umsturzes leichtes Spiel;
denn auch unter den
Landesfürsten trat ihnen
niemand mehr wie
weiland Kurfürst August
entgegen. 1600 lähmten
sie durch Sprengung des
Reichsdeputationsaus=
schusses die Thätigkeit
des Kammergerichts, und
1608 und 1613 sprengten
sie gar den Reichstag
selber. Aber die Wirkung
dieser Wagnisse erschöpfte
sich in dem moralischen
Eindrucke auf die Be=
völkerung. Thatsächlich
wäre auch ein rechts=
kräftig gewordenes Urteil
des Kammergerichts 1600
nach Lage der Dinge nicht
vollstreckt und ebenso=
wenig eine vom Reichstag
formell bewilligte
Türkensteuer 1608 von
den Pfälzern erzwungen
worden, da sie doch sogar
die Achtsdrohung des
Reichstages von 1597
in den Wind geschlagen
hatten. Die Thatkraft
fehlte im Reiche, seinen
Getreuen wie seinen
Unholden.
    In ganzer Schmäh=
lichkeit trat das zu Tage,
als in Westdeutschland
mit dem Frühjahr 1609
eine politische Frage aus=
gerollt wurde, bei der es
sich nicht um die Wege=
lagererwünsche der
Pfälzer handelte, sondern
von deren Lösung die
Zukunft der mächtigsten

Territorialgebiete und beider Konfessionen im Reiche bedingt erschien.

Im Mittelpunkte jenes ausgedehnten katholischen Gebietes von Westfalen bis zum Mittelrhein, das für die Behauptung der Kirche in Westeuropa so wichtig war, lag das Herzogtum Jülich-Kleve, seinem Umfange nach das drittgrößte Territorium des Reiches. Erst nach langer Zeit des Schwankens hatte sich sein Herzogsgeschlecht seit den sechziger Jahren des 16. Jahrhunderts zu den Katholiken geschlagen. Als jedoch sein Mannesstamm nicht viel später zum Erlöschen kam, waren nur protestantische Erben übrig: das habsburgtreue, aber unverbrüchlich lutherische Sachsen, das noch lutherische, aber politisch den Oraniern und Pfälzern näher gerückte Brandenburg und das ebenfalls noch lutherische, aber längst in zweideutiger Weise Bayern verbundene Pfalz-Neuburg. Hohenzollern, Wettin und Wittelsbach standen sich gegenüber. Der Kaiser hatte seit 1591 alles gethan, die Stellung der Kirche dort zu stärken; da er jedoch nicht daran benken burfte, auf das Herzogtum selbst die Hand zu legen, so stellte er sich alter Politik gemäß auf Sachsens Seite.

Krampfhafte Erregung durchzuckte ganz Deutschland. 1607 trat Bayern aus seiner Zurückhaltung zuerst wieder seit 1589 hervor; Max I. besetzte, den Absichten der Reformierten auf die geistlichen Gebiete wie zur Warnung, die evangelische Reichsstadt Donauwörth. Diese sprengten darauf 1608 den Reichstag und verbanden sich, wozu sie sich durch Jahre nie hatten entschließen können, zu einer kriegerisch organisierten ‚Union‘, ohne den Hinzutritt ihrer mächtigen Gönner im Reiche länger zu erwarten. Bayern antwortete 1609 mit der katholischen ‚Liga‘. Ein Familienzwist im Kaiserhause erschütterte auch Oesterreich in allen Fugen. Matthias, der Bruder des irren Rudolf, erhob sich gegen den Kaiser mit Hilfe der Protestanten in den Erbländern, und dieser rettete sich vor ihm durch Stützung auf beren böhmische Glaubensgenossen (Majestätsbrief vom Juli 1609). Aber beider Zugeständnisse entfalteten erst recht die Empörungslust des verwilderten österreichischen Adels unter Erasmus von Tschernembls Führung. Er verbündete sich

mit der Umsturzpartei im Reiche, wie er seit langem bereits mit den aufsässigen Ungarn und Siebenbürgen verbündet war: der Pfälzer sollte schon 1609 König werben.

Am 25. März 1609 starb der Klever. Fast zur selben Stunde bemächtigten sich der Hohenzoller und der neuburgische Wittelsbacher im Einverständnis miteinander seines Besitzes; die Niederländer, soeben durch den Waffenstillstand mit Spanien nach vierzigjährigem Freiheitskampfe frei geworden, warfen auch ihrerseits nach Jülich und Kleve Truppen. Erzherzog Leopold schlug sich im kaiserlichen Auftrage zum Besten der Sachsen in die Feste Jülich hinein, seinen in Eile zu verstärkenden Truppen voraus. Die Unionsfürsten begannen mit der Ausplünderung der südwestdeutschen Stifter. Brandenburg trat ihnen nunmehr bei. Und so in denselben Monaten Heinrich IV. durch eine Liebesleidenschaft die kühle Ueberlegung verlor und die nach Brüssel geflüchtete Geliebte gewaltsam zurückholen wollte, so ließ auch er sich bereit finden, für den Sommer 1610 ein Heer an den Rhein zu entsenden. Der Krieg schien im vollen Gange.

Indessen auch dieses Mal geriet die unbehilfliche Masse deutscher Zustände nicht in Bewegung. Die deutschen Stände scheuten den Kampf. Der Sachse mochte nicht, Oesterreich konnte nicht. Bayern stellte sich zur Seite, die Union war feige, und Brandenburg wurde durch den gleichzeitigen Anfall Preußens und Kleves aufs höchlichste verwirrt. Heinrich IV. aber erlag am 14. Mai 1610 dem Meuchelmord.

Deutschland blieb in einer tödlichen Erregung zurück. Das letzte Jahr Rudolfs II., die Zeit der Zwischenregierung, die armseligen und doch so geschäftigen Regierungsjahre des Kaisers Matthias mit ihren politischen und religiösen Verhandlungen im Reich und in Oesterreich, mit den Tagsatzungen und dem Auf und Nieder in den Plänen der Union und Liga sind Jahre brennenden Verlangens nach einer That. Aber niemand ist da, sie zu wagen. Die Liga, auch die Union zerfallen wieder. Aengstlicher als je schließen sich die einzelnen Territorien ab, und wo sich trotzdem feindliche Gegensätze öffnen, weicht man sich aus, indem man hinter die großen Parteien tritt, wie denn 1613 Pfalz-Neuburg katholisch und Brandenburg kalvinistisch wird. So

Westeuropas und unversehrt noch in der Fülle seiner Begabung, soll es ohne Kampf, aus bloßer Unkraft seiner politischen Organisation dem begünstigteren Nord und

Abb. 32 · Schloß zu Aschaffenburg
Erbaut im ersten Viertel des 17. Jahrhundert

scheint unserem Volke auch die letzte trübe Erfahrung bevorzustehen, daß es sich, wie ein Jahrhundert früher Italien, nicht einmal mehr zum Kriege aufzuraffen vermag; kein Eingriff mehr wird seine Auflösung unterbrechen. In seinen Lebenswurzeln noch so gesund wie irgend eines

West zur Beute fallen. 1615 begegnen sich niederländische Truppen und schwedische Unterhändler im Herzen Deutschlands bei Braunschweig, und es ist ein spanisches Heer, das ihren Rückzug herbeiführt; von Deutschen ist nicht mehr viel dabei die Rede.

Das Zeichen zur nationalen Erhebung

Da fuhren plötzlich in den Sommertagen 1618 die Stände des Reiches erschrocken auf. Haus Oesterreich ließ die Werbetrommel rühren.

Sie sind ein rätselhaftes Geschlecht, die Habsburger, und Forschung, die ihnen innerlich nahe gekommen ist, mag von ihnen so wenig wie von den Hohenzollern wieder lassen. So gut wie ohne Ausnahme sind sie kernhaft treue, eigenartige und reiche Persönlichkeiten. Seit dem 15. Jahrhundert jedoch greifen sie selten mehr durch, haben sie fast sämtlich etwas Zögerndes, Entschlußlahmes. Sie sind arm an großen Staatsmännern. Ihre Herzensgüte entartet zu weichlicher Bestimmbarkeit. Und so viel Fremdes und so viel Schwäche mischt sich in ihre menschliche und politische Bedeutung, daß es unmöglich ist, sich auch nur einem von ihnen in rückhaltloser Bewunderung hinzugeben.

Aber in diesem Hause sind es überhaupt nicht einzelne, denen die schaffende und unbesiegliche Herrscherkraft entströmt, sondern das Geschlecht als Ganzes hat in der Folge der Jahrhunderte Habsburg groß gemacht und groß erhalten. Wann hätte dieses Haus, seit es sich im 14. Jahrhundert in jugendlicher Frische sein Oesterreich baute, nicht eine Großmacht bedeutet? Es ist gewiß, daß seine auswärtige Politik, unfähig zur Selbstbeschränkung, ohne Blick für das Durchführbare, oftmals in die Irre ging, daß sein Geschick und seine Ausdauer in der inneren Politik nicht zureichten, daß die Habsburger selten nur die rechten Gehilfen beim Werke gefunden haben. Dennoch, wenn wir sie auf der Ostwacht sehen, wenn sie die deutsche Kaiserkrone tragen oder als Häupter der spanischen Monarchie über zwei Welten gebieten, wenn sie gar das alte germanische Weltherrschaftsideal erneuern, — umleuchtet sie dann nicht immer wieder eine seltsame Größe?

Auch die Habsburger müssen nach ihrer Zeit und menschlichem Maße gemessen werden. Eine zwiespältige Bürde drückte durch die Vereinigung Oesterreichs und des Kaisertums auf ihre Schultern. Oesterreich hat ebenso lebhaft schon im 12. wie im 14. Jahrhundert, vorzüglich jedoch nach der Erwerbung Böhmens und Ungarns die politische Selbständigkeit erstrebt und seine Richtung donauabwärts genommen; thatsächlich war es längst ein Staat für sich geworden. Dom Reiche dagegen wurden die Habsburger nach Westen gezogen. Vollends belastete der Zuwachs Spaniens sie mit einem Uebermaße von Aufgaben. Da haben sie denn ein übergroßes Wollen mit stets nur halbem Vollenden bezahlt. Ueber all der auswärtigen Politik ist die innere in Oesterreich zu kurz gekommen, und doch ist auch wieder die Aufopferung für das Reich oder die Rücksicht auf Spanien so manchesmal in gefährlicher Stunde vor den Sonderzielen Oesterreichs zurückgetreten. Nur sollte niemand deshalb die Habsburger undeutscher Gesinnung zeihen. Hat nicht sogar der vielverleumdete Karl V. durch die Zuweisung der Niederlande an Spanien dieses mit seinem Stolz und Reichtum der deutschen Nation für ihre schwersten Tage an die Seite gekettet, so daß es sich im 17. Jahrhundert statt unsrer verblutet hat, um die Rhein- und Scheldemündung und das Vlamentum vor französischer Eroberungssucht zu bewahren?

*

Nach Ferdinands I. Tode 1564 war Zerfahrenheit in die österreichische Politik, wie in die deutsche allenthalben

gekommen. Ferdinand hatte Inneröster=
reich und Tirol für seine jüngeren Söhne
abgesplittert; seine Nachfolger Maxi=
milian II. (1564—1576) und Rudolf II.
(1576—1612) ließen sich ihm an Tüchtig=
keit nicht vergleichen. Doch über dem
Durchschnitt des deutschen Fürstentums
jener Tage haben auch sie bei weitem
gestanden.

Maximilian II. war, durch das politische
Taktgefühl seiner Familie an die Kirche
gebunden, durch seine Gesinnung dem
Luthertum verwandt, zu seiner Zeit der
Hauptvertreter der konfessionellen Ver=
söhnung. Vieles Feine war in ihm.

Sein Sohn Rudolf war ein schärfer
blickender, geistvoller Politiker, ein Ka=
rakter, der in Staat und Religion un=
zweideutig Stellung genommen hatte, ein
Mann, der keine Mißachtung duldete,
voll Widerstandskraft gegen jeden, der
ihn unterdrücken wollte. Den Reichs=
geschäften ging er aus dem Wege, nur
an die Wiedervereinigung der Niederlande
mit dem Reich scheint er viel gedacht
zu haben. Seine Anstrengungen kamen
Oesterreich zugute. Er zuerst brachte
die Türken zum Stehen; und daß er
1598 Raab wiedereroberte, hat auch die
Nation mit ihm als große That empfunden.

Abb. 33 · Die Stadt Wien

Mattherzigkeit jedoch verdarb ihm den
Karakter. Er wirkte nicht in dem alten
Geiste ernsthafter Kümmernis um die
Religion, wie früher der Kreis des Erasmus
von Rotterdam und um 1565 her am
klevischen Hofe Georg Cassander oder
theologisch gebildeter Georg Wizel; son=
dern durchkältet von politischen Neben=
erwägungen vergeudete er seinen Einfluß
für einen blutlosen Kompromißkatholizis=
mus. Ueberzeugung und innerliche Er=
griffenheit verflüchtigten sich immer mehr
in ihm; der Bruch in seinem Wesen wurde
immer deutlicher. Er ward doppelzüngig.
Da zwang er denn weder im Reiche den
Jesuitenorden noch in seinen Erbländern
das unversöhnliche Luthertum nieder,
und Oesterreich geriet schon unter ihm
durch seine kirchlichen Zugeständnisse von
1571 und 1575 in einen Zustand bedroh=
licher Zerrissenheit.

In Böhmen drang das Deutschtum durch
seine Kolonisation wie durch seine ver=
ständnisvolle und reiche Förderung der
Gewerbe rasch voran, während es sonst
an den Grenzen des Reiches überall zer=
treten wurde. Und er hat auch dem
österreichischen Protestantismus den Boden
bereits unterwühlt. Aber von Anfang an
war er nicht mit dem Herzen bei der
Politik: er war ein Gelehrter, ein fein=
sinniger Kunstfreund, ein Liebhaber der
Musik. Und so fehlte ihm das Verständ=
nis für die innere Staatsorganisation und
für den Wert geordneten Geldwesens im
Staatsleben. Aus Armut und bei der
fortschreitenden Zerrüttung des Staats=
ganzen konnte er seine Erfolge nicht aus=
beuten. Mehr noch fehlte ihm die nach=
haltige Willenskraft; denn sein Gemüt war
von Geburt an schwach und krank. Je weiter
der hochbegabte Mann mit den Jahren

Kaiſer Matthias   Kaiſer Rudolf II.   Erzherzog Maximilian

Kaiſer Ferdinand III.   Kaiſer Ferdinand II.   Erzherzog Leopold Wilhelm

Kardinal Melchior Khlesl   Franz von Liſola   Hans Ulrich Fürſt v. Eggenberg

blickte, desto mehr nahm er in Angriff; aber nur mit Trotz, nicht mit Ausdauer betrieb er es weiter. Und wie über alle ihrer selbst nicht mächtigen Menschen, kam das Mißtrauen über ihn und mit 1600 der Verfolgungswahn. Elf Jahre hat er dann noch in menschenscheuer Zurückgezogenheit gelebt, hat gesehen, wie der Umsturz sich überall um ihn herum so hoch erhob, daß Oesterreich darunter zermalmt zu werden drohte.

Der Empörer Matthias folgte ihm (1612—1619). Er hat persönlich nichts geleistet; trotzdem ist seine Regierung von Bedeutung geworden.

Denn während der leitende Minister Khlesl die habsburgische Reichs- und innere Politik mit großer Gewandtheit an dem Abgrund der damaligen Zustände vorüberleitete, einigte der tüchtigste des Hauses, Erzherzog Maximilian, ebenso behutsam wie zielbewußt und ebenso selbst- wie rücksichtslos alle Familienzweige aufs neue nach dem harten Zwiste unter Rudolf und bewog sie, für die Zukunft Ferdinand II. aus der innerösterreichischen Linie auf den Schild zu erheben.

*

Ferdinand war ein kleiner, beleibter Mann mit wohlwollenden Zügen und von heiterer Gesprächigkeit, den Vierzigern nunmehr nahe (geb. 1578). Von Natur war er der gutmütigste und sorgloseste Mensch, der täglich mit vollen Händen schenkte. Man hatte ihn zu einer bevoten Frömmigkeit und furchtsamen Gottesverehrung erzogen, wie denn seine Religiosität überhaupt ein Erzeugnis der Gewöhnung seiner Kinderjahre war. Geistig wenig begabt und teilnahmlos, ohne treibenden Ehrgeiz, widmete er sich dennoch den Geschäften in peinlicher Gewissenhaftig-

keit; nur die Jagd und Musik verlockten ihn vom Arbeitstische. Seine unverständige Mutter und nach ihrem Befehle die Ingolstädter Jesuiten hatten schon in dem Knaben die kümmerlichen Keime von Selbständigkeit und thätiger Kraft unterdrückt, so daß er auch später in seiner Regierung nicht leicht auf Dinge achtete, deren Wert ihm andere nicht eröffneten, und sich immer gern dem Urteil seiner Minister überließ. Aber dieser persönlich so schwache Mann hatte bennoch schon zu Matthias Zeiten mehr erreicht als irgend einer der Habsburger seit Ferdinands I. Tode.

Wenn man ihm die Ueberzeugung mitzuteilen vermochte, daß er für eine Sache vor Gott verpflichtet sei, so konnte ihn im Streite für sie nichts mehr bestürzen und erschüttern. Ein frohgemuter, leichter Sinn erwachte dann in ihm, dem keine Schwierigkeit einleuchtete und der in Stunden des Verderbens in ein starres Vertrauen umschlug, woran sich alle Schicksalswogen brachen. So hatte er als Zwanzigjähriger, kaum in Graz zur Regierung gelangt, den seine Länder beherrschenden Protestantismus einfach über den Haufen gerannt, mit einem Erfolge, der in der Geschichte des Protestantismus beispiellos geblieben ist. Aber damals hatte sich auch der Geist der Entschiedenheit bereits geäußert, der ihn beseelen konnte, wo seine fürstliche Gewalt mißachtet wurde. Und dieser majestätische Drang zur Herrschaft ist sortan das bestimmende Element in der Wirksamkeit Ferdinands geworden, während die kirchliche Triebfeder seiner Handlungen bei der geringen Nahrung, die sie aus seiner persönlichen Religiosität schöpfen konnte, mehr und mehr ihre Kraft einbüßte. Wer sein habsburgisches Machtgefühl aufzuregen wußte, beherrschte ihn. Dann erwies er sich plötzlich als Absolutist von einer Schroffheit des Denkens und einer Unfähigkeit im Begreifen ständischen und jeglichen fremden Rechts, wie unter den europäischen Fürsten noch kaum einer sonst, und es bedurfte regelmäßig der Zeit und argen Mißerfolges, ehe das angeborene Friedensbedürfnis und die Furchtsamkeit seiner Natur ihn wieder zum Einlenken brachten.

Schon die Wahl Ferdinands zum Haupte der habsburgischen Familie war nach seiner Vergangenheit die Kriegserklärung an alle Empörung, ja an alle Eigenmacht in den österreichischen Ländern wie im Reiche. Und im Grunde bedeutet deshalb das Jahr 1617, in dem sie gethätigt wurde, den Wendepunkt unsrer ganzen Geschichte zwischen 1231 und 1871, da Ferdinand Beifall und Unterstützung im Reiche gewann, die nicht mehr erlahmten. Bis dahin ein immer trostloser sich beschleunigender und immer allgemeinerer Verfall, der von der politischen auf die religiöse Organisation übergriff, die geistige Kultur und dann die materielle unterband und endlich die gesamte deutsche Gesellschaft, die ganze Nation sittlich und physisch zerstörte. Von da ab die Erneuerung der politischen Macht, die Ermannung, die Wiedergeburt des ganzen deutschen Daseins. In eben jenem Jahre ist Opitzens Aristarch als sein erster Ruf gegen die Ausländerei ergangen und die ‚Fruchtbringende Gesellschaft‘ zur Pflege der Muttersprache und vaterländischer Sitte in Weimar gegründet worden. 1619 erschien des jungen lutherischen Kurländers Dietrich Reinking (1590 bis 1664) wieder und wieder aufgelegte staatsrechtliche Darlegung zu Gunsten eines starken, zentralisierten österreichischen Kaisertums. Vielleicht, daß es die ersten Lebensfunken waren, die die Thatkraft der Habsburger in der Nation entzündet hatte.

*

Am 6. Juni 1617 ließen sich die böhmischen Protestanten und Stände überrumpeln, in Ferdinand ihren verrufensten Gegner als Nachfolger im Königtume ‚anzunehmen‘. Kaum hatte Ferdinand damit Fuß gefaßt, so verspürte das Land einen andern Ernst in den Maßregeln der Regierung. Es wurde nichts Neues verfügt, aber das Verfügte durchgeführt.

Der Strenge ungewohnt, lehnten sich die Böhmen dagegen auf. Sie versammelten sich im Mai 1618, und am 23. verleitete ihr Haupt, Graf Thurn, sie zum ‚Fenstersturze‘ der Statthalter Slavata und Martinitz. Sie wählten eine ständische Regierung, warben Truppen und riefen die Union zur Hilfe. Ferdinand war unterdessen am 16. Mai auch von den Ungarn als König anerkannt worden und damit sein Herrscherrecht im ganzen Staate gesichert. Nach dieser Seite gedeckt, brachten er und Maximilian den zaudernden Matthias im Juli durch den Staatsstreich der Verhaftung Khlesls unter ihren Einfluß und rüsteten den Krieg.

Aber das Kaiserhaus war unvorbereitet, die Verwaltung verrottet, das Land großenteils in Aufruhr, überall durch die Türkenkriege in seinem Wohlstand mitgenommen, kein feldtüchtiges Heer vorhanden. Man erlitt wiederholt Schlappen, da der Markgraf von Jägernborf und mehrere tausend Mann unter dem Unionsobersten Ernst von Mansfeld den Böhmen zu Hilfe gekommen waren, und bereits wurden die Erzherzöge bedenklich. Dann wurden sie mit dem 20. März 1619 durch den Tod des Kaisers sogar vor die Nöte einer Kaiserwahl unter unübersehbaren Schwierigkeiten gestellt, weil die Wahl des starr katholischen Ferdinand den lutherischen Kurfürsten kaum weniger als dem Pfälzer widerstrebte. Anfangs Juni rückte Thurn vor Wien, und die österreichischen Stände, die Hauptstadt selber schickten sich an, zu ihm überzugehen. Ein ‚Generalkonvent‘ aller Erblande sollte am 15. Juni die ‚Republik‘ erklären. Ferdinand war in den Händen seiner Feinde.

Kaltblütig ist er damals unter sie getreten und hat ihnen allein ins Gesicht widerstanden, bis seine Kürassiere ihn am 11. Juni heraushieben, die katholisch gebliebenen Stände sich um ihn scharten und Thurn infolge einer Niederlage Mansfelds zurück mußte.

Er konnte sich jetzt nach Frankfurt begeben. Dort glückte es ihm, während die

Böhmen ihn absetzten und am 26. August 1619 folgerichtig Friedrich von der Pfalz zu ihrem Könige wählten, Sachsen zu überreden und am 28. August durch einstimmigen Entscheid der Kurfürsten Kaiser zu werden. Friedrich V. zog zwar trotzdem am 31. Oktober in Prag ein, und Thurn versuchte es noch anfangs Dezember mit einem Vorstoß gegen Wien, wobei ein ungarisches Heer unter Bethlen Gabor, dem Fürsten von Siebenbürgen, mit ihm zusammenwirkte, so daß der Kaiser nach Graz flüchten mußte. Aber die Vorbereitungen der Habsburger zu einem großen Schlage waren dadurch nicht mehr zu vereiteln.

Ferdinand hatte am 8. Oktober durch einen Vertrag zu München mit Max. I. von Bayern dessen außerordentliche Geld- und Heereskraft zu sich herüber gezogen. Sachsen versprach im Winter darauf ebenfalls kriegerische Unterstützung, weil Deutschland, wie die Kurfürsten den Pfälzer warnten, kein ,Raubhaus' für das Ausland und die Türken werden sollte. Auch Polen schickte Truppen, und durch Frankreichs Vermittlung wurde die Union niedergehalten. Mit dem Sommer rückten die Heere von verschiedenen Stellen aus in die aufständischen Gebiete ein. Die Böhmen hatten sich nicht zu organisieren vermocht, kirchlicher Zwiespalt hetzte sie widereinander, alle Mannszucht war verfallen, der Mansfelder selbst wurde zum Verräter an seinem Herrn. So konnten sich Kaiserliche und Liga unschwer vereinigen, und am 8. November 1620 kam es am Weißen Berge zu einer einstündigen, aber vernichtenden Schlacht, die nicht nur Böhmen, sondern alle österreichischen Länder der Gewalt Ferdinands überlieferte. Es war ein Wandel der Dinge, der auf die öffentliche Meinung überwältigend wirkte.

Der Tag am Weißen Berge hat den österreichischen Gesamtstaat von heute begründet. Er hat den Habsburgern ermöglicht, worauf sie schon seit Ferdinand I. abzielten, an die Stelle einer Reihe ständischer Territorialrepubliken, die nur durch Personalunion verbunden waren, die einheitliche, durch das Heer, das Beamtentum, die Geistlichkeit und den Adel ineinandergeklammerte Monarchie zu setzen.

Ferdinand eilte, das Gewonnene zu sichern. Während die Reste des Aufstandes noch niedergeschlagen werden mußten, wurden 22 der Hauptschuldigen, da sie sich nicht demütigen wollten, hingerichtet. Fast ein Drittel aller adligen Güter Böhmens wurde eingezogen, und mit ihrer Hilfe ein neuer, nicht mehr territorial-ständisch gesinnter, sondern an das Königshaus gebundener Adel geschaffen und einflußreich ausgestattet. Das Deutsche wurde dem Tschechischen für gleichberechtigt erklärt. Zentralämter für die innere Staats- und die Finanzverwaltung wurden den Behörden der böhmischen und erblän-

Abb. 34 · Kardinal Pázmány

dischen Ländergruppe übergeordnet und zugleich die Gegenreformation in allen Landesteilen aufgenommen. Die gesamtösterreichische Bevölkerung konnte bei ihren nationalen und geschichtlich gewordenen Gegensätzen, wenn überhaupt durch etwas Gemeinsames, so nur durch das eines gemeinsamen Glaubens verschmolzen werden. Die Habsburger meinten auf diesen Vorteil wie auf den Eifer der Geistlichkeit für den Staatsgedanken um so weniger verzichten zu können, als sich bisher alle Elemente des Aufruhrs unter dem Banner des Protestantismus zusammengeschart hatten. Sie hofften, der Empörung mit der Aufhebung aller protestantischen Gemeinden künftighin den Sammelpunkt zu entziehen. 1624 ergingen die letzten, entscheidenden Verfügungen. Und in der That wurde der Absolutismus der Krone durchgesetzt. 1627 wurde auch für Böhmen und 1628 für Mähren die unbedingte Erbfolge Habsburgs verkündet und allenthalben das ständische Gesetzgebungsrecht für verwirkt erklärt. Nur in Ungarn wartete man noch ab, welcher Fortschritt der in der Bildung begriffenen katholischen Partei unter der Führung der machtvollen Persönlichkeit des Kardinals Pázmány beschieden sein würde.

*

Aber durch den böhmischen Aufstand war auch der Kaiser in Ferdinand tief beleidigt worden, und es lag in seinem Karakter wie in der Art seines Hauses, Sühne dafür zu heischen. So hatte Ferdinand bereits am 22. Januar 1621 die Reichsacht über den Kurfürsten von der Pfalz ausgesprochen, aus eigener Machtvollkommenheit, ohne sich um die Zustimmung des Kurfürstenkollegs zu bemühen, wie es sein Recht, wenn auch nicht mehr deutsche Gewohnheit war. Der Eindruck, den die Thatkraft Oesterreichs und seine Unterstützung durch Sachsen und Bayern hervorgerufen hatte, zeigte sich jetzt in seiner ganzen Stärke. So gut wie niemand wagte Friedrich beizuspringen. Selbst sein englischer Schwiegervater beschränkte sich auf eine Fürsprache. Im Reiche stob im April 1621 die Union auseinander, und nur der zweideutige Mansfeld und der Jägerndorfer blieben mit schwachen Kräften in Friedrichs Dienste. Nach und nach schlugen sich, da die Holländer den Krieg schürten, dann noch Christian von Braunschweig, Georg Friedrich von Baden-Durlach, sowie Wilhelm von Weimar dazu, und auch Bethlen Gabor erneuerte seine Angriffe. Es sammelten sich dadurch bei dem Ueberflusse Westdeutschlands an

Arbeitslosen in jenen Jahren wirtschaftlicher Not noch einmal an die 50 000 Mann. Aber die Aufständischen vermochten sie bei ihren geringen Mitteln nicht feldtüchtig zu erhalten, und Bündnisverhandlungen mit dem Könige von Dänemark rückten nicht von der Stelle. Während Ferdinand mit seinem kleinen Heere den Siebenbürger bekämpfte, brachten Max von Bayern und die Liga ihre Truppen auf die Stärke der Gegner. Dann faßte Tilly sie einzeln und zersprengte sie, von den Spaniern unterstützt, bei Wimpfen (6. Mai 1622), Höchst (20. Juni 1622) und Stadtlohn (6. August 1623); dazwischen eroberte er die ganze Pfalz. Friedrich V. war zur Unterwerfung bereit, auch Christian von Anhalt erbat die Verzeihung des Kaisers. Der Kaiser hatte obgesiegt wie der Herr des österreichischen Staates.

*

Doch dies war nur ein Anfang, gleichsam eine Vorbereitung. Man fühlte in der Hofburg, daß das Kriegsfeuer, einmal entfacht, nun nicht mehr zu löschen war und alles, was sich an Schuld und Schwäche seit Jahrhunderten in Deutschland aufgehäuft hatte, bereinigt oder vernichtet werden mußte. Man fühlte es, und man wollte es auch, trotz aller inneren Unfertigkeit Oesterreichs, trotz allen Ausflüchten der persönlichen Friedensliebe Ferdinands II. und, obwohl die der Krisis zueilende Finanzohnmacht Spaniens einen gesamteuropäischen Krieg vorzüglich auf die Schultern der deutschen Linie zu wälzen drohte. Wien konnte gegenüber den eben beginnenden Fehdegängen der westeuropäischen Mächte, die von der Wiederaufnahme des spanisch-niederländischen Kampfes 1623 eingeleitet wurden, nicht gleichgültig bleiben, weil es weder den Verfall Spaniens noch die übermäßige Stärkung Frankreichs zulassen durfte. Die Nieder-

Abb. 35 · Castrum Mansfeldt
Nach einem Kupferstichblatt des 17. Jahrhunderts

länder, die sich seit vier Jahrzehnten immer fester im Nordwesten des Reiches eingenistet hatten, drängten täglich anmaßender vor und betrieben unablässig die Erneuerung der Unruhen im Reiche. Richelieu war weit entfernt, bloß in dem Plane eines vernichtenden Schlages gegen das Hugenottentum zu leben. Auch von den Verhandlungen des Dänenkönigs wußte man, und daß sich ein Bündnis zwischen ihm, England und den Niederlanden vorbereitete. Und ebenso mißtrauisch beobachtete man Gustav Adolf, der auf Polens Schlachtfeldern um das dominium maris baltici rang.

In der That, der europäische Krieg loberte empor, der über die Zukunft Deutschlands wie über die des Hauses Habsburg entscheiden mußte. Von der Fruchtbarkeit, mit der Oesterreichs innere Ordnung weiter gedieh, und von der Festigkeit des Gemeinschaftsgefühls, das in die Bayern und Sachsen die beiden ältesten und stärksten Stämme des Reiches mit dem Kaisertum vereinigt hatte, war es bedingt, ob Ferdinand II. ihn zu bestehen vermochte.

Jahrhunderte hindurch hatten die Sachsen und Bayern für sich selbst um den beherrschenden Einfluß im Reiche gerungen und oft ihn erreicht. An Bayern knüpft sich die Schöpfung Deutschlands durch Ludwig den Deutschen. Aus Sachsen waren die Ottonen und Lothar von Supplimburg hervorgegangen, unter dem die Nation ihre glänzendste Machtentfaltung erlebte. Bayern und Sachsen hatten sich unter ihm vereinigt, und von ihnen aus war das Deutschtum dann unaufhaltsam über die Elbe hinaus nach der Stelle hin, wo heute die Zaren regieren, und die Donau entlang gegen Konstantinopel vorgedrungen. Heinrichs des Löwen Thatkraft und staatsschöpferischer Geist ist mit dieser größten kolonisatorischen Leistung aller Zeiten, der erstaunlichsten Großthat unseres Volkes, untrennbar verbunden. Aber unselige Stauferpolitik hatte wieder zersprengt, was die großen Stämme in Einheit schufen, und ihnen in Wien und Cölln-Berlin nebenbuhlerische Staatsgewalten zur Seite gestellt. Das Ringen zwischen Bayern und dem Osten erfüllte die deutsche Geschichte des 14. Jahrhunderts, und mit dem 15. hatte weniger blutig, ebenso zäh das Ringen zwischen Brandenburg und Sachsen begonnen.

Wie München zu Wien, so liegt Dresden zu Berlin, eingeengt, am Fuße hoher Gebirge, nicht inmitten weitverzweigter Flußläufe, ohne Häfen wie Triest und Hamburg-Stettin, nicht mit der Möglichkeit territorialer Ausdehnung nach allen Seiten ohne den Widerstand der Bodengestaltung und lebhafter Stammesgegensätze. Der Mittelpunkt der Staatenbildung wäre also auch ohne äußeren Eingriff vermutlich nach Berlin und Wien vorgerückt. Nur hätten wir vielleicht den Zwiespalt mehrerer Jahrhunderte mit seinen Opfern nicht zu beklagen, und die naive Selbstsucht der durch keine Stammesgeschichte und Familienüberlieferung mit dem alten Reiche verknüpften Brandenburger und Oesterreicher wäre wohl von vornherein durch ein tieferes und regeres Nationalbewußtsein geklärt worden, wie es in die Habsburger doch erst durch die Verbindung mit dem Kaisertume allmählich überströmte, in den Hohenzollern aber, abgesehen von der anziehenden Kirchenpolitik Joachim Hektors und von köstlichen Zeiten unter dem Großen Kurfürsten und Friedrich I., erst während des 19. Jahrhunderts leitend wurde.

*

Sachsen war im 16. Jahrhundert durch die Aufeinanderfolge von vier der festesten und begabtesten Herrscherpersönlichkeiten der Zeit noch einmal zu starker innerer Kraft gekommen. Unter ihnen war freilich nur der berechnend treulose, wagende, den Sieg immer am Halfter führende Moritz von einer Genialität gewesen, die ihn aus dem engen Rahmen einer deutschen Jahrhundertgeschichte heraus neben Karl V. und Luther unter die Lenker der Weltgeschichte erhoben hat. Aber in der vaterländischen Geschichte stehen die drei anderen unvergessen neben, wenn nicht über ihm: Friedrich der Weise, der Schutzherr Luthers und Erbe Hennebergs als Träger der aristokratisch-kurfürstlichen Reichsverfassungspläne, Georg der Bärtige in seiner männlichen Biederkeit, mit seinem Anteil an der Wohlfahrt seiner Unterthanen, seiner rastlosen Arbeitslust, seiner organisatorischen Begabung und seiner Reichstreue, endlich der verschlossene, miß-trauische, derbe August, der dem Reiche den Religionsfrieden auferlegt hat, ein Absolutist von geradezu tyrannischer Denk-weise, ehernen Willens, von unbeug-samer Leistungsfähigkeit, bewunderungs-würdiger staats- und volkswirtschaftlicher Anlage und von einer Ruhe und Selbst-beschränkung in seinem politischen Schaffen, die ihm fast den Zug der Größe verleiht. Das Wettinische Land war fruchtbar, wohlbevölkert, gewerbe- und geldreich; es hatte eine Handelsstadt von der euro-päischen Bedeutung Leipzigs in seiner Mitte, an künstlerischer und geistiger Kultur stand es trotz seiner nordischen Lage dem Süden und Westen verhältnismäßig nahe. Wäre es nur nicht seit seiner Teilung 1484 unter die Ernestiner und Albertiner mehr und mehr zerrissen und verzettelt worden! Familienzwiste, politische Fehden, fana-tische Religionsstreitigkeiten lösten ein-ander ab. Einzig der Besitz der kur-fürstlichen Linie wuchs noch allmählich; doch auch bei ihm kam das Wachsen mehr auf ein Abrunden als eine Ver-mehrung hinaus. Die Wettiner besaßen nicht die Beweglichkeit, zu rechter Zeit nach den Gebieten zu greifen, von deren Beherrschung das Uebergewicht in Nord-deutschland abhing: der Elbschlüssel Magdeburg glitt aus den Händen der Erz-bischöfe in die der Hohenzollern, und um das klevische Erbe im Nordwesten wagten die Sachsen 1609 bei allem Neide nicht erst ernsthaft den Kampf. Ihre Stellung an der Spitze des Luthertums verstanden sie oder vermochten sie wohl auch bei dessen landeskirchlicher Abschließung und reichs-politischer Zurückhaltung ebensowenig zu ihren Gunsten auszugestalten. Der ge-heime Trieb, vom Teile zum Ganzen

sich auszuwachsen, das Haupt eines neuen Deutschlands zu werden, ist niemals in ihnen gewesen. Nach 1586 fehlten ihnen aber auch die Männer. Jagd und Trunk-sucht zerrütteten das Geschlecht, erst in der zweiten Hälfte des 17. Jahrhunderts ist es wieder zu sich gekommen, und da waren es andere als staatsmännische Gaben, durch die es sich auszeichnete.

Unter dem doppelten Mangel einer aufwärtsstrebenden Entwicklungsrichtung des Landes und persönlicher Karakter-festigkeit hat auch die Politik des im übrigen so wohlmeinenden und reichsdeutsch ge-sinnten Johann Georg I. (1611—1656) gelitten. Wann hätten unsere überzeugten Lutheraner bei allem Papsthasse nicht mehr deutsch und christlich gedacht als prote-stantisch? Das Reich zu verraten, wäre ihnen unmöglich gewesen. Gerade Sachsens Politik hatte ihnen jedoch politische und kirchliche Sonderinteressen geschaffen, die sich ihnen oft an die Füße ketteten, wenn sie gern für die Nation eingetreten wären. Und gerade das Wettinische Haus hatte auf ihre Aussonderung aus dem Reiche hingedrängt, ohne daß es auch nur einen Anlauf nahm, den davon betroffenen Territorien eine neue politische Gemein-schaft zu schaffen; vielmehr verzehrte es sich in Eifersucht, als es Brandenburg statt seiner sich dazu rüsten sah. Auf ihm selbst und seinem Anhang lastete der Druck halben Thuns, sie strebten aus dem Reiche hinaus und waren doch mit ihm verwachsen.

So hatte der Kaiser hier keine allzu rege, immerhin eine aufrichtige Unter-stützung zu erwarten, solange es dem Auslande galt. Die Wettiner hatten sich dem westeuropäischen Kalvinismus nie ver-wandt gewußt, und Sorge um die eigene Zukunft war ihrem stolzen, glaubensfesten Kirchentume allzu fremd, als daß sie einem nordischen Kriege Oesterreichs etwa dessent-wegen widersprochen hätten. Sie wünschten ihm vielleicht sogar desto mehr, je schwächer sie sich selbst den Skandinaviern gegenüber werden fühlten. Nur mußte Ferdinand Takt genug zeigen, ihre Selbständigkeit zu ehren.

*

Härter als Sachsen war es im böhmi-schen Kriege Bayern gefallen, um des Reiches willen dem alten Nebenbuhler

in Wien zum Siege zu verhelfen. Denn
es war gerade damals auf einer Stufe
seiner politischen Entwicklung angelangt,
auf der es sich nur schwer in eine zweite
Stellung im Reiche fand.

Die Wittelsbacher besaßen in Süddeutschland beträchtliche Strecken Landes.
Dieselben waren weithin verwürfelt,
früh zwischen die Pfälzer und Bayern
verteilt, dann immer mehr zerspalten
worden, und bei der Kirchentrennung
war zudem der bayrische Zweig zu den
Katholiken, der pfälzische zum Teil zu
den Reformierten, zum Teil zu den
Lutheranern getreten. Klug hatte schon
Max I. von Oesterreich den der Verteidigung baren Besitz zu habsburgischem
Gewinn zu beschneiden verstanden. Aber
mit der Wiedervereinigung Bayerns in
einer Hand (Primogeniturgesetz 1506
[1545]) war ein Umschwung eingetreten.
Es gelang Albrecht V. (1550—1579)
durch nachdrückliche Verwaltungsorgani-
sationen und ein strenges Polizeiregiment,
auch die Kluft wieder zu schließen, die
sich zwischen der vom Katholizismus
festgehaltenen westlichen Landeshälfte
und der wie alles ostdeutsche Kolonial-
gebiet zum Luthertume geeilten östlichen
geöffnet hatte. Seiner Unterthanen damit
Herr geworden, übernahm er nun die
Führung der gesamten deutschen Gegenreformation und versuchte, ebenso sehr
durch ihre ideelle Förderung den Einfluß seines Hauses im Reiche wie durch
ihre materielle Ausnutzung seinen Haus-
besitz zu mehren.

Die Kerntruppe, die ihm dabei voran-
ging, waren die Jesuiten. Der Selbst-
erhaltungstrieb der geistlichen Fürsten,
die Ernüchterung der Rheinlande durch
den niederländischen Bildersturm von
1566 mag ihnen ein wenig den Weg
bereitet haben; bennoch haben sie nebst
Bayern den Ruhm des ganzen Werkes.
Der Orden hat mit ebenso viel helden-
mütiger Hingabe wie mit leidenschafts-
loser Weltklugheit, ebenso vorsichtig wie
unnachgiebig gerungen. Er hat die
Deutschen am Krankenbett, in der Schule,
von der Kanzel herab mit echter christ-
licher That so gut wie mit theologischer
Dialektik belehrt. Er hat auf die furcht-
same Menge mit flammender Androhung

höllischer Strafe gewirkt und mit herz-
ergreifender Rede von dem, der der
Weg, die Wahrheit und das Leben ist,
zu begeisterten Jünglingen gesprochen.
Er hat die reiche Heilskraft der Kirche
erschöpft und doch den Zwang staatlicher
Polizei nicht umgangen. Wohl sträubte
sich das Gefühl der Deutschen lange
gegen die stets ein wenig versteckte Art
der Jesuiten wie gegen ihre allzu glatte
Verträglichkeit; die Lutheraner unter-
schieden schon gegen 1600 zwischen den
Katholiken alten deutschen Schlags und
den neuen unter der Leitung der
Jesuiten als zwischen Menschen, die
vielleicht nicht im Glauben, aber im
Wesen verschieden wären. Indessen, bei
allem Gegensatze zwischen dem Volks-
karakter und dem romanischen Kleide
dieses Katholizismus bestand doch, daß
der Orden so unwiderstehlich ge-
schlossen arbeitete und eine so mächtige
innere religiöse Ueberzeugung, eine solche
Hinopferung des ganzen Menschen in ihm
war, daß er damals allein die Kirche
reorganisieren konnte. Deutschland erlebte
zum zweiten Male seit Luthers Tagen
die Predigt eines ganz von Inbrunst
hingerissenen Predigertums. Alle Orden
der Kirche, an der Spitze die Kapuziner,
Söhne des hl. Franzistus, jesuitisierten
sich. Auch in Rom selbst fand der
Orden seit 1573, dem Jahre der Wahl
Gregors XIII., vollkommenen Eifer. Und
in Deutschland verbündeten sich ihm
gerade die tüchtigsten Männer des
deutschen Katholizismus in Bewunderung,
Männer wie der Würzburger Bischof
Julius Echter von Mespelbrunn (1573
bis 1617), Daniel Brendel von Mainz
(1555—1582) und Abt Balthasar von
Dernbach in Fulda (1570—1606).

Die Wiederherstellung der Kirche hat
sich in zwei Zeitabschnitten vollzogen.

Von 1571 bis 1585 ging die Gegenreformation angreifend vor, sie drängte
rasch voran, dehnte sich so weit als
möglich aus. Mitten im lutherischen
Norddeutschland wurden das Eichsfeld,
Hildesheim, Paderborn besetzt, in zehn-
jährigem Streite Münster und Köln
thatsächlich wieder erobert; man plante,
katholische Domherrn bis nach Lübeck
zu bringen, und es fiel bereits das un-

Friedrich V. von der Pfalz

Maximilian Heinrich
Erzbischof von Köln

Ferdinand
Erzbischof von Köln

Max Emanuel
Kurfürst von Bayern

Max von Bayern

Ferdinand Maria
Kurfürst von Bayern

Wolfgang Wilhelm
Herzog zu Jülich und Berg

Philipp Wilhelm
Herzog zu Jülich und Berg,
Kurfürst von der Pfalz

Karl Ludwig
Kurfürst von der Pfalz

Josef Klemens
Erzbischof von Köln

bedachte Wort vom ‚interimistischen‘ Religionsfrieden. Aber schon auf die erste Annäherung hin zwischen Pfälzern und Sachsen unter Heinrichs IV. Antrieb ward man verängstigt und hielt sich still.

Erst 1592 wurde das Werk langsam wieder aufgenommen. Nun jedoch suchte man das noch oder wieder Behauptete im Innern auszubauen und zu festigen, was vorher nur vereinzelt geschehen war, die Stifter gründlich zu reformieren und zu kräftigen. Und jetzt erzog sich Bayern allmählich auch eine politische Partei, deren erster schüchterner Zusammenschluß die Liga von 1609 war, die sich aber bald darauf im Kriegsfeuer rasch erhärtete. Schon von 1600 ab vermochte der Katholizismus abermals eine Macht im Reiche zu bedeuten, wenn er den rechten Führer fand.

Bayerns Länderbesitz war stetig mit ihm gewachsen. Als der Erfolg des Werkes sich überschauen ließ, saßen bayrische Prinzen in der Abtei Berchtesgaden und auf den Bischofstühlen von Freysing (1566—1612, 1639—1694, 1723—1763), vorzüglich aber von Köln (1583—1761), Lüttich (1581—1688, 1694—1723, 1744—1763), Hildesheim (1573—1688, 1714—1763), Münster (1585—1650, 1683—1688, 1719 bis 1761) und Paderborn (1618—1650, 1719—1761). Regensburg erhielten sie zunächst vorübergehend (1579—1598), 1668 auch auf ein Jahrhundert. Nach Osnabrück kam 1625—1661 der Sproß einer unebenbürtigen Ehe des Hauses. Und bloß die Bemühungen um die Stifter Salzburg und Passau konnten die Habsburger hintertreiben. Als 1613 Wolfgang Wilhelm von Pfalz-Neuburg, der Miterbe in Kleve-Jülich, katholisch wurde, stand den katholischen Wittelsbachern durch die Vereinigung von Lüttich, Jülich, Köln, Berg, Münster und Hildesheim die Herrschaft am Nieder- und Mittelrhein ebenso wie durch ihre süddeutschen Gebiete die Vorherrschaft im Süden in Aussicht. Schon 1568 hatten sie sich mit dem lothringischen Herzogsgeschlechte verschwägert. Die territoriale Stellung Oesterreichs im Reiche war durch sie aufs äußerste gefährdet. Und wenn auch geistlicher Besitz in katholischen Händen nur halber Besitz sein konnte und wenn auch der neuburgische und bayrische Besitz selbständig nebeneinander fortbestanden, so schien doch die Persönlichkeit, die seit 1597 Bayern regierte, mit der Zeit alle Widerstände ausgleichen, Bayerns Stärke besiegeln zu müssen.

Nachdem unter seinem gutmütig kraftlosen und verschwenderischen Vater Wilhelm V. das Land an den Rand des Abgrunds geraten war, war Max I. vierundzwanzigjährig zur Regierung gekommen, ein seine Worte zögernd und fast weiblichen Klangs formender Mann von herber Gemessenheit, schmächtig, unbeholfen in seinem Aeußern, aber von dem innern Selbstbewußtsein, das die Menschen unserm Willen unterwirft. Zeit seines Lebens blieb er in leidvoller Einsamkeit. Soviel Wohlwollen auch in ihm war, es war ihm nicht gegeben, sich seinen Mitmenschen, seiner Gattin selbst in mitteilsamer Freundschaft zu nähern.

Eine tiefe sittliche Religiosität beseelte ihn. Von Jesuiten erzogen und ihr Freund, hatte er ihre Formen der Gottesverehrung schwärmerisch aufgenommen. Doch blieb ihm sein religiöses Denken und Empfinden nichts Anerzogenes, sondern ward ihm sicherste Herzenswissenschaft, innerlichste Lebenserfahrung. Er war unduldsam, niemals jedoch beschränkt in seiner Meinung. Ein fester Karakter durch Anlage und asketisch strenge Selbsterziehung, selbständig im Urteil, unabhängig im Handeln. Nicht ursprünglich in seinen Gedanken, indessen offenen Blicks, eindringend und erschöpfend. Vielleicht zu vorsichtig und selbst mißtrauisch bis zu gelegentlicher Hinterhaltigkeit, aber wenn entschlossen, dann auch thatkräftig, schnell und ausdauernd. Voll brennenden Ehrgeizes, jedoch sich stets beherrschend und ebenso geduldig in der mühsam undankbaren Rechtspflege, in der Prüfung seiner Finanzen, in der Aufsicht über seine Beamten, wie begeistert bei der Lösung der großen organisatorischen Aufgaben im Innern seines Staates und bei der politischen Wirksamkeit für sein Haus und Land. Sein Leben war Pflichterfüllung. Von 4 Uhr in der Frühe arbeitete er an den laufenden Geschäften, an seinen Plänen für die Wohlfahrt seiner Unterthanen, an der Durchführung seiner Politik. Zwischenein lag er den Wissenschaften ob und, wie er es von seinem Großvater Albrecht ererbt hatte, den Künsten. Er liebte Dürer, und seine Bildung reiste sich zu solcher Feinheit aus, daß er in jenem Zeitalter der Verwilderung in lateinischen Schriften alle Germanismen, in seinen deutschen Briefen das Fremdwort mied. Wie er in späteren Jahren seine Haare frei sich locken ließ, so trat das Schwunghafte in ihm überhaupt immer mehr auch in seiner Haltung zu Tage. Ein erhabener Idealismus durchglühte sein ganzes Wesen: „ich verzehre mich, damit ich anderen leuchte", so hat er selbst seine fürstliche Thätigkeit karakterisiert.

Alles in Max I. atmete den Geist des Herrschens. An seinem Fürstentum fand sein Streben nach Lernen und Verstehen und sogar seine Kirchlichkeit ihre Grenze. Wie August von Sachsen und Ferdinand II., dachte er absolutistisch. Sonderrechte seiner Unterthanen erschienen ihm als fürstliche Gnaden, die Mißbrauch verwirkte. Er unterdrückte die ständischen Gewalten und ersetzte ihre Thätigkeit durch ein wohlorganisiertes Beamtentum in der Verwaltung wie im Gerichte. Seiner Zähigkeit ist es gelungen, die Kodifikationsbestrebungen, die in vielen Territorien rege waren, für Bayern auf allen Gebieten der Rechtspflege und des öffentlichen Lebens mit dem Codex Maximilianeus 1616 zum Ziele zu führen. Auch als Volks= und Staatswirt war er kaum zu übertreffen. Und er hat ebenso durch die Hilfe Tillys in den Versuchen, das Volk wieder zum Kriegsdienst zu erziehen, die anderen Fürsten überflügelt. Aber alles that er aus fürstlicher Machtvollkommenheit, und er war der Herr gegenüber allen seinen Unterthanen, gegenüber den Landständen wie gegenüber der Geistlichkeit. Auch sie hielt er in Zucht und überwachte ihre Leistungen wie ihr Vermögen. Wenn er sich als Katholik zu der Lehre von der Selbstständigkeit des kirchlichen Organismus bekannte, so fehlte doch dem praktischen Staatsmanne das Verständnis für die Folgerungen daraus. Er, das Haupt der katholischen Stände des Reichs, hat seinem gebannten kaiserlichen Ahn Ludwig in der Frauenkirche das prunkende Denkmal errichtet. In seinem Lande vermochte Max sich nur eine Gewalt zu denken, das war die seine, und nur eine Grenze dafür, das war sein fürstliches Gerechtigkeitsgefühl.

Dieser Wittelsbacher nun vereinigte sich 1619 gleich dem Wettiner mit dem habsburgischen Hause, zweifellos der stärkste Fürst im Reiche dank seinen geordneten, ertragreichen Finanzen und seinem wehrfähigen Heere. Hatte er früher einmal davon geträumt, selbst die Kaiserkrone zu tragen, so lockte das ihn längst nicht mehr. Deutsch in seinem Wesen und seiner Bildung, litt Max I. um Deutschlands Niedrigkeit, und er vollzog den Anschluß an den Kaiser ebenso in aufrichtiger Reichsgesinnung wie aus kirchlichem Pflichtbewußtsein.

Aber seit zwanzig Jahren in die Neuordnung seines Stammlandes vertieft, hatte er sich stets nur schwerfällig in die Angelegenheiten des Reiches gemischt. Er ist nie mit ihnen verwachsen und jenseit seiner Landesgrenzen über eine gewisse Beschränkung nie hinausgekommen. Ganz ein Mann mühselig erworbener eigner Kraft, sah er jederzeit entmutigend scharf die Mängel der Wiener Regierung und die saulige Schwäche der geistlichen Fürstentümer seiner Liga. Das alte Mißtrauen seines Hauses gegen die Habsburger vermochte er nicht zu überwinden. Dabei verknüpften sich ihm selber überall die Ziele bayrischer Territorialpolitik mit der Liebe zum Vaterlande, ohne daß er doch je den Mut gefunden hätte, hinwiederum Bayern selbst einmal, das ganze Bayern für Deutschlands Zukunft einzusetzen. Er hat die mächtige Stellung Wittelsbachs am Rheine nicht fruchtbar zu machen und festzuhalten verstanden, und niemals ist er, der Territorialfürst, der Wirrnisse europäischer Großmachtpolitik Meister geworden. Im Grunde ist Max I. zeit seines Lebens nur einer der großen Arbeiter des Details gewesen gleich Friedrich Wilhelm I. von Preußen, der bedeutendste Bayernherzog wie dieser der wichtigste Preußenkönig, und nichts darüber. Es fehlte ihm die genialische Leidenschaft, das jünglingsfrohe Selbst-

vertrauen, der leichte Flug der Größe.
Da ihn aber das Schickſal trotzdem in
die Entſcheidungen der Völkerkämpfe ge=
riſſen hatte, kam es darauf an, ob die
Habsburger, wie den Wettiner zu ſchonen,
ſo ihn zu befriedigen und ſich doch von
ihm unabhängig zu machen vermöchten.
Er bedurfte einer feſten Richtung und mußte
zur Aufopferung für das Reich ge=
zwungen werden.

＊

Von hier aus eröffnet ſich uns nun
ſogleich der Blick in die erſten inneren
Spaltungen der kaiſerlich=deutſchen Partei,
Gegenwirkungen alt geworbener Zuſtände,
die unausbleiblich waren.

In dem Werben um Maxens Hilfe
hatte Ferdinand 1619, wie ſchon Karl V.
1546, die Uebertragung der proteſtan=
tiſchen Pfälzer Kur auf das katholiſche
Bayern verſprochen, hatte Max zudem
den ganzen pfälziſchen Beſitz für ſich ge=
fordert. Jetzt nach der Beſiegung Friedrichs
verlangte der Bayernherzog, Oberöſter=
reich als Pfand in der Hand behaltend,
die unverzügliche Erfüllung des Vertrages,
und der Kaiſer mußte ihm auf einem
Deputationstage zu Regensburg im Fe=
bruar 1623 zu Willen ſein, nicht ohne
ſich den Proteſtanten gegenüber in Lügen
zu verſtricken, ohne ſie doch zu ge=
winnen. Für Max war der Antritt der
Kur nur der erfolgreiche Abſchluß einer
hundertjährigen Politik ſeines Hauſes;
der Sachſe dagegen ſah darin die Zer=
ſtörung des Gleichgewichtes der beiden
Konfeſſionen, auf das er immer ſtreng
gehalten hatte, und lebhafter noch wurde
die Rückſichtloſigkeit des Siegers von
dem Brandenburger, dem Schwager des
Pfälzers, empfunden. Verſtimmungen
traten ein, ehe der allgemeine Krieg noch
zum Ausbruche gekommen war.

Das Kriegsgewölk zog ſich mit dem
Jahre 1624 wieder dichter zuſammen.
Tilly, der nach ſeinem Siege bei
Stadtlohn in Nordweſtdeutſchland ge=
blieben war, ſtand damals auf der
Höhe ſeiner Entwicklung. Ein Sohn der

belgiſchen Niederlande, aus der vor=
trefflichen Schule Farneſes hervorgegan=
gen, war er früh in den Dienſt der
katholiſchen Sache getreten. Dann hatte
er ſich unter Rudolf II. als einer der kraft=
und erfolgreichſten Verteidiger Oeſter=
reichs gegen die Türken zu der höchſten
Befehlshaberſtelle im kaiſerlichen Heere
emporgeſchwungen, bis der gänzliche
geiſtige Zuſammenbruch des Kaiſers ihn
beſtimmt hatte, einem Rufe Maxens von
Bayern zu folgen. Ein Mann, wie er
an die Seite Max I. paßte, von einer
vollkommenen Lauterkeit des Karakters,
aufrichtiger Frömmigkeit, ſchmerzlichſter
Selbſtzucht, trotz ſeiner unanſehnlichen
Erſcheinung und ſeiner etwas ſpaniſchen
Würde der Soldaten ,alter Vater'. So
wenig wie ſein Herzog ein ſchöpferiſcher
Geiſt, aber gleich ihm von unabläſſigem
Eifer und hoher organiſatoriſcher Be=
gabung; ihm überlegen in der klaren
und ruhigen Ueberſicht der Dinge, auch
in dem Nachdruck des Schlages, ſobald
der Augenblick gekommen war, und als
Parteigänger und Bewunderer Habs=
burgs wie geſchaffen zur Vermittlung
zwiſchen dieſem und Bayern.

Er hatte raſch erkannt, daß mit der
Zerſprengung der aufſtändiſchen Heere
nichts erreicht war, weil es ſich bereits
nicht mehr um innerdeutſche Unruhen
handelte. Er konnte ſich jedoch weder
des bereits in holländiſcher Gewalt be=
findlichen Emdens bemächtigen, noch
der Feſtungen Heſſen=Kaſſels, deren Ver=
rat an Holland er von dem geflüchteten
Herzog Moritz, einſt dem treueſten deutſchen
Freunde Heinrichs IV., befürchtete. Ver=
geblich verlangte er von den mattherzigen
Ständen des niederſächſiſchen Kreiſes eine
offene Parteinahme für den Kaiſer. Sie
ſprachen immer von Neutralität und
hielten dabei Wilhelm von Weimar in
ihrem Dienſte. Aber auch den Befehl
zu offenem Angriff auf die Niederlande
ſelbſt vermochte er in München und
Wien nicht zu erpreſſen. Zwei Jahre,
1624 und 1625, wurde er dadurch hin=
gehalten, und trotz all ſeiner Behutſam=
keit und Manneszucht genügten die Laſten,
die er dem Lande auflegen mußte, doch,
die Stimmung hier für einen ausländiſchen
Eingriff zu bereiten. Tilly hatte bei der

Christian IV.,
König von Dänemark

Wallenstein

Ernst von Mansfeld

Christian von Braunschweig

Tilly

Markgraf Johann Georg
von Jägerndorf

Ludw. Graf v. Schwarzenberg
kaif. Unterhändler bei der Hanfe

Pappenheim

Johann Aldringer
kaif. Quartierkommiffarius

Ungunst seiner Stellung nie an eine Katholisierung der Stifter Niedersachsens in diesen Jahren gedacht, bennoch wurde der Verdacht gegen ihn ausgesprengt. Bedrohlicher jedoch erhob sich der Unwille über den Druck der Einquartierung. Das waren die Herren Stänbe im Deutschen Reiche nicht ge-

Abb. 36 · Moritz Landgraf zu Hessen

wöhnt, um vaterländischer Not willen sich ‚wehe thun' zu lassen. Und ein Jammern und Stöhnen entstand ringsum, das endlich alle Ueberlegung ertötete und die Wahl Christians IV. von Dänemark in seiner Eigenschaft als Herzog von Schleswig-Holstein zum niedersächsischen Kreisobersten zeitigte. Der Bund Englanbs, Hollands und der Dänen zur ‚Wiedereinsetzung des Pfälzers' war am Ziele. Vergeblich vermittelte Sachsen vom Dezember 1625 bis März 1626 noch einmal in Braunschweig den Frieden.

Die kaiserlichen Aussichten erschienen nicht ungünstig. Mit der ihm eigenen Zähigkeit raffte sich Spanien inmitten der ärgsten Geldverlegenheiten zu neuer außerordentlicher Anstrengung auf. Es hatte durch die Besetzung des Valtellin und Bormios 1623 geschickt eine Brücke von seinen italienischen nach den burgundischen Gebieten geschlagen. Sein Friedensschluß 1626 zu Barcelona mit Richelieu erschwerte es Frankreich empfindlich, seinen Einfluß auf die Festlandpolitik zu behaupten, und gewährte ihm selbst doch die Möglichkeit, den Seekampf gegen die Niederlande wieder bis in den Kanal

zu tragen. Die Niederlande wurden dadurch von Westdeutschland abgelenkt. Frankreich geriet noch 1626 mit England in Krieg. Eine allgemeine westeuropäische Geldkrisis that ein übriges, die Westmächte vorläufig zu lähmen. Fast zu gleicher Zeit ward Oesterreich im Rücken frei, da die in einen persischen Krieg verwickelte Pforte den Frieden mit ihm brauchte (12. September 1626).

Oesterreich warb in München schon seit dem Mai 1625 für ein spanisches Bündnis gegen die Niederlande, und den ganzen Sommer 1626 hindurch wurde in Brüssel selbst sehr lebhaft darüber verhandelt. Nur Max widerstrebte aus Mißtrauen gegen Spaniens Absichten im Reiche und, weil ein Anschlag Frankreichs auf zwei Rheinfesten 1625 ihn erschreckt hatte, so daß er fürchtete, durch den Anschluß an Spanien die Einmischung Richelieus heraufzubeschwören.

Aber indem nun der Krieg von einem inneren wider einige Freibeuter zu einem auswärtigen gegen Großmächte sich auswuchs, erforderte das gesamte Kriegswesen eine anbre Einrichtung. Tilly selbst hat 1625 den Kaiser gebeten, ein eignes Heer ins Feld zu stellen. Und in der That, wenn es schon gegen das Ehrgefühl des Kaisers und nicht ohne bedenkliche Folgen gewesen war, daß die Truppen des Wittelsbachischen Nebenbuhlers statt Oesterreich im Reiche fochten, obwohl unter einem so treuen Freunde wie Tilly, so konnte das dem Auslande gegenüber nicht mehr so bleiben. Entweder war Max zu keiner genügenden Kraftentfaltung imstande, dann war Oesterreich zugleich verloren, oder er ermöglichte sie, und dann geriet die kaiserliche Politik ganz in seine Knechtschaft.

Indessen, wie sollte Ferdinand, aller Mittel entblößt, das Notwendige thun? Der hohen ideellen Kraft, die diesem merkwürdigen Manne innewohnte und die imstande war, ihn über Abgründe hinweg zu tragen, entsprach nicht seine Begabung, die materiellen Kräfte, über die er verfügte, auszunützen. Die Unfähigkeit seines Hauses zu geregelter und ertragreicher Finanzwirtschaft trat in seiner Regierung noch um vieles zerrüttender zu Tage als bei einem seiner

Vorgänger und drohte, ihm immer wieder zu untergraben, was er hohen Sinns erstrebte. Und doch waren ihm die Kriegskosten nach der glücklichen Begründung seiner Herrschaft durch den Heimfall der böhmischen Adelsgüter beinahe in den Schoß geworfen worden. Gedankenlos ließ er sie durch seine Diener verschleudern.

In ungewissen Umrissen steigt in diesem Augenblicke, da sich gewaltige europäische Kriege für nahezu ein Jahrhundert entzünden, die einsam düstre

geduld trieb ihn zur Eile. Er ward vierzigjährig, ohne eine andre Leistung, als daß er durch Heirat und glücklichen Güterkauf Summen Geldes zusammengescharrt hatte, die es ihm erlaubten, sich sogleich mit einem bethörenden Scheine von Macht zu umgeben, wenn er nun noch hervortreten konnte und wollte.

1625 nahte er dem Kaiser. Er hatte erkannt, daß sich dem Hause Habsburg Ziele weisen ließen, im Kampfe für die er selbst zu schwindelnder Höhe emporzusteigen vermochte. Und so erbot er

Abb. 37 · Halle am Waldsteinpalaste zu Prag
Erbaut 1629

Erscheinung Wallensteins vor uns empor, um mit rascher Hand den erregten, noch aber stetigen Lauf der Dinge zu unterbrechen. Keine Historiker-Kongenialität hat noch den ‚wunderlichen‘ Friedländer, wie Max von Bayern ihn nannte, bis in die Tiefe seiner Seele durchschaut, das Große und das Zwiespältige in ihm zugleich zu erfassen vermocht.

Am 24. September 1583 in Böhmen geboren, war Albrecht von Wallenstein unter rasch wechselnden Eindrücken groß geworden, so daß sein Leben keine feste Richtung, sein Charakter keinen festen Kern erhielt. Er ging seinen Weg aufwärts mit bedachtsamem Schritte. Keine hohe Aufgabe, keines brennenden Herzens Un-

sich, aus seinem eignen Besitz ein kaiserliches Heer von 30000 Mann zu werben, wenn er der Feldherr würde. Am 25. Juni 1625 ging Ferdinand darauf ein, stellte ihn unabhängig und mit allen Ehren eines kaiserlichen Feldherrn neben Tilly und gab ihm die ausgedehntesten Vollmachten. Soldaten und Offiziere strömten ihm zu. Aber auch jetzt lernte Wallenstein den stolzen, leichten Schritt noch nicht, mit dem napoleonische Naturen sonst die Wege von Fürsten betreten. Fast hatte er sich schon allzu lange für die Schnellkraft seines Geistes zurückgehalten. Sein Blick irrt immer zuerst in angstvollem Aberglauben zu den Sternen, um dort des Schicksals Gunst

ober Ungunst zu erkunden. Er umlauert
seine Gegner mit scharfem und sicherem
Auge. Sparsam, aber weise versteht er
mit seinen Kräften hauszuhalten, geschickt
sie zu verwenden. Seine organisatorische
Begabung reißt zur Bewunderung hin.
Eines Tages packt er den Feind bei der
Kehle, und dann entrinnt ihm niemand
mehr. Vielleicht, daß er der größte
Mathematiker unter allen Feldherren der
Geschichte war.

Aber, da es Entwicklungen gibt, die
sich nicht berechnen lassen, die nicht ab=
gewartet werden dürfen, die gerade dem
nüchtern prüfenden Blicke sich entziehen,
so konnte Wallenstein auch Enttäuschungen
erfahren. Ein echter Fürst, der rechte
Staatsmann ist er nie gewesen. Welche
Kräfte in den Völkern schlummern, welche
idealen Bewegungen die Welt durch=
rauschen können, wie sich die Mächte der
Geschichte an die Ferse dessen heften, der
sie nicht achtet, das war ihm fremd.

Bei all seiner kalten, verächtlichen
Ruhe weilte Wallensteins Geist nicht
inmitten der Dinge dieser Welt. Sein
Denken und Planen war das des Phan=
tasten. Er wollte zu einer Zeit, da sich
das politische Urteil von der Rücksicht
auf die kirchenpolitische Einschätzung aller
Dinge eben erst wieder loszulösen an=
sing, in seiner politischen Ueberlegung das
religiöse Element nicht gelten lassen, wie
er denn in seinem Heere und Landbesitze mit
Hilfe unbeschränkter Religionsfreiheit die
Konfessionen durch Untereinandermischung
unschädlich gemacht zu haben meinte.
Und hatte ihn Ferdinand im Gefühl
dafür, was Habsburgs Selbsterhal=
tung damals forderte, zu sich gerufen,
damit er die Pflichten des Kaisertums
wahrnehme und des Reiches Grenzen
wieder aufrichte, so drängte dieser Böhme
mit halsstarriger Entschlossenheit die habs=
burgische Politik vom Reiche ab und zum
ersten Male seit ihrer Verbindung mit
dem Kaisertum in eine rein österreichische
Bahn hinein. Vor seiner Seele ent=
schleiert sich seit 1626 allmählich das
Bild eines Oesterreichs, das von der Adria
bis zur Ostsee reicht. Er gedenkt ihm
die Fürstlein des Reiches zu unterwerfen,
selbst als Statthalter des Kaisers die
Meerherrschaft zu üben, und eines Tages

wird der Doppeladler auch von den
Wällen Konstantinopels wehen . . .

*

Die Anweisung des Generals ging
auf Zusammenwirken mit Tilly, Ver=
meidung aller Brandschatzung, Schonung
des lutherischen Besitzstandes. Johann
Aldringer war ihm, geordneter Ver=
waltung halber, beigegeben worden. Aber
Wallenstein rückte von vornherein nur
bis an die Elbe heran, und wäre ihm
Mansfeld nicht, infolge des dänischen
Kriegsplanes einer Verbindung im Westen
mit den Staaten, im Osten mit Bethlen
Gabor, an der Dessauer Brücke ins Ge=
hege gebrochen (25. April 1626), so hätte
Tilly vielleicht noch lange auf seine Be=
freiung vom Uebergewicht der Feinde
warten dürfen. Gleich darauf ging Wallen=
stein wieder ostwärts. Tilly konnte aber
nun Hessen erobern und dann am 27. August
dem Dänen die blutige Niederlage bei
Lutter am Barenberge beibringen, die
alle deutschen Bundesgenossen von dessen
Seite sprengte.

Vielleicht war der Sieger der einzige,
der den Erfolg dieses Tages nicht über=
schätzte. Tilly hat immer die wahrhaft
zu fürchtenden Feinde in den Staaten
und Gustav Adolf gesehen. So drängte
er nunmehr darauf, mit dem Jahre 1627
den Spaniern und Polen rechtzeitig gegen
sie zu helfen, ehe sie ihrerseits das Schlacht=
feld nach Deutschland verlegen konnten.
Denn die Niederländer beteiligten sich
thatsächlich doch am Kriege, — auch
Wallenstein war der Ansicht, daß Tilly
alle diese Jahre durch sie im Schach ge=
halten worden sei, — und Gustav Adolf,
den die Niederländer aufs eifrigste um=
warben, gewann nur Zeit durch die Ver=
handlungen, die Wallenstein mit ihm
führte, um ihn fern zu halten. Als
Tilly kein Gehör fand, führte er den
Krieg fortan bloß noch, um den Frieden
mit Dänemark zu fördern. Die Ent=
scheidung darüber lag bei Wallenstein.

Am 25. November 1626 hatte Wallen=
stein zu Bruck an der Leitha den Minister
Ferdinands, Fürsten Eggenberg, und
durch ihn den Kaiser in langem Zwie=
gespräche zu seinen das Reich vernach=
lässigenden, eroberungssüchtigen Ent=
würfen überredet. Die Gedanken der

habsburgiſchen Staatsmänner weilten ohnehin bereits an der Oſtſee, wo Spanien wie die Hofburg mit der Hanſe über ein Bündnis verhandelten, um ſich ihres Handels und ihrer Flotte gegen die Niederländer zu bedienen. Wallenſtein gewann ſie dafür, lieber ſogleich die Oſtſeeküſte zu beſetzen und ſich eine eigene Seemacht zu ſchaffen, ſtatt ergebnislos hin und her zu ſchicken. Denn auch Max II. und Rudolf II. hatten ſich um die Errichtung einer Reichsarmaba bemüht; ſelbſt Matthias hatte den Dänen gegenüber ,als der ungezweifelte Herr in des heiligen Reichs

herr nahm Mecklenburg ohne Umſtände ſeinen Herzögen weg und ließ ſich ſelbſt damit belehnen. Pommern unterwarf er zunächſt nur vorbereitenderweiſe der militäriſchen Gewalt des Kaiſers. Auch Brandenburg hätte er kaum ernſt anzufaſſen brauchen, auf einer ſolchen Stufe des inneren Verfalls war es angelangt. Aber Kurfürſt Georg Wilhelm war dem Pfälzer und Guſtav Adolf verſchwägert, er hatte den Dänen begünſtigt, ſein Beſitz ſtellte immerhin das größte Reichsterritorium nächſt Oeſterreich dar, und Graf Adam von Schwarzenberg, der

Abb. 38 · Lageplan von Stralſund

Oſtſee' geſprochen, und Ferdinand I. hatte gar, den Luxemburgern ähnlich, die Hände geradezu nach norddeutſchem Lande bis zur Neumark für Oeſterreich ausgeſtreckt. Ganz gewiß liebten die Habsburger Schleſien nicht ohne Grund als die pupilla oculi Caesarei.

Die kaiſerliche Kriegführung zielte von dieſem Tage ab faſt ausſchließlich darauf, ſich in den Beſitz der Schleſien bis zum Meere vorgelagerten Territorien zu bringen.

Von dieſen norddeutſchen Ländern galt das harte Wort Jakobs I. von England zumeiſt, daß die deutſchen Fürſten zum Verzehren zu viel, zum ſich Wehren zu wenig hätten. Der kaiſerliche Feld-

eben zur Leitung der Regierung berufen wurde, war ſeiner Geſinnung wie ſeiner Thatkraft nach den Wienern höchſt verdächtig. Nur ſo läßt ſich begreifen, daß Wallenſtein die Mark 1626 und 1627 grauſam verwüſten ließ, und noch 1629 erſchreckte er Schwarzenberg durch einen Anſchlag auf Kleve derart, daß dieſer glaubte, ſich dort durch ſchwere Opfer gegenüber Pfalz-Neuburg und dem Haag ſchützen zu müſſen (9. März 1629).

Aber ſo leicht Wallenſtein bis zum Meere kam, ſo iſt er dennoch nie auf es hinausgekommen. Die Hanſen verſagten ihm aus Furcht vor den ſkandinaviſchen Königen ihre Schiffe. Als er ſelbſt zu bauen anfing, erwies ſich auch das als unaus-

4*

führbar unter den Kanonen der dänischen
Flotte. Und er vermochte nicht einmal
die Einfallthore Deutschlands, die großen
Häfen, dem Feinde zu schließen. In dem
Augenblicke, da er im Frühjahr 1628
Stralsund belagerte, warfen Dänen und
Schweden ihre Truppen hinein; von ihnen
unterstützt, war es ohne die Mitwirkung
einer Flotte nicht zu nehmen. Noch dachte
er daran, die Schiffe der Spanier heran-
zuziehen; aber der Nordostseekanal, den
er für ihren Einlaß plante, mußte erst
gestochen werden.

Der Kaiser und Wallenstein begriffen
den Ernst der Lage vollkommen. Jetzt
drängte auch Oesterreich auf den dänischen
Frieden, bis es ihn am 22. Mai 1629
in Lübeck zu spät erreichte.

Die deutschen Siege über Christian IV.
verwandelten sich über Nacht in
Niederlagen. Denn darauf hatte die
Sicherheit des Reiches vor dem Norden
bisher beruht, daß das seemächtige Dänemark mit seiner Eifersucht das aufstrebende
Schweden an der freien Bewegung hin-
derte. Indem die Feldherren die Kraft
Dänemarks brachen, ohne an seiner Statt
auf die See zu kommen, hatten sie nur
die Schranke weggeräumt, die Schweden
vom Reiche trennte. Sofort waren sie
im eigenen Hinterlande nicht einmal mehr
der Elbe sicher. Als Wallenstein 1629
versuchte, rechtzeitig Magdeburg zu besetzen, ward er abgewiesen, und darauf
durfte auch Tilly nicht wagen, sich Bremens
zu bemächtigen, das mit dem Uebertritt
zu den Holländern drohte. Vergeblich
schickte Wallenstein den tüchtigsten seiner
Offiziere, Georg von Arnim, den Polen
jetzt no⸱ ⸱⸱lfe. Er war es wohl
auch, de⸱ ⸱⸱ ⸱⸱burgischen Kurfürsten ganz Schlesien ⸱ ⸱als für die
Ueberlassung Pillaus bieten ließ, um
einen Hafen in Gustav Adolfs Rücken
zu erhalten. Gustav Adolf erreichte durch
Frankreichs Vermittlung von den Polen
einen Waffenstillstand zu Stuhmsdorf
(26. September 1629) und konnte sich
nun nach Deutschland wenden. Doch
noch immer hätte der König schwerlich den
Mut zu einer Landung gefunden, wenn
ihn nicht die Entwicklung der Verhältnisse im Reiche selber, fast wider seinen
Willen, fortgerissen hätte. Es waren

hinter Wallenstein die Geister aufgestanden, die er tollkühn beschworen hatte.

Bis 1627 hatten die katholischen Höfe
den dänischen Krieg ohne gegenreforma-
torische Nebengedanken geführt. Von da
ab jedoch durchfuhr sie ein Geist der
Unduldsamkeit. Max von Bayern unterdrückte die Evangelischen in der Pfalz,
und in Oesterreich ward aus dem Kampfe
wider die protestantischen Gemeinden ein
Ausrottungskampf wider die Protestanten
selbst, durch den die religiöse Einigung
beschleunigt, aber freilich auch mit
schweren wirtschaftlichen Störungen,
geistiger Verschüchterung und einer un-
ersetzlichen Schädigung des deutschen
Elementes erkauft wurde. Religiöser
Eifer allein hätte indessen den Kaiser
kaum vermocht, diese Katholisierungsbe-
strebungen weiter ins Reich zu tragen und
sich ernsten Gefahren darob preiszugeben.
Politische Gründe gaben für ihn den
Ausschlag. Die von Wallenstein geweckte
Sucht nach Oesterreichs Vergrößerung
nährte in Ferdinand den Wunsch, mit
der Wegnahme der Stifter Magdeburg,
Halberstadt, Minden, Verden und Bremen
für einen Erzherzog die Grenzen des
Staates ebenso an die Nordsee vorzu-
rücken, wie sie bereits an die Ostsee
reichten, und die absolutistische Art seines
Herrschergefühls auch den Reichsständen
gegenüber enthob ihn aller Bedenken. Am
6. März 1629 erging zum Schrecken der
Feldherren das Restitutionsedikt, das
14 Bistümer und 500 Klöster von den
Protestanten zurückverlangte. Mochten
Sachsen und Brandenburg, halb aus Mattherzigkeit, halb aus treuer deutscher Gesinnung, erklären, daß sie trotzdem beim
Kaiser verbleiben und nur auf gütlichem
Wege sich schützen würden, so sollte Ferdinand es durch Gustav Adolf erleben,
daß das nordische Luthertum bereits eine
geschichtliche Macht geworden war, die
Achtung für ihre Grenzen heischte. Am
26. Juni 1630 landete der König in
Pommern.

In denselben Tagen erhob sich wider
den Kaiser auch eine andere Macht von
derselben Bedeutung und mit nicht min-
derem Erfolge.

Wallensteins hochmütiges Benehmen
gegen die deutschen Fürsten, das das des

Emporkömmlings war, seine immer deutlicher sich verratende Absicht, an Stelle
der Reichsverfassung ein ‚absolutes Do-
minat‘ des habsburgischen Hauses auf
dem Untergrunde einer reichbegüterten
Militäraristokratie aufzurichten, hatte niemand mehr verletzt als Max I. und die
Liga. Sie hatten schon 1628 eine Einschränkung seines Heeres verlangt. In
Max sprach seitdem nur noch der Reichs-
fürst. Er war blind geworden gegen
die gesamte europäische Lage und merkte
nicht, wie Richelieu ihn in seinem Hasse
wider Wallenstein für seine Zwecke fing
und auf jene Bahn lockte, deren ab-
schüssige Richtung zunächst bis zu dem
französisch=bayerischen Bündnisse vom
8. April 1631 führen sollte. Um ihn
scharten sich in immer heftigerer Entrüstung allmählich alle anderen seines
Standes. Wie im Wahnwitz verlangten
sie die Auflösung des kaiserlichen Heeres
und die Absetzung des Feldherrn. Im
Sommer 1630 vermochte Ferdinand dem
Ansturm nicht länger die Spitze zu
bieten. Er sah sich in diesen Reichsfürsten einer Macht gegenüber, deren
Widerstandskraft er als deutscher Kaiser
anders als sein böhmischer General zu
werten verstand. Und da die Beteuerung
von der Arglosigkeit seiner eigenen Absichten sie nicht mehr beruhigte, so fügte
er sich ihnen am 12. August 1630
in der Sorge um die kaiserliche Zukunft
seines Hauses überhaupt: denn gegen die
Reichsfürsten war auch mit einem Wallenstein kein Auslandkrieg im Reiche selbst
zu führen.

*

Sehr unvorsichtig hatte sich Ferdinand
1628 in einen Streit mit Frankreich in
Oberitalien verwickelt, der eben jetzt
20 000 Mann beanspruchte. Die Entlassung
Wallensteins entblößte ihn daher diesseits
der Alpen fast von allen Truppen. Er
durfte von Glück sagen, daß Kardinal
Pázmány wenigstens eine Unterstützung
Gustav Adolfs durch die Siebenbürger
verhinderte und auch die Staaten sich
durch diplomatische Einwirkung zum
Rückzug aus Deutschland bewegen ließen.
Dennoch dauerte es Monate, bis Tilly
als neuer Oberbefehlshaber das kaiser-
lich=ligistische Heerwesen übernommen,

wieder organisiert und feldtüchtig
gemacht hatte. Wenn der Schwedenkönig
diese Zeit unbenutzt verstreichen lassen
mußte, hatte man das den norddeutschen
Fürsten zu danken. Denn er war schon
durch den Pommern so unfreundlich be-
willkommnet worden, daß er sich gezwungen
sah, dessen ganzes Land sorgfältig zu
besetzen, um eine sichere Rückzugslinie
zu haben, und ebenso vorzog, zunächst
seinen Unterstützungsvertrag mit Frankreich völlig abzuschließen (Bärwalder
Vertrag vom 23. Januar 1631). Der
Gedanke kam ihm zuweilen, nur Pommern
festzuhalten und wieder über See zurück
zu gehen.

Erst mit dem Frühjahr 1631 konnte
Tilly die Leitung des Krieges in die
Hand nehmen. Er rückte dem Schweden
entgegen, doch vorsichtig wich er zur
Seite. Und nun hat Tilly bewiesen,
welchen Blick und welcher Größe des
Entschlusses er fähig war.

Die Elbebeherrscherin Magdeburg
hatte im Oktober 1630 eine schwedische
Besatzung eingelassen und war bereit,
den Katholiken im Vertrauen auf Gustav
Adolf zu widerstehen. Jetzt warf sich
Tilly plötzlich mit seinem ganzen Heere
auf sie: militärisch gab er seinem Feinde
damit den Weg in die Kurfürstentümer
und die kaiserlichen Erblande frei, mora-
lisch aber zwang er ihn, sich ihm zur
Rettung der altberühmten Vorkämpferin
des Evangeliums zu stellen oder das
Vertrauen der Protestanten einzubüßen.
Gustav Adolf wagte sich weder nach
Böhmen noch in die Nähe Magdeburgs,
da ihm hier Brandenburg und Sachsen
den Weg verlegten. Als am 20. Mai 1631
Magdeburg genommen ward, schien die
schwedische Gefahr erheblich gemindert.

Da steckte der schwedische Oberst
Dietrich von Falkenberg während des
Straßenkampfes die Stadt mit der Hell-
sicht der Verzweiflung in Brand. Nicht,
daß er dem Sieger damit die Möglichkeit,
die Elbe zu beherrschen, wieder nahm,
war die wichtigste Folge dieser That,
sondern der Eindruck, mit dem sich das
Unerhörte auf die Seele der ringenden
Parteien legte. Verheerend brach nun
los, was von verwegener Kraft, toll-
kühner Erregbarkeit in den Gegnern

Tillys war, und wie Erſtarrung kam
es über die Katholiken. Dem ſiebzig-
jährigen Sieger ſelbſt verſagten die
bis zum Aeußerſten angeſpannt ge-
weſenen Nerven. Ergrimmt ließ er
ſeine Enttäuſchung den Kurfürſten von
Sachſen trotz Ferdinands und Marens
Warnung entgelten, und verletzte ihn ſo,
daß Johann Georg aus Furcht vor ihm
ſeine Truppen mit denen Guſtav Adolfs
vereinigte und ſich dem Einfluſſe des hoch-
begabten und thatkräftigen, ſchroff proteſtantiſchen Wallenſteiners Arnim unter-
gab. Bei Breitenfeld traf Tilly am
17. September auf die Feinde. Sein Heer
ſchlug ſich in alter Tapferkeit, aber er
hatte die Maſſen nicht feſt wie ehedem
am Zügel. Gegen Abend floh er, krank
geworden von allem Erlebten, mit einem
Verluſte von nahezu 20000 Mann.
Guſtav Adolf meinte den größten Sieg
ſeines Lebens erſtritten zu haben, und
die geiſtlichen Herren der Liga ließen
den Bayernherzog jetzt erbärmlich im
Stiche.

Seitdem leuchtete des Königs Stern
meteorgleich über Deutſchland hin.

Guſtav Adolf entſtammte einem trotzig
raſtloſen Geſchlechte Schwedens, der un-
verfälſchten Skandinavierſippe nordiſch-
germaniſchen Blutes. Sein Ahnherr hatte
das däniſche Joch von ſeinem Lande
abgeſchüttelt, ſein Vater die Selbſtändigkeit Schwedens Polen gegenüber gewahrt.
Der Trieb in die Welt hinein und die
Erobererluſt waren in dem ſiebzehnjährigen
Jüngling, als er 1611 den Thron beſtieg,
wie nur je in einem Normannenführer.
Aber ſie wurden von einem königlichen
Geiſte geleitet, der das alte Ziel nordiſchen
Strebens erfüllen, aus allen Ländern des
Oſtſeebeckens einen einheitlichen Staat ſich
ſchaffen wollte. An Wilhelm von Oranien
hatte er ſich gebildet, ſonnenlichten Blicks,
redebegabt, von ſieghafter Thatkraft und
innerlichen Glaubens voll. Er verſtand es,
ſich aus ſeinen Bauern ein nicht großes,
doch wackeres und nationales Heer zu erziehen, den ungefügen und genußlüſternen
Adel in den harten Staatsdienſt zu
zwingen, Schwedens armſelige Einkünfte
allmählich aus den Erträgen zu ſteigern,
welche mit Beſchlag belegte Häfen der
baltiſchen Südküſte ihm lieferten. Er

war ein ausgezeichneter Feldherr. Ein
Genie der Taktik, wußte er die geringe
Anzahl ſeiner Truppen durch ihre höchſt
bewegliche Verwendung gegenüber der
ſchwerfälligen ſpaniſchen Heeresaufſtellung
ſeiner Gegner, durch die Maſſe ſeiner
Reiterei und durch die Ausbildung der
Feuertechnik geradezu zu vervielfachen.
In alle nordiſchen Ereigniſſe, die ſeine
Politik berührten, griff er von Anfang
an durch Verhandlungen ein; jedoch
zum Kriege entſchloß er ſich immer nur
ſorgenvollen Herzens, und niemals iſt er
ein Draufgänger geworden. In ſeinen
Rüſtungen konnte er kaum bedachtſamer
ſein; eine wahrhaft rühmliche Achtung vor
den Männern, wider die er kämpfte,
war ihm eigen. Dem däniſchen Erbfeinde
gegenüber begnügte er ſich, ihn in
wechſelvollem Streite hinter Atem zu
bringen. Unterdeſſen drängte er von Livland aus die Oſtſeeküſte entlang in zähem
Ringen mit Rußland und Polen. Längſt
ſchaute er begehrlich nach Lübeck, Stralſund
und Stettin, und ſicherlich fehlte ihm in
ihnen noch der beſte Teil der Beute.
Aber ſelbſt die Gunſt der Lage nach der
Vernichtung Dänemarks und alle Be-
redungskünſte der Staaten und Richelieus
vermochten ſeine Scheu vor der Feld-
herrnbegabung Tillys und Wallenſteins
nicht zu überwinden. Die übermächtige
Sehnſucht nach Verwirklichung ſeines
Lebensziels hat ihn endlich bennoch vorwärts getrieben.

Die Begründung einer ſkandinaviſchen
Großmacht war erſt durch den politiſchen
Zerfall Deutſchlands in den Bereich der
Möglichkeit getreten, und ihre Ausſichten
für die Zukunft beruhten auf der geiſtigen
und kulturellen Wiederannäherung des
deutſchen Nordoſtens an das baltiſche
Gebiet. Das Luthertum allein mit ſeinem
Willen zur Abſchließung verbürgte dieſe
Hoffnungen. Schwedens nationale Zukunft
war daher von der religiöſen Sonder-
ſtellung Norddeutſchlands bedingt. Man
begreift bei dem feinen Gefühle der
Völker für ihre Lebensnotwendigkeiten,
wie ſehr durch eine ſolche innige Ver-
knüpfung des kirchlichen mit dem nationalen Intereſſe der religiöſe Idealismus
in der Seele Schwedens und ſeines Königs
aufflammen mußte, als das Reſtitutions-

edikt die Lutheraner des Reiches bedrohte. Gustav Adolf zog in der That im Dienste einer für ihn heiligen Sache über Meer: die Begeisterung für den Glauben und die Absicht politischer Erfolge waren untrennbar in seinem Denken verbunden. So sahen die norddeutschen Fürsten ihn kommen, den Todfeind ihres Deutschtums und ihrer Eigenmacht und vielleicht den Helfer in der religiösen Not. Zwei Welten traten sich in ihm und dem Kaiser entgegen, von deren jeder sie ein Teilchen, nur ein Teilchen bildeten. Sie hätten es gerne mit der Neutralität versucht (Leipziger Fürstenkonvent II—V 1631). Der Verlauf der Dinge jedoch schleuderte sie zunächst auf Gustav Adolfs Seite. Da hat er denn mit der Schlacht bei Breitenfeld seine religiöse wie seine politische Aufgabe gelöst, das Restitutionsedikt und die Ostseepläne Oesterreichs zu Boden geworfen.

Bis hierher trug ein geschichtlicher Anspruch seines Landes Gustav Adolf empor. Nun da seine Lebenswoge auf der Höhe war, überstürzte sie sich.

Wallenstein, dessen Karakter die Stunde der Schmach nicht überstanden hatte, war an den König schon im Winter 1630/31 herangetreten, um sich mit ihm zu verbünden. Jetzt nach dem Tage von Breitenfeld stieß Gustav Adolf ihn unbedacht zurück und übertrug die Deckung gegen Oesterreich Johann Georg allein, der zwar durch die Eroberung Prags im November und durch die damit geweckte Hoffnung auf die Angliederung Böhmens an Sachsen endlich auch im Herzen mit der schwedischen Sache enger verstrickt wurde, aber militärisch allzu wenig Widerstandskraft besaß. Gustav Adolf selbst ließ sich von den Wellen seiner Siege über die Thüringer Berge nach Franken und zum Rheine tragen, von Max von Bayern um Frieden gebeten und überall in diesen alten Kaiserlanden, wo die nationale Gesinnung in all der staatlichen Zersplitterung längst erstorben war, umjubelt und umhuldigt. Wer dächte nicht des britten Otto, der, vom vaterländischen Boden losgelöst, in dem ewigen Rom Schmetterlingsphantasien einer Weltherrschaft nachhascht? Nur war es jetzt einer

der ernstesten und besonnensten Männer der Geschichte, ein wahrer Politiker und großer Mensch, der sich, nach 20 Jahren ruhig harter Arbeit daheim, in dem ,goldenen Mainz' von Hoffnungen auf die Kaiserkrone und zum wenigsten auf einen allgemeinen protestantischen Bund unter seinem ,absoluten Direktorium' bethören ließ. Der König entfaltete in diesen Wochen im Verkehre mit seiner Umgebung alles Schöne und Zaubervolle seines Wesens zum höchsten Reize. Sein Wohlwollen, seine edle Art, sein frohgemutes, offenes Lachen wirken noch heute auf uns, als könnten sie Fürsprache einlegen für das vaterlandslose Gebahren unserer Volksgenossen, die

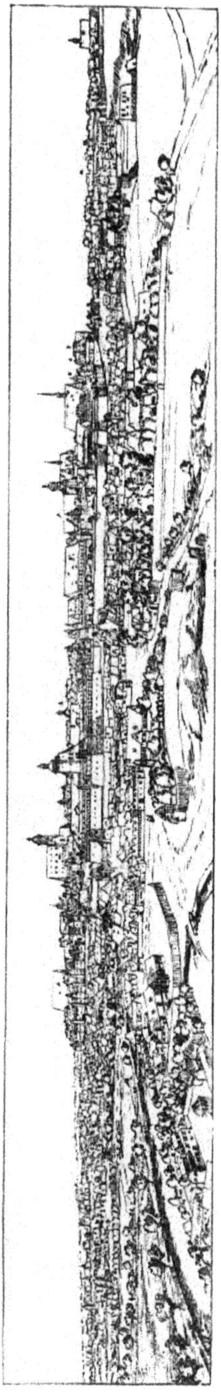

Abb. 39 · Die Stadt Leipzig · Federzeichnung Ditgchs ungefähr vom Jahre 1630

Johann Baner   Axel Oxenſtierna   Leonhard Torſtenſon   Karl Guſtav Wrangel

Guſtav Adolf   Maria Eleonore

Dodo von Inn= und
Knyphauſen

Karl Guſt. von Schweden   Bernh. v. Sachſen=Weimar   Guſtav Horn   Joh. Chr. v. Königsmarck

den Fremdling damals als Befreier um=
jauchzten.

Der Ernst des Lebens weckte den
König bald genug aus dem wonnigen
Genusse der schönsten Träume des Germa=
nentums. Tilly hatte mit dem Frühjahr
wieder ein wiewohl bescheidenes, so immer=
hin thatkräftiges Heer zusammen, eroberte
Bamberg von den Schweden zurück
und wollte Wallenstein die Hand
reichen, der dem Kaiser nun von
neuem Truppen sammelte und mit
Sachsen ein Bündnis der deutschen
Territorialherren gegen die ‚Aus=
wärtigen‘ verhandelte. Der König
versuchte sich durch einen Vorstoß
auf München den Sieg wieder zu
sichern. Tollkühn warf er sich bei
Rain am Lech (15. April 1632)
auf eine fast uneinnehmbare Stellung
Tillys, und noch einmal bewährte
sich das schwedische Glück, indem
Tilly alsbald tödlich verwundet
wurde und Max I. darauf das
Lager räumte. Gustav Adolf ge=
langte nach München. Aber
inzwischen schützte Max das
wichtige Regensburg, kaiser=
liche Truppen sammelten sich
in Schwaben, Pappen=
heim zersprengte die
schwedischen Bundes=
genossen im Nord=
westen und, als sich
darauf auch Wal=
lenstein, der nur die
Erpressung unum=
schränkter Voll=
machten vom
Kaiser abgewartet
hatte, in Bewegung
setzte, kam die
Macht Gustav

Abb. 40 · Mariensäule in München
Errichtet von Max I. 1638

Adolfs selber vor Nürnberg zum Stehen.
Er erbot sich zum Frieden, man hörte
ihn nicht. Wallenstein rückte vielmehr nach
Sachsen, um ihm durch dessen Eroberung
den Rückzug abzuschneiden. Hier holte der
König ihn am 16. November 1632 bei
Lützen ein, der Schlachtenerfolg neigte sich
jedoch auf die Seite des Gegners, Gustav
Adolf selbst wurde getötet, und es geschah
nur im Kampfe um seine Leiche, daß
die Schweden, ein letztes Beispiel alt=
germanischer Gefolgstreue, wieder vor=
wärts drängten und Wallenstein ihrer
Berserkerwut das Schlachtfeld überließ.

Vielleicht hätte sich die Entwicklung,
die nun die ganze Zeitspanne bis zum
Frühjahr 1635 füllt, ohne den Tod des
Königs in wenigen Wochen vollzogen.
So aber lähmte Wallenstein, da er durch
keinen ebenbürtigen Gegner mehr
zum Handeln gezwungen wurde,
länger als ein Jahr die Thätigkeit
der kaiserlichen Partei. Aller Welt
verdächtig, zu selbstsüchtig, um
verzeihen zu können, und doch
auch zu einer großen Frevelthat
seelisch nicht stark genug, scheint er
zwischen Verrat und ehrlicher
Friedensvermittlung hin= und her=
geschwankt zu haben. Sachsen nährte
seit dem unerwarteten Ausscheiden
der mächtigen Persönlichkeit Gustav
Adolfs, unter dem Antriebe Arnims,
Hoffnungen, selbst wieder die Leitung
der Protestanten des Reiches oder
doch die der ostdeutschen Territorien
übernehmen zu können, und ward
dadurch dem Frieden abgeneigter.
Auch Brandenburg meinte die
Fortsetzung des Krieges nun=
mehr wünschen zu sollen.
Den Nutzen von beider
Haltung hatte freilich
nur Axel Oxen=
stierna, der be=
deutende Kanzler
Schwedens, der als
der einzig Han=
delnde im Reiche
die Absichten seines
Königs auf Er=
richtung eines
schwedisch=prote=
stantischen
Staatenbundes wieder aufgreifen zu
dürfen glaubte. In Bernhard von
Weimar begegnete er einem Feldherrn,
der im November 1633 für ihn sogar
Regensburg eroberte und damit in den
kaiserlichen Erbländern, die ihm nun=
mehr offen lagen, einen blutigen prote=
stantischen Aufstand emporlodern ließ.
Unschwer gewann Oxenstierna auch der
sächsischen Langsamkeit den Vorsprung
ab, und ebenso hintertrieb er einen

Versuch Dänemarks, eine Versammlung
zur Anbahnung des Reichsfriedens zustande zu bringen. In Heilbronn wußte
er seit dem März 1633 die westdeutschen
evangelischen Stände derart an seine Seite

Abb. 41
Georg II. der Gelehrte · Landgraf von Hessen

zu ketten, daß er das Herzogtum Franken
dem Weimarer als schwedisches Lehen
zu übertragen wagte. Aber das schwedische
Heer war nicht mehr das nationale
Heer von 1630, schon bei Lützen bestand
es nur noch zu einem Viertel aus
Schweden, und die innere Kraft des
schwedischen Staates war gleichfalls der
Erschöpfung nahe. Als das Haus Habsburg dem unerträglichen Verhältnisse zu
Wallenstein durch dessen Beseitigung am
25. Februar 1634 ein Ende machte und
unter der Führung Ferdinands III., des
Sohnes Ferdinands II., den Krieg wieder
betrieb, war der Zauber der schwedischen
Macht auf die deutschen Stände rasch
gebrochen. Die westdeutschen wandten
sich auf dem Frankfurter Bundestage im
April 1634 zu ihrem Beschützer von
alters her, der Krone Frankreich zurück,
Sachsen wurde freundlicher gegen die
Katholiken, auch Brandenburg trennte
sich von Orenstierna, und am 6. September 1634 ward das schwedische Heer
bei Nördlingen durch Ferdinand völlig
vernichtet. Schweden war wieder auf die
Küste beschränkt, und im Reiche schlossen
sich die großen Territorialherren aufs

neue zum gemeinschaftlichen Schutze des
Vaterlandes zusammen. Der Prager
Friede vom 30. Mai 1635 zwischen
Sachsen und Oesterreich brachte die all-
gemeine Lage deutlich zum Ausdruck.

Die Voraussetzung des Friedens war
der Verzicht des Hauses Habsburg auf
seine nach Norddeutschland übergreifenden
politischen und kirchlichen Eroberungs-
pläne. Das Kaisertum gab endgiltig zu,
daß die norddeutschen Territorien dem
Reiche gegenüber selbständig wären und
nur dem Auslande gegenüber mit ihm eine
Einheit bildeten. Sachsen genügte es
darauf, die Lausitz und das Erzstift
Magdeburg sich von Oesterreich zu ver-
schaffen und sich vor künftiger kaiserlicher
Einmischung, ähnlich Bayern und bald
auch Brandenburg, durch eine gewisse Unabhängigkeit seiner Heeresverfassung zu
sichern. Hinwiederum billigte es, daß
alle staatlichen Angelegenheiten der habsburgischen Erblande dem Bereich reichs-
ständischer Einwirkung entzogen blieben,
und gab ebenso das innere Reich dem
kaiserlichen Einflusse frei. Die Territorien
dort hatten die kirchlichen und politischen
Vereinbarungen des Friedens anzunehmen
oder sollten ihm unterworfen werden; dem
Reformiertentume wurde die reichsgesetz-
liche Anerkennung verweigert. Soweit
hielt sich Johann Georg nur im Rahmen
der Politik seiner Väter. Jedoch die
Erfahrungen des letzten Jahrzehntes und
der bereits erstarkende Drang nach
nationaler Sammlung ließen ihn darüber
hinaus auch einer strafferen Organisation
der gesamten deutschen Territorien zu-
stimmen, soweit die Abwehr des Auslandes dadurch gefördert werden sollte.
Alle Sonderbündnisse im Reiche wurden
verboten und ein einziges, einheitliches
Kriegsheer unter dem Kaiser als Kriegs-
herrn vorgesehen.

Indessen die Kraft Oesterreichs reichte
nicht mehr zu ausdauernder und geregelter
Kriegführung. Bisher hatte ihm die
Ruhe daheim eine große Bewegungs-
freiheit ermöglicht, nun verschlechterten
sich die Beziehungen zu Ungarn, Sieben-

bürgen und der Pforte aufs neue. Vor
allem vermochte es seine Zahlungs-
schwierigkeiten nicht länger zu überwinden.
Es war zwar ein ertragreiches Land, das
sich trotz allen Türken- und Reichskriegen
noch nicht erschöpft hatte, aber den
anderen Großmächten gegenüber doch
durch den Mangel an Zolleinnahmen im
Nachteil. Die Hanseſtädte waren ihm
entschlüpft. Und die gedankenloſe Ver-
schwendung Ferdinands II., die Unehr-
lichkeit und Unordnung der Steuerverwaltung verwirrten die ganze Geldwirt-
schaft jährlich unerträglicher.

Am 15. Februar 1637 folgte Ferdinand III. auf seinen Vater. Wenn die
Bundesgenoſſen Oeſterreichs von ihm
sich Beſſerung versprachen, Max von
Bayern in Hoffnung auf ihn den Rhein
zwei Jahre lang faſt allein verteidigte
und Brandenburg sich ebenfalls in den
Krieg stürzte, so wurden sie enttäuscht.
Der neue Kaiſer teilte bei größerer
geiſtiger Beweglichkeit alle Schwächen
Ferdinands II., ohne deſſen majeſtätiſche
Vorzüge zu besitzen. Die Geldverlegenheiten wuchſen ihm über den Kopf, und
auch die Heere leiſteten nichts mehr.
Ferdinand dem Zweiten hatten Männer von
Bedeutung gedient; die neuen Feldherren
waren, wie Savelli und Hatzfeldt, unbegabt oder nachläſſig, wie Gallas. Ferdinand selbst verzettelte seine Kräfte in
undurchführbaren Plänen wie dem eines
Doppelangriffs 1639 auf Livland und
die schwediſche Küste mit spaniſcher und
polniſcher Hilfe. Seine Freunde verzagten
an ihm, und der Krieg gegen die Ausländer ward aussichtslos.

Der Zuſammenbruch des schwediſchen
Heeres bei Nördlingen hatte Frankreich
gezwungen, endlich offen in den Kampf
einzutreten. Es hatte vorher 1632 Trier,
1633 Lothringen besetzt, auch ein Teil des
Elſaß war schon in seinen Händen und
soeben wollte es stillschweigend das Erzstift Köln seinem Schutzgebiete einfügen,
als es die Verteidigung der weſtdeutschen
Proteſtanten übernehmen mußte. Es
erklärte sofort Spanien den Krieg und
verbündete sich wieder mit den Staaten.
Wohl war es im Innern noch immer
nicht beruhigt und sein Heer den deutschen
an Wert nicht ebenbürtig; Johann von

Werth, der bayriſche Reitergeneral, konnte
1636 bis in die Nähe von Paris streifen.
Aber es hatte Geld, die Nation unterstützte Richelieu, und da in den erſten
Jahren Bernhard von Weimar statt ihrer
kämpfte, der 1638 die Bayern und Kaiſerlichen in einem bewunderungswürdigen
Feldzuge über den Rhein zurückschlug,
so gewann sie Zeit, bis ihr nach 1640
ein wohlgeschultes eigenes Heer, vorzüglich unter Turenne und Condé, heran-
wuchs. Seitdem waren die deutschen
Stände, die sich dem Prager Frieden nicht
fügten, nicht mehr dazu zu zwingen und
Frankreich selbst nicht mehr auszuschließen.

Mit Schwedens Verjagung konnte
bald ebensowenig mehr gerechnet werden,
obwohl es auch nach der Wiederher-
ſtellung seines Kriegsglückes durch die
Schlacht bei Wittſtock (4. Oktober 1636)
nur noch dank der Genialität seiner Feldherren, besonders Banérs, und nicht dank
der Stärke und Güte seiner Truppen Vor-
stöße ins Reich unternehmen konnte. Bloß
im Winter 1640/41 schickten sich die Dinge
noch einmal zu Deutschlands Gunsten an.
Aber auch diesmal hat das Schicksal es
anders gewollt, und wenn der Geschichts-
forscher trotzdem aufmerkſam dabei verweilt, so geschieht es, weil sich im Norden
Deutschlands bei dieser Gelegenheit bereits,
wie in unmittelbarer Ausnutzung des
Prager Friedens, ein vollkommen selb-
ſtändiger Staat neben Oeſterreich in der
Bildung begriffen zeigte.

*

Brandenburg hatte bisher trotz seinem
kurfürſtlichen Range bloß vorübergehend
in die Welthändel eingegriffen. Dem
Reiche fern, auf spätem Kolonialboden
gesessen, hatten die Hohenzollern im
wesentlichen still bescheiden am inneren
Ausbau und der Abrundung ihres Territoriums gearbeitet. Mit der Zeit war es
das ausgedehnteſte Norddeutschlands geworden. Zwar war der Rückschlag bei
dem allgemeinen Verfalle der 2. Hälfte
des 16. Jahrhunderts, vielleicht infolge
allzu schwächlicher Handelspolitik der
Fürsten, hier faſt zerrüttender noch gewesen
als irgendwo. Dennoch hatten sich die Kurfürsten Joachim Friedrich (1598—1608)
und Johann Sigismund (1608—1619),
vorzüglich auf Antrieb ihres tüchtigen

Vetters Georg Friedrich von Ansbach, Kleves (1609) und Preußens (1603 und 1618) mit Hilfe von Heiratsansprüchen bemächtigt; auch der Anfall Pommerns durch Erbvertrag und die Angliederung Magdeburgs standen damals in Aussicht. Das war in denselben Jahrzehnten, in denen sich die Wittelsbacher eine ähnlich starke Stellung am Rhein und im Süden begründeten. Johann Sigismund

Abb. 42
Johann Sigismund · Kurfürst von Brandenburg

machte sich Gustav Adolf und dem Pfälzer verwandt und nahm selbst die reformierte Lehre an. Aber wenn die Hohenzollern damit aus dem Kreise der konservativen lutherischen Fürsten des deutschen Nordens heraustraten, so traten sie darum nicht in die Kreise der westlichen Umsturzpartei ein. Denn ihr Staatsbesitz entwuchs bereits all diesen durch die Territorialverfassung des Reiches bedingten Verhältnissen. Er verlangte bei seiner konfessionellen Mischung aus Katholiken, Reformierten und Lutheranern, bei seinen wirtschaftlichen Gegensätzen zwischen Rhein-, Elb-, Oder- und Weichselgebiet und bei der Mannigfaltigkeit seiner Bevölkerungsteile eine unabhängige, nur brandenburgische Politik. Sein nächstes

Ziel mußte, wie für den Besitz des österreichischen Hauses, innere Vereinigung seiner Länder, Ausreife zu einem Staatsganzen sein.

Indessen Johann Sigismund meisterte diese Lage nicht, und Georg Wilhelm (1619—1640) war zwar nicht unfürstlich gesinnt, bedacht auf seine Rechte und nicht ohne Geschick in großen Behörden- und Finanzorganisationen, aber leicht abgelenkt und zeitlebens kränklich, so daß er seiner Aufgabe, wenn überhaupt, so doch unter den Stürmen des Dreißigjährigen Krieges nicht gerecht zu werden vermochte. Da betraute er 1626 aus der hohen Gabe der Hohenzollern, einen andern für sich handeln zu lassen, wo die Besonderheit einer Lage es erfordert, Graf Adam von Schwarzenberg mit der Regierung.

Der Graf war, obwohl erst zweiundvierzigjährig, bereits gealtert und weißen Haares. Ein Leben der Mühsal ohne große Erfolge lag hinter ihm. Nun war er ein harter, selbstsüchtig und stolz gewordener Menschenverächter, dem die Staaten durch Strafen und Belohnungen regiert wurden. Mit scharfem Urteil ausgerüstet, kämpfte er für seine Entschlüsse mit dem rücksichtslosen Nachdruck einer unbeirrbaren Ueberzeugung. Er konnte nicht leicht andere um sich gebrauchen und auch Andersdenkende nicht für seinen Dienst erziehen. Wer nicht mit ihm war, wurde aus Amt und Würden verstoßen. Die Schwäche seiner meisten deutschen Zeitgenossen für den Frieden war ihm zuwider; er verwies es den Ständen, daß sie den Krieg landverderbend nannten, und gewiß hat er ihn geliebt, der äußeren und mehr noch der inneren Feinde wegen, — „ein Herr", wie Ferdinand III. sagte, „der großen Herren wohl das Herz einnehmen konnte".

Es war Schwarzenberg ‚wider die Natur und allgemeine Vernunft', daß das Recht eines Einzelnen über die Wohlfahrt des Staates ginge, und die alten Räte klagten mit Grund, daß die ratio status nun alle anderen rationes verdränge. Die Bestätigung der ständischen Privilegien wurde hinausgezögert. Wohl sprach der Graf zu den Ständen selber freundlich, aber sie fühlten doch, daß er sie nur ertrug und in seiner ‚gut branden-

burgiſchen' Geſinnung kein Verſtändnis
für ihren territorialen Sondergeiſt hatte;
und allerdings war er dafür, einmal zwei
oder brei von ihnen „ſunder Kopf‘ nach
Hauſe zu ſchicken. Sie durften ihm Gelb
bewilligen; ſobald ſie ſich, ererbter Ge=
wohnheit nach, in die Politik miſchten,
ſchlug er ihnen die Hände weg. Doch
dies geſchah auch anderswo. Unbegreiflich
jeboch für die ganze Zeit und ganz Europa
war es, daß der Katholik unbeirrt die
politiſche Leitung eines reformierten
Fürſtenhauſes und eines in der Maſſe
ſtreng lutheriſchen Landes zu führen ver=
mochte. Mit welcher unbeſchränkten
Macht der reine Staatsgedanke in dem
werbenden preußiſchen Staatsweſen re=
gieren ſollte, konnte nicht
deutlicher ſchon zum Aus=
drucke kommen als in der
Stellung dieſes Mannes
gegen den Hintergrund der
noch allgemeinen religiöſen
Befangenheit ſeiner Zeit=
genoſſen.

Schwarzenberg hatte 1609
in Kleve den Entſcheid für
die Hohenzollern gegeben,
jetzt ſollte er ihnen den ge=
ſamten Staat bewahren
helfen. Solange freilich
Wallenſteins ſchwere Fauſt
und Guſtav Adolfs Gebot
auf der Kurmark laſtete, er=
wies ſich Hilfe als unmöglich;

Abb. 43 · Adam Graf
von Schwarzenberg

aber 1633, nach der Herſtellung des Gleich=
gewichtes zwiſchen Oeſterreich und Schwe=
den, ward der Himmel langſam freier. Das
Hauptziel der Schwarzenbergiſchen Politik
wurde jetzt die Erwerbung Pommerns, ihr
Kern war immer Selbſthilfe geweſen, die
Auswärtigen waren nur Zahlen in ſeinem
Rechenexempel. Vergeblich hofften die
Schweden, ihn durch Verſprechungen zu
einem Eroberungsfeldzuge nach Schleſien
verlocken zu können. Er trat vielmehr
dem Prager Frieden bei, um Oeſterreich
womöglich die Hände zu binden, das den
Wettinern ſoeben Magdeburg zuerkannt,
auch Kleve=Jülich verſprochen hatte und
zu Pommerns Preisgabe an die Schweden
bereit erſchien; in dem Kaiſer, ſo meinte
er, wirke bei aller Selbſtſucht ein Pflicht=
bewußtſein gegenüber den Reichsſtänden,

die ihn nicht befehdeten, den Fremden
mangle das. Er war jedoch weit davon
entfernt, ſich Habsburg zu vertrauen; er
veranlaßte den Kurfürſten auch zu
Gefälligkeiten gegen Frankreich, deſſen
Dienſte einſt von großem Werte werben
könnten, und ſeine vornehmſte Sorge blieb
ſtets, daheim Gelb zu beſchaffen und ſelbſt
ein Heer in die Hand zu bekommen.

Die Rüſtungen gediehen anfangs friſch
voran, und das Jahr 1636 brachte die
erſten Erfolge. Wie der Kurfürſt, ſo
glaubte darauf auch Schwarzenberg,
im Sommer 1637 nach dem Ausſterben
des pommeriſchen Herzogsgeſchlechtes
25 000 Mann unter die Waffen bringen
zu können. Da er aber die organiſa=
toriſchen Schwierigkeiten bei
weitem unterſchätzt hatte,
ſo geriet bald das ganze
Staatsweſen in die gefähr=
lichſte Unordnung. Klüger
geworden, begann er 1638
von vorne, und diesmal
ſchuf er ſich, in unglaub=
licher Mühſal freilich, ein
kleines, aber feldtüchtiges
Heer, das dem mannſchafts=
armen Schweden dauernd
6000 Mann beſchäftigte.
Und zugleich ſtellte er mit
ſtarker Hand die Staats=
finanzen wieder her. Um
unbeſchränkt verfügbare, an
keine Bewilligung gebun=
dene Mittel bereit zu haben, hatte er
ſchon 1635, weil ſich Kleve und die
Mark nicht außer Gefecht ſetzen ließen,
Orenſtierna die Verlängerung des ſchwe=
diſchen Waffenſtillſtandes mit Polen gegen
Oeſterreichs Willen erwirken helfen.
Denn wurden gleich die ſchwediſchen
Kräfte dadurch ſämtlich für den Reichs=
krieg frei, ſo ſicherte Schwarzenberg doch
als Preis dafür wenigſtens Preußen die
Selbſtändigkeit und ruhige Entwicklung.
Er erhielt mit ſeinen Zöllen von den
Schweden reichliche Einnahmequellen
zurück, und um auch das Kammergut
wieder zu ordnen, ſiedelte Georg Wilhelm
1638 ſelbſt nach Königsberg über. Kleve
ſtand noch zu ſehr unter dem Drucke der
Niederlande, als daß es ſtark herangezogen
werben durfte. Dagegen die Kurmark

erfreute fich eines noch immer anfehn=
lichen Wohlstandes fowie guter Ernten,
und Schwarzenberg zwang fie trotz brei=
jähriger Widerwehr der Stände zu einer

territorialen Intereffes aus zu recht=
fertigen war.

Nur eines fehlte Schwarzenberg. Es
umkleidete ihn nicht die Gewalt der fürst=

Abb. 44 · Rembrandt · Die Nachtwache · Gemalt 1642

im ganzen regelmäßigen Steuerzahlung.
Zum erſten Male wurden zur Eroberung
Pommerns die hohenzollerifchen Terri=
torien in den Dienſt einer Aufgabe ge=
ſtellt, die ausſchließlich vom Standpunkte
des dynaſtiſchen und Staats=, nicht des

lichen Hoheit, und ſein Blick weckte nicht
das Gewiſſen der Unterthanentreue. Die
Stände beugten ſich ihm, aber zugleich
ſuchten ſie ihn zu verraten. Während
ſie die brandenburgiſchen Truppen darben
ließen, unterſtützten Adel und Städte der

Mark aus Ingrimm die Schweden auf jede Weise, und buhlten die Klever darum, die achte Provinz der Staaten zu werben. Das hat dem Staatsmann und Feldherrn das Regiment unendlich erschwert, dennoch behauptete er sich Jahr auf Jahr, und endlich erzielte er, als die Friedenssehnsucht im Reiche schon zu den ersten Verhandlungen geführt hatte, daß Oesterreich und Sachsen mit ihm beredeten, im Frühjahr 1641 gemeinschaftlich nach Pommern vorzustoßen.

Als aber Fürst Piccolomini von Böhmen aus, Banér vor sich herdrängend, an der Elbe erschien, waren die Feldherren seiner Verbündeten, Arnim und Schwarzenberg, tot. Und die Papiere eines aufgegriffenen Boten ließen kaum einen Zweifel, daß Brandenburg die Waffen vor den Schweden gestreckt hatte. Auch die letzte innerdeutsche Macht war am Kriege verzagt, und obwohl das verwahrloste schwedische Heer am 20. Mai, durch den Tod nun auch Banérs, führerlos wurde, zog sich Piccolomini verwirrt wieder rückwärts.

Die Lose über das Reich und die Nation waren gefallen.

Bereitſchaft im Volke

Die 22 Kriegsjahre, die an uns vorüberzogen, ſind nicht die Zeiten eines nationalen Krieges geweſen, ſogar die bloße militäriſche Zuſammengehörigkeit gegenüber dem Auslande war durch ſie in die Brüche gegangen: die Truppen deutſcher Fürſten hatten unter dem Ober= befehle fremder Könige gegen deutſche Landsleute gekämpft. Es gab noch Deutſche; eine deutſche Nation konnte höchſtens wieder werben.

Unſere Beobachtung muß ſich gänzlich einwärts halten; nicht nach Erfolgen, die das Deutſchtum über ſeine Nachbarn, ſei es im politiſchen oder kulturellen Kampfe, davontrug, dürfen wir aus= ſchauen, ſondern nur nach den Anzeichen und dem Verlaufe erneuter innerer Sammlung.

„Was ängſten wir uns doch und legen
         Rüſtung an,
Die doch der weiche Leib nicht um ſich leiden
         kann?
Des großen Vatern Helm iſt viel zu weit dem
         Sohne.
Der Degen ſchändet ihn. Wir Männer ohne
         Mann,
Wir Starken auf den Schein. So iſt's um uns
         gethan,
Uns Namens=Deutſche nur. Ich ſag's auch mir
         zum Hohne.“

Paul Flemings Verſe haben Recht: Unkraft zog unſer Volk zu Boden. Es hatte bis 1618 in allem die Haltung verloren und hatte nötig, in allem ſich wieder aufzurichten. Allein eine ernſte Zeit ſtaatlicher und eigener Erziehung vermochten ihm wieder zu helfen. Mit dem Kriege war ſie nur begonnen worden. Wie in Oeſterreich und Bayern ſich ſtaatliche und kriegeriſche Ordnung ein=

bürgerte, in Brandenburg ſie ſich vor= bereitete, haben wir verfolgt. Bereits war dies friſche, in dem politiſchen Daſein des Volkes aufgeſprudelte Leben auch in die Maſſen ſieghaft hinübergeſtrömt. Das äußerte ſich noch nicht in Wallungen an der Oberfläche des Volkslebens. Wohl aber beobachten wir in den höheren Schichten der deutſchen Geſellſchaft in jenen Jahren um 1640 einen Aufſchwung, der in ſeiner Ausdehnung, Kraft und Volkstümlichkeit vorausſetzungslos er= ſcheinen würde, wenn wir nicht an= nehmen dürften, daß ihm eine Be= wegung von unten her entgegengekommen wäre. Es wird nicht bloßer Zufall ſein, daß ſeit eben den Tagen, da der Krieg vom Hauſe Habsburg angenommen wurde, zunächſt die deutſche Dichtung ſich erhob, alsbald die Erzieher und religiöſen Denker ihr folgten und ſogleich auch die deutſche Wiſſenſchaft als lebendige natio= nale Wiſſenſchaft uns wiedergeboren wurde. Was der geiſtigen Thätigkeit damals ihren unvergänglichen Wert ver= lieh, es kann gar nicht die Sehnſucht eines einzelnen Herzens oder der abſtrakte Gedankengang eines Gelehrtenhirns ge= weſen ſein, ſondern da ſind die Empfindungen einer ganzen Geſellſchaft zuerſt in der Seele wirklich führen= der Männer zum Bewußt= ſein erwacht und haben deren Dichten und Denken Richtung und Inhalt gegeben.

*

Wir haben verfolgt, wie durch den Zerfall alles geſellſchaftlichen Lebens in der zweiten Hälfte des 16. Jahrhunderts auch alles innere Leben der Deutschen und damit zugleich ihre Sprache so ganz ausgelassen und roh geworden war. Dem stemmte sich jetzt eine kleine Schar junger Dichter entgegen, meist ohne Beziehungen zu einander und zu einer Einheit erst durch die Geschichte verbunden:

Abb. 45 · Friedrich von Spee

bunden: Ernst Schwabe von der Heide, von dem wir nur wissen, daß er 1616 Gedichte drucken ließ, Heinrich Opitz, Friedrich Spee, Jakob Zinkgref und Paul Fleming, auch Rudolf Weckherlin. Sie schufen uns in Gehalt und Form die neue deutsche Dichtung.

Im deutschen Westen sang Friedrich Spee (1591—1635) in seinem 'Trutz Nachtigall' all die schlichten Weisen seiner Liebe zu den Menschen, seiner Kinderfreude an der Natur, seiner Ehrfurcht vor dem Schöpfer. Die ganze eine Seite des deutschen Wesens, alles Zarte, Bescheidene, Häusliche und Fromme des Mannesherzens, wie es sich im engumschriebenen Dasein einer kleinen Stadt noch heute entfaltet, hat sich in diese wohllautenden Reime gewoben. Alles Heiße dagegen und nach der Welt Verlangende, alles Stolze und von der Kraft des eigenen Ichs Erfüllte, rang in der Brust des Sachsen Paul Fleming (1609 bis 1640), des ruhelosen Wanderers durch die russischen Lande.

Beide sind um vieles reichere und echtere Dichter als der Schlesier Heinrich Opitz (1597—1639). Aber dafür war

er bei gleicher Sinnesart der werbende Geist unter ihnen, der es verstand, was sie nur ganz persönlich sagten, zur harten Masse allgemein gültiger Lehrsätze zu schmieden. Sein Jahrhundert hat ihn abgöttisch verehrt, und es liegt etwas rührend Großes in der Selbsterkenntnis, mit der es sich einem nüchternen Wegweiser wie Opitz dankbarer noch zuwandte als hohen Vorbildern gleich Spee und Fleming.

Alle diese Vorläufer einer neuen deutschen Dichtung sind jung gestorben, außer Weckherlin, der mehr ein Mitläufer war. Aufgestanden in den Jahren, da der Krieg thatkräftig begann, gingen sie von uns, als er zwischen 1635 und 1640 in Niederlagen endigte. Aber sie hinterließen uns als dauerndes Erbe das Bemühen, deutsches Fühlen und deutsches Wort wieder in Maß und Zucht zu bringen, ihm die Einfachheit, die Deutlichkeit, die Wahrheit zurückzugeben. Und wenn Opitz seine Zeitgenossen dabei auf die wohlgefügten Vorbilder in den Niederlanden und Frankreich hinwies und in deren Auswahl, Theoretiker der er war, sich vergriff, so verdankte die deutsche Lyrik ihm doch den

Abb. 46 · Heinrich Opitz

richtigen Fingerzeig für die Entwicklung ihrer Formenwelt, indem er das Ziel seines verschollenen Freundes von der Heide, im deutschen Verse wieder nach deutscher Art den Silbenton und nicht die Silbenlänge zu zählen, aufgriff und mit seinem Einflusse durchsetzen half. Seitdem ge-

ſtaltete ſich unter der Pflege der deutſchen
Dichtung eine einheitliche deutſche Schrift=
ſprache, und damit legte ſchon dieſe frühe
Zeit den Grund zu einer der bedeu=
tendſten organiſatoriſchen Leiſtungen des
17. Jahrhunderts, die uns erſt die Vor=

Abb. 47 · Simon Dach

ausſetzung für die ſtetige Entwicklung
einer neuen deutſchen Kultur gewährte.
Die Nebel waren durchbrochen, und was
uns daraufhin in den Jahren 1640 bis
1655 aufglänzte, waren Sonnenaufgangs=
ſtrahlen.
        Voraus gingen 1639—1643 die
‚Wunderlichen und wahrhaftigen Ge=
ſichte‘ Philanders von Sittewald, ein
Proſawerk aus der Feder des Elſäſſers
Moſcheroſch (1601—1669), das mit der
brennenden Leidenſchaft ſeiner Anteil=
nahme am deutſchen Leben den rechten
Grundton der ganzen Reihe anſchlug.
So treu redete das deutſche Herz in dem
Buche, daß es allmählich immer feſter im
Volke Wurzel faßte, bis es das geleſenſte
Buch des ganzen Jahrhunderts wurde.
Hinterher folgten 1654—1661 die volks=
tümlichen Schriften Balthaſar Schupps,
des Hamburger Paſtors (1610—1661).
Zwiſchen den beiden Proſaiſten ſtanden
als derber Mundartdichter der ſcharfe,
aber treue Mecklenburger Lauremberg
(1590—1658), Simon Dach in Königs=
berg, der ſinnige und religiöſe Dichter des
‚Aennchen von Tharau‘ (1604—1659),
und mit all ſeinem Tiefſinn und Gemüt

der Schleſier Friedrich von Logau (1604
bis 1655), der erſte in der Kunſtdichtung
des Opitziſchen Kreiſes, der auch zum
Volke zu ſprechen verſtand.
        Das reifſte lyriſche Talent dieſer Jahre,
der Jeſuit Jakob Balde (1604—1668),
der gleich Moſcheroſch Elſäſſer war, hat
ſeine Carmina lyrica (1643—1645) und
ſein Totentanzlied De vanitate mundi
(1638) leider nicht für unſer Ohr, ſondern
in der Gelehrten= und Theologenſprache
ſeines Ordens gedichtet. Aber das darin
waltende Gefühl für den Wohllaut und
die Mannigfaltigkeit der Form, das Fein=
geſtimmte, Tiefe und Deutſche ihres In=
halts iſt ſo bezwingend, daß wir uns ſeit
Herders Fürſprache Balde doch als einen
der erſten Lyriker der Nation zu verehren
gewöhnt haben, freilich als einen, der
ſeinem Volke wohl immer ein Fremdling
bleiben muß.
        In Einſamkeit über ihnen allen lebte
der ſchleſiſche Lyriker und Dramatiker
Andreas Gryphius (1616—1664). Rein,
ernſt und hochgeſinnt, verzehrte er ſich
an der Unmöglichkeit, in einem Zeitalter
des Umſturzes vorauseilend deſſen geiſtiges
Streben ſchon bis zu ſeinen Zielen durch=
zukämpfen. In ſeiner Bruſt gährte mehr

Abb. 48 · Jakob Balde

von den Zweifeln, Nöten und Wünſchen
ſeiner Zeit, als ein Herz je zu klären und
zu beruhigen vermag, und alle ſeine
Gaben, ſeine glühende Phantaſie, der
Reichtum ſeiner Gedanken, ſeine Sprach=
gewalt dienten ihm nur dazu, das Düſtere

und die Leidensfähigkeit feines Karakters zu fteigern. Er war nicht volkstümlich, der immer mit fich befchäftigte Mann, aber er hat um fein Volk unfäglich gelitten.

Wie 1617 die ‚Fruchtbringende Gefell= fchaft‘, fo entftanden auch jetzt litterarifcheGe= fellfchaften, vorzüglich die ‚deutfchgefinnte Ge= noffenfchaft‘ 1643 und die ‚Pegnitzfchäfer‘ 1644, um die Ge= bildeten für die vater= ländifche Dichtung und Gefinnung zu werben. Während aber ihre Thätigkeit, wie es zu gefchehen pflegt, nach einiger Zeit wieder ver= flachte, fand der neue Geift in der Schule einen nicht mehr verklingen= den Widerhall.

Abb. 49 · Andreas Gryphius

*

Der äußere Beftand des deutfchen Schul= wefens verfiel zwar durch den langen Krieg vollkommen. Es bildeten fich jedoch fehr rafch die Anfänge einer frifchen Organi=

fprache ihr Recht in der Schule, und auch Profefforen wie Auguft Buchner liehen fchon feit 1624 diefen und den Opitzifchen Bemühungen ihre warme Unterftützung. Ein gefunder, praktifcher und maßvoller Sinn belebte die Re= formgedanken, die die Helmftedter oder etwa der Ingolftädter Jurift Kaspar Manz und der Jenenfer Struve für den Hochfchulunterricht, andere für den der Mittelfchulen entwickel= ten. Hier wurde die Aufnahme der Realien in den Lehrplan er= reicht. Die Jefuiten= gymnafien traten jetzt bei dem allmählichen Zurückweichen der kirch= lichen Abfichten und dem Verwachfen auch ihres Lehrkörpers mit dem deutfchen Boden in die Blütezeit ihrer Leiftungen ein. Das Wichtigfte aber war doch diefes, daß die bedeutfame er= zieherifche Aufgabe der Schule, die den

sation, und fie zeigten, daß die Zeit des öden Formelkrams, des bloßen Lernens für den Lehrer, ebenfo wie die des Pennalis= mus endlich überwunden werden konnte. Balthafar Schupp und Harsdörfer in Nürn= berg (1607—1658) eroberten der Mutter-

Abb. 50 · Balthafar Schupp

Abb. 51 · Amos Comenius

Jefuiten zwar in allem Unterrichte bereits vorgefchwebt hatte, von ihnen jedoch durch den Zwang ihres Internatfyftems nur halb hatte gelöft werden können, nunmehr mit dem Fortfchritt der Wieder= erholung des deutfchen Wefens ebenfalls

5*

ihrer Lösung nahe rückte: Angeregt von
den Ideen des Mähren Amos Comenius
(1592—1670), reifte in den deutschen
Erziehern seitdem die Vorstellung eines
Erziehungssystems der deutschen Jugend,
das Familie, Schule, Kirche und Gemeinde
zu wohlüberlegter, einträchtiger Zusammenarbeit vereinigte.   Unser Schulwesen
erhob sich mit solcher Voranstellung des
erzieherischen Zweckes vor den des Unter-
richts auf den
Standpunkt, auf
den sich sein
Gewicht im
heutigen Volks-
leben gründet.

   Sollten sich
jedoch diese Ge-
danken ver-
wirklichen
lassen, so mußte
vor allem der
Geist des Volkes
von der dog-
matischen Pole-
mik abgelenkt
werden, die ihn
für jetzt noch
ganz erfüllte,
er mußte reli-
giös und natio-
nal wieder ge-
sunden.   Da
richtet sich denn
unser Auge auf
die damals
jüngste, dem
Herzen Deutsch-
lanbs so nahe
gelegene Universität, das Juleum Helm-
stedts. Ein reiches Leben ging dort
langsam zur Rüste, als 1648 in Münster
die Friedensglocken läuteten.

   Georg Calixtus (1586—1656), einer
der größten Gelehrten und einer der
innerlichsten und edelsten Menschen in dem
Deutschland seines Jahrhunderts, hatte
während des ganzen Krieges fast ununterbrochen einen wachsenden Kreis begeisterter
Schüler um sich versammelt, um ihnen
seinen Sinn religiöser Duldung einzu-
flößen. Seine milde Hand auf die
brennendste Wunde unseres Vaterlandes
legend, lehrte er, daß alle Grundwahr-

Abb. 52 · Südseite des Juleums

heiten der hl. Schrift und des Glaubens
der ersten fünf Jahrhunderte von allen
Konfessionen gleichmäßig festgehalten
worden seien und daß die christliche Sittlichkeit unabhängig von dem dogmatischen
Zwiespalt in allen Kirchen ihre Blüten
treibe, daß zwar trotzdem die Unter-
scheidungslehren vielleicht wichtig genug
wären, um eine kirchliche Wiedervereinigung zu verbieten, aber sicherlich
nicht bedeutend
genug seien, um
sie aus den
Hallen der The-
ologie im Geiste
der Unversöhn-
lichkeit und Ver-
hetzung unter
die Gemeinden
zu tragen.

   Bald ver-
breiteten sich
seine Anhänger,
die Synkreti-
sten, als Ge-
lehrte und Pre-
biger durch das
ganze Gebiet
des deutschen
Protestantis-
mus.   Freilich
ward auch
leidenschaft-
licher und gewiß
verständlicher
Widerspruch,
insbesondere
beim luthe-
rischen Theo-
logentum rege, und die Menge verhielt sich
vollkommen spröde. In den Kreisen des
deutschen Geisteslebens aber wurde der Ver-
söhnungsgedanke fruchtbar, und früher noch
erfaßten die Regierungen konfessionell ge-
mischter Staaten, vorzüglich Brandenburg,
die Notwendigkeit der Duldung. Schon der
Westfälische Friede gewährte den Gläubigen der drei großen Kirchengemeinschaften
überall im Reiche das Recht, wenigstens
im eignen Hause nach ihrem Glauben zu
leben und Gottesdienst zu feiern.

   Was dem Gelehrten, nicht dem
Menschen Calixtus letztlich den Weg ge-
wiesen hatte, war ein Zug in der Wissen-

ſchaft zur Annäherung an die Bedürf=
niſſe unſeres geſellſchaftlichen Daſeins.
Der Anſchluß der Theorie an die Praxis,
den das 16. Jahrhundert nie hatte finden
können, wurde nun raſch auf einem Ge=
biete nach dem andern angebahnt. Zu=
nächſt, wie es denn auch am dringlichſten
war, in der Rechtswiſſenſchaft.

Schon in den zwanziger Jahren geriet
der Leipziger Benedikt Carpzov (1586 bis
1666) in dieſe Strömung. Geſtützt auf
jahrzehntelange Thätigkeit an einem der
erſten Gerichtshöfe Deutſchlands, hat er
aus den alten Rechtsbüchern und aus
der ſächſiſchen Spruchpraxis des 16. Jahr=
hunderts die Grundlagen für ein neues
deutſches Strafrecht zuſammengetragen
(1635 Practica Nova), in klarer Syſte=
matik geordnet und ſogar weiter zu bilden
geſucht (Opus Definitionum Forensium
1638), perſönlich ein keineswegs lebens=
voll und fortſchrittlich angeregter Mann,
aber von dem Reichtum desjenigen Staats=
weſens geſpeiſt, das im Jahrhundert
zuvor am längſten und trefflichſten
praktiſch gearbeitet hatte.

David Mevius, der Syndikus von
Stralſund (1609—1670), als Syſtematiker
weniger als Carpzov begabt, als Juriſt
durchdringender und mit den Forderungen
des täglichen Lebens häufiger in Be=
rührung, führte deſſen Bemühungen um
die Rechtsentwicklung für die nordoſt=
deutſchen Territorien weiter, bemächtigte
ſich aber zugleich ſelbſtändig der wirt=
ſchaftlichen Zeitfragen. Mit hoher Ein=
ſicht ſtrebte er, der durch den Krieg un=
vermeidlich geworbenen Umwälzung in
den bäuerlichen Verhältniſſen Nordoſt=
deutſchlands Maß und Ziel zu ſetzen,
dem Bauern ſoweit Schonung zu erwirken,
als die wirtſchaftliche Entwicklung es er=
trug, worin er an den brandenburgiſchen
Juriſten des Kammergerichts alsbald
Mitſtreiter erhielt. Und ſo griff er auch
in die Frage ein, deren Ordnung von
1641 bis 1654 die dringlichſte Aufgabe
des Wirtſchaftslebens für Geſamtdeutſch=
land war, wie der Ueberſchuldung der
Bevölkerung zu ſteuern wäre. Hier be=
gegnete er ſich wieder mit Carpzov, vor=
züglich jedoch mit den beiden ſüddeutſch=
katholiſchen Juriſten, Jakob Pflaumer,
der als Bürgermeiſter Ueberlingens mitten

im Handel und Wandel ſtand, und
Kaſpar Manz (1606—1677), der nicht
nur der beliebteſte Rechtslehrer ſeiner
Zeit, ſondern auch ein hervorragender
organiſatoriſcher Geiſt war, beide den
Norddeutſchen voraus an geiſtiger Be=
weglichkeit und nationalökonomiſcher Er=
fahrung.

In geiſtvollen Gefechten bereiteten ſie
die Löſung der Schwierigkeiten wiſſen=
ſchaftlich vor, Männer, die, ohne genial
begabt zu ſein, aus ſich heraus mächtig
waren, in dem geiſtigen Wirken ihrer
Zeit fruchtbare Entwicklungen zu er=
öffnen, Männer, die, was ſie leiſteten, nur
ſich ſelbſt und den Lebenserſcheinungen der

Abb. 53 · Georg Calixtus

Heimat verdankten, um dieſe Zeit noch
ſämtlich unberührt etwa von der natur=
rechtlichen Thätigkeit des Grotius und der
Niederlande, denn bis zur gemeinſamen
Arbeit mit der weſteuropäiſchen Wiſſen=
ſchaft ſollte die deutſche Wiſſenſchaft erſt
wieder reifen. Sie haben, obwohl ſelbſt
nur Juriſten, die deutſche Gelehrten=
welt zur Beſchäftigung mit der National=
ökonomie beſtimmt. Darüber hinaus
hat insbeſondere Manz, der Bayer unter
Max I., ſie auch bereits auf den noch
werdenden neuen deutſchen Staat hin=
gewieſen, und er ſelbſt iſt ihm wohl
zuerſt begrifflich nahe gekommen, indem
er, im Gegenſatze zum ſtändiſchen Rechts=
ſtaate, ſein Recht als das einer für die
Wohlfahrt aller ſorgenden Gemeinſchaft
über alle Einzelrechte ſtellte, dafür ihn
jedoch von vornherein ganz mit Pflicht=

gefühl durchtränkt ansah, und indem er
ihm sofort Verwaltung und Schule als
seine Hauptbethätigungsgebiete zuwies
und gleichzeitig den Wert geordneter
und reichlicher Finanzen für ihn deut=
lich machte: die Steuern seien des
Staates Nerven. Veit Ludwig von Secken=
dorf (1626—1692) nahm bald nachher
in Gotha diese Anregungen auf. Manz
hatte sie nur erst gelegentlich und jede
einzeln unter die Menge
geworfen. Seckendorf
begann ihre Verar=
beitung zum Sy=
stem. Er war zwar
damals noch ein
Jüngling, aber
seiner ganzen An=
lage nach ein be=
sonnener, unter=
suchender Geist, der
nicht hoch empor
eilte, jedoch für
den Gebrauch der
Durchschnitts=

Abb. 54
Kaspar Manz

Abb. 55
Veit Ludwig von Seckendorf

menschen sehr verwendbar das
Wesentliche zu karakterisieren
und zusammenzufassen verstand.
In seinem ‚Deutschen Fürsten=
staate‘ bot er 1656 bereits ein
vollständiges Buch neufürst=
licher Regierungsweisheit.
Kamen diese Erörterungen vor=
züglich der inneren Einrichtung
der werdenden Territorien zu
gute, so galt die Arbeit des
Jenensers Johannes Limnäus
(1592—1668) der Wissenschaft

Abb. 56
Hermann Conring

von ihrem Verhältnis zum Reiche und von
der Reichsverfassung überhaupt, wie sie sich
unter den Einwirkungen des Kriegs wieder
zu ordnen anfing. Frei von dem Idealismus
Reinkings, gefestigt aber auch gegen Ent=
stellungen, wie der Vaterlandshaß sie
1640 Philipp B. Chemnitz in seiner
rethorisch wirksamen Schrift De ratione
status in Imperio nostro Romano-
Germanico eingab, schuf Limnäus mit
seinen Forschungen 1629—1645 geradezu
die systematischen Grundlagen für ein
deutsches Staatsrecht.
Auf den Schultern dieser treu deutsch
gesinnten und ausgezeichneten Männer
konnte sich seit den dreißiger Jahren die

machtvolle Gelehrtenerscheinung Hermann
Conrings (1606—1681) erheben, seit
einem Jahrhundert die erste wieder in
Deutschland. Ostfriesischer Pfarrerssohn,
hatte er sich zunächst zu einem entschiedenen
und gelehrten evangelischen Theologen
ausgebildet. Bald aber hatte er sich die
Medizin zum weiteren Studium gewählt,
einer der ersten Verfechter von Harveys
Blutkreislauftheorie und schnell ein viel=
berufener Arzt. Dann
übernahm er 1632
noch eine Professur
der Philosophia
naturalis in Helm=
stedt und gegen
Ende des Jahr=
zehnts eine der
Politik. Rechts=
studien fesselten ihn
damals aufs tiefste,
und aus ihnen er=
wuchs bis 1643
sein glänzendes
Werk De origine
iuris Germanici, worin er
gegenüber den Wahnvorstel=
lungen der theoretischen Ge=
lehrsamkeit der Zeit darlegte,
daß wir dereinst selbst ein
rechtsbildendes Volk gewesen
waren und das römische Recht
nicht von unserem Ursprunge
an, sondern erst seit weniger
denn zwei Jahrhunderten
unser Recht hätten werben
lassen. Es war ein Buch
voll deutschen Selbstgefühls,
das uns nicht nur zur Pflege einer
nationalen Rechtswissenschaft aufrief,
sondern zugleich die Erinnerung an unsere
alte staatsschöpferische Kraft in uns
weckte; ein Buch, geschrieben von einem
nicht spekulierenden, sondern forschenden
Geiste, der mit modernem Historiker= und
Naturwissenschaftler=Auge zu sehen und
mit genialer Ahnungskraft bis zu
dem Wesen, der eigentlichen Wahr=
heit der Dinge vorzudringen vermochte.
1654 ließ Conring die abermals rechts=
geschichtlichen zwei Bücher de fini-
bus imperii Germanici folgen, und
dann trieb es ihn weiter zur National=
ökonomie.

Auch Conring mußte sich noch der lateinischen Sprache bedienen, um die für gelehrte Leistungen unentbehrliche Schärfe und konstruktive Sicherheit des Ausdrucks zu erhalten. Aber bereits waren eifrige Gelehrte von der Tüchtigkeit des Hannoveraners Justus Georg Schottel (1612—1676) und des Sachsen Philipp von Zesen (1619—1689) an der Arbeit, das grammatische Gefüge unserer seit Opitzens Fürsorge fröhlich sich gestaltenden Muttersprache auszuschmieden. Schon 1647 war das Deutsche wieder eines so reifen Prosawerkes fähig wie der ‚Neuen orientalischen Reisebeschreibung‘ des Adam Olearius (1600 bis 1671).

*

All dieses fruchtbare geistige Streben auf den wichtigsten Gebieten unseres Volkslebens war in den zwanziger und dreißiger Jahren des Jahrhunderts aufgesproßt, in den Tagen tapferen Dreinschlagens und blutauffrischender Siege. Aber da sich nun in den Jahren um 1640 die militärische Kraft unserer neuen Staatswesen erschöpfte, ehe das Ziel erreicht war, so nahm der Krieg eine höchst bedrohliche Wendung, die das eben Errungene überall wieder in Frage stellte.

Bis zum Prager Frieden hatte der Krieg nicht derart gewütet, daß er das soziale und kulturelle Leben auch nur der mittleren und unteren Schichten der Bevölkerung unterbunden hätte. Die militärische Besetzung des Landes dehnte sich zwar über immer weitere Strecken aus und ward immer engmaschiger; aber die dadurch bedingten Lasten waren bei der strengen Manneszucht Tillys und Gustav Adolfs und sogar bei dem viel härteren Kontributionssysteme Wallensteins nicht schlechterdings unerträglich. Das Maßlose der Klagen jener Zeit darf darüber nicht täuschen: wäre es den Deutschen bereits ernstlich schlecht ergangen, so hätten sie, in ihrer Verweichlichung feig geworden, bloß zu wimmern gewagt; lautes Geschrei vernimmt der Historiker des 17. Jahrhun-

derts immer nur, solange ein wirklich schwerer Schlag die Klagenden noch nicht getroffen hat. Thatsächlich sind bis 1635 zwar in einzelnen Territorien bei längerer Einlagerung vorübergehende Stockungen im Geldumlauf eingetreten, eine allgemeine Verarmung jedoch schien nicht zu befürchten.

Da erhielt der Krieg seit 1636 mehr und mehr einen raubzugartigen Karakter und sollte sich so bis zum Jahre 1648 noch dahinschleppen.

Die Schweden waren nicht nur wegen der Mittellosigkeit ihres eigenen Landes auf die Plünderung Deutschlands angewiesen, sondern bei ihrem Mangel an Mannschaft setzten sie auch ihre Hoffnung einer siegreichen Durchführung des Krieges auf eine barbarische Verwüstung der gegnerischen Länder, Böhmens und Schlesiens, Sachsens und Brandenburgs. Sie kamen in der That damit zum Ziele: 1641 bat Brandenburg, 1645 Sachsen um einen Waffenstillstand, und schließlich fügte sich 1648 auch Oesterreich unter dem Drucke eines schwedischen Einfalls. Im Westen ahmten die Franzosen einige Zeit später dieses Beispiel nach, bis sich 1647 Mainz, Köln und Bayern entkräftet zurückzogen. Aber auch die Heere der deutschen Fürsten thaten es zuletzt den Feinden gleich, weil ihnen ihr Sold kaum noch gezahlt und die Verwilderung allgemein wurde. Es war kein Krieg mehr mit der Absicht des Sieges, sondern ein Haufen der aus den unlautersten Elementen sich ergänzenden Soldateska durch ganz Deutschland hin, die die Zeit nutzte, während die politisch und militärisch sich das Gleichgewicht haltenden Mächte Oesterreich, Frankreich und Schweden über die Zukunft des Reichs zu keinem Entschlusse kommen konnten.

Eine der schwersten wirtschaftlichen und kulturellen Verwüstungen, die die Geschichte kennt, ist 1636 bis 1648 über Deutschland hinweggegangen. Für die Bevölkerung waren es Jahre schrecklicher Leiden, die sich in die Erinnerung so düster und endlos einprägten, als hätte der Krieg durch alle die dreißig Jahre so gewütet. Der schließliche Zusammenbruch war furchtbar. So furchtbar, daß er doch nicht aus der argen Art der Kriegführung allein, sondern zugleich

Johann Georg I.
Kurfürst von Sachsen

Ferdinand III.

Oktavio Piccolomini

Isolani

Joh. Georg v. Arnim

Franz Albrecht von Sachsen-
Lauenburg

Johann von Werth

Wilh. Freih. v. Lamboy

Matthias Graf v. Gallas

Joh. Frz. Graf v. Gronsfeld

Freiherr von Sporck

Sparr

aus der Unzulänglichkeit der deutschen Volkswirtschaft damals und der persönlichen Unfähigkeit der deutschen Erwerbsstände, Krisen zu überwinden, erklärt werden muß.

Die Betriebsformen des deutschen Wirtschaftslebens waren im 16. Jahrhundert allenthalben kapitalistisch geworden; es war jedoch nicht gelungen, die für diesen Umschwung notwendige Grundlage durch Entwicklung und Ordnung des Kreditwesens herzustellen. Das hatte in Süddeutschland die Verschuldung insbesondere des Grund und Bodens bedenklich beschleunigt und überall den gewerblichen Fortschritt untergraben. In Norddeutschland hatte sich wenigstens die Landwirtschaft einigermaßen zu helfen gewußt, hatte aber dafür

Abb. 57 · Bad Oynhausen im Jahre 1646

16 · Mauertrümmer　　　　19 · Ein Irrsinniger
17 · Gebet vor dem Bade　　24 · Gebrauch des Bades

wegen Mangels größerer Städte mit der Geringfügigkeit des Bargeldbestandes zu kämpfen. Ein langer und schwerer Krieg mußte diesen Verhältnissen gegenüber auch ohne sonderliche Entartungserscheinungen zerstörend wirken, indem er dem platten Lande seine Lasten auflegte und in Handel und Gewerbe eine verderbliche allgemeine Unsicherheit über seine Dauer und Ausdehnung hineintrug. Er mußte es um so mehr, als gleich seine ersten Jahre infolge gewisser weltwirtschaftlicher Vorgänge und der staatlichen Ohnmacht im Inneren

des Reichs eine unerhörte Münzentwertung bis auf ein Drittel und ein Viertel mit sich führten. Das entsetzliche letzte Kriegsjahrzehnt hat dann das Unheil fast unheilbar gemacht. Die Verschuldung sowohl der Korporationen wie der Einzelnen wurde so allgemein, daß in der Lage des wirklich vermögenden Gläubigers fast nur noch das reiche Patriziertum und die reich gewordenen Offiziere blieben. Das Vermögen der Nation war unwiderbringlich verloren, und die Anstrengungen mußten sich schon bald darauf beschränken, der Bevölkerung die bloßen Erwerbsmittel zu wahren: denn, so sagten die Städte einmal, wenn man es überall zur Zwangsvollstreckung kommen ließe oder anderseits für die bedürftigen Gläubiger nichts thäte, so hieße das ‚die Henne schlachten, die doch wieder einmal genesen und Eier legen könne‘.

Ein Geschlecht wurde von diesem Geschicke betroffen, das sich der Not des Augenblicks nicht anzupassen wußte. Die sinnlos prächtige Lebensführung, an die Adel und Bürgertum sich gewöhnt hatten, wurde auch durch den Krieg nicht geändert. Die Störungen des wirtschaftlichen Lebens mochten die Lebenshaltung noch so sehr verteuern und die Geldbeschaffung noch so sehr erschweren, man fand sich zu keiner Einschränkung bereit.

Das letzte flüſſige Kapital wurde auf=
gezehrt und danach die arbeitende Be=
völkerung, insbeſondere der ſüddeutſche
Bauer, ſchonungslos ausgebeutet. Gerade
jetzt fröhnte man der Modethorheit eines
rein auf den Prunk berechneten Ueber=
maßes von Dienerſchaft, die ohne jeden
Nutzen der Volkswirtſchaft entzogen wurde.
Selbſt durch das maſſenhafte Hinmorden,
Wegſterben und Verjagen der breiten
Maſſen des Volkes ließen die Herrſchenden
ſich nicht davon abſchrecken, in einer Zeit,
da alles von der Erhaltung und ertrag=
reichen Verwertung der vorhandenen
Arbeitskräfte abhing, dieſe der Verarmung,
der phyſiſchen und moraliſchen Verelendung
preiszugeben, ſie zu entkräften oder zum
Anſchluß an die Soldateska zu treiben.
Auf dem Wege hierzu waren die Maſſen
freilich ſchon ſeit einem Jahrhunderte.
Wir können heute nicht mehr nach=
weiſen, wieviel Leben der Krieg zerſtörte,
wieviel Vermögen, Arbeit und Arbeits=
gerät er verwüſtete, wie ganze Ge=
genden alle ihre gewerbliche Erfahrung
und Geſchicklichkeit einbüßen ließ, wie
ſehr er die Menſchen arbeitsſcheu machte
und vertierte, wie tief er alle Bande
unſeres genoſſenſchaftlichen Daſeins zer=
ſetzte, wie vollſtändig er auch die letzten
Glieder unſeres früheren Organismus
zertrümmerte. Dennoch werden wir die
ſoziale Verwirrung und die ſeeliſchen
Schäden, die er zur Folge hatte, höher
noch einſchätzen dürfen als das wirt=
ſchaftliche Verderben. Wir haben nach
dem Kriege — das erſcheint als ſein
ſchlimmſtes Ergebnis — überhaupt nichts
mehr von unſerem alten deutſchen Volks=
leben mit ſeiner gemeinſamen Begeiſterung,
ſeiner Sonntags= und Feſtesfreude. Schwer
genug hatte ſich die ſittliche Erſchlaffung
der deutſchen Stämme ſeit 1555 an ihnen
geſtraft.

*

Ohne Zweifel wurden die Beſtreb=
ungen politiſcher und geiſtiger Erneuerung,
deren erſtem Erfolge wir nachgegangen
ſind, von der Rückſichtsloſigkeit aufs ge=
fährlichſte getroffen, mit der die herr=
ſchenden Geſellſchaftsſchichten ſeit 1640
die ‚armen Leute‘ dem Siechtum und
der Unkultur opferten; denn ihre Zu=
kunft beruhte ja darauf, daß ſich das

Volksempfinden und die Volkskraft mit
dem Geiſte der führenden Männer ver=
einigte. Nach 1655 etwa ſcheinen ſie
ſich wieder zu verlangſamen, und in der
Dichtkunſt zeigten ſich deutliche Spuren
eines Rückgangs. Aber nun erwies
es ſich, daß ſich die neuen Anregungen
dem Volke doch bereits lebendig genug
mitgeteilt hatten, ſo daß ſelbſt die wirt=
ſchaftliche Not und der kulturelle Druck
des Krieges ſie nicht allenthalben mehr
erſticken konnten. Als 1647 Waſſenbergs
ernſte Paraeneſis ad Germanos erſchien,
mit ihrer Mahnung, daß Deutſchland
nur durch Deutſchland wiedergeboren
werden könnte, fielen die Worte nicht
auf ſteinigen Boden. Der Trieb zur
Selbſthilfe war wieder da, und ſogleich,
als der Friede möglich wurde, drängte er
keimfroh ans freie Licht.
Nach 1648 blieben im Reiche nur
die Rheinlande, das Grenzgebiet gegen die
Staaten und Frankreich, dauernd in Krieg
und Unruhe, wie ſie ſchon ſeit 1570 darin
waren. Dagegen konnten ſich die mitt=
leren und öſtlichen Länder, Städte wie
Nürnberg und Augsburg oder Territorien
wie Schleſien und Böhmen ziemlich
bald wieder aufrichten, und zumal
Sachſen=Thüringen erholte ſich raſch, da
es ſich während des Krieges vielfach
gedeckt hatte und nach 1648 dank ſeiner
Lage zwiſchen dem heeresſtarken Oeſter=
reich und Brandenburg ſicheren Frieden
genoß. Einzelne große Städte waren
gleich allen Gebirgsgegenden überhaupt
vom Kriege unmittelbar kaum geſchädigt
worden.
An dieſen Stellen entfaltete ſich nun
zuerſt eine in Deutſchland ſeit langem nicht
mehr geſehene Unternehmungsluſt. Frank=
furt und Hamburg faßten den Mut, ſich
zu einer Reichsanleihe von einer Million
Thalern und mehr zu erbieten, wenn
das Reich den Frieden damit erkaufen
könnte. Und als der Friede geſchloſſen
war, nahmen ſie, vorzüglich von Leipzig
und Trieſt unterſtützt, den Wettbewerb
mit dem Handel des Auslandes auf.
Es galt zunächſt das ſolange vernach=
läſſigte Hinterland zurück zu erobern.
Man traf es in vollkommener Abhängig=
keit vom niederländiſchen Gelbe und Ueber=
ſeehandel, von den engliſchen Gewerbe=

erzeugniſſen und der franzöſiſchen Mode.
Der Kampf war ungleich, weil die beiden
wichtigſten Strommündungen ganz in den
Händen der Fremden und die Weſer-
mündung nur unter Beſchränkungen be-
nutzbar war, die Elbe allein war noch
frei. Aber wie es durch gemeinſame
Anſtrengung der Reichsſtände gelang,
wenigſtens ſie gegen Dänemark, die
Stadt Bremen gegen die Schweden zu
verteidigen, ſo wurde Schritt für Schritt,
zunächſt die ſchwächſte der drei fremden
Handelsmächte, Holland, von Oſten gegen

Abb. 58 · Bäuerliche Beſchäftigung
Aus (Fürſtenbergs) Monumenta Paderbornenſia

den Rhein zurückgedrängt. Hamburg
ſtrebte mächtig empor, und um 1700
beſaß es bereits auch eine im Ausland
wettbewerbsfähige Induſtrie. Trieſt er-
ſchloß unterdeſſen den Zutritt zum
Mittelmeer und zur Levante wieder.
Gleichzeitig wurde Leipzig aus einem
Handelsſammelpunkte auch wieder der
Mittelpunkt eines blühenden Gewerbes;
es war ſeinem Umlande vermöge der
gewerbetüchtigen Anlage des ſächſiſchen
Volksſchlags geglückt, durch Zuzug fremder
Arbeiter die Spinnerei- und Webereitechnik
herzuſtellen und zu verſeinern, ſo daß ſie
ſich neben der engliſchen Ware allmählich
wieder halten konnte.

Eine ſchwierigere Aufgabe noch hat
damals die Landwirtſchaft der norddeutſchen Territorien geleiſtet. Sie hatte
ſich während des 16. Jahrhunderts ſo
gut wie allein in Deutſchland eines Auf-
ſchwunges erfreut. Der Adel im Nordoſten
hatte ſich damals, im Gegenſatze zu ſeinen
ſüddeutſchen Standesgenoſſen, dem Eigen-
betriebe ſeiner Güter zugewandt. Er
hatte ſeine bäuerlichen Hinterſaſſen, über
die er grund- oder gerichtsherrliche Rechte
ausübte, in ein feſteres Abhängigkeits-
verhältnis von ſich gebracht; die Guts-
herrſchaft entſtand.
In eifriger Sorge und
im Streben auch nach
kaufmänniſcher Ver-
wertung ſeiner Er-
zeugniſſe hatte er ſich
allmählich wirtſchaft-
lich geſichert, ſein Bau-
land durch Auskauf
einzelner Bauern zu-
ſammengelegt und
vergrößert und neue
Güter für ſeine Söhne
geſchaffen. Die Wirt-
ſchaftsverfaſſung
dieſer Gebiete war
mit der Ausbildung
eines ſolchen Groß-
grundbeſitzes auf ihre
natürliche Grundlage
geſtellt worden. In
umgekehrter Richtung,
aber ebenſo natürlich
war die Entwicklung
in Niederſachſen ver-
laufen, wo ſich der hervorragend tüchtige, freie Bauernſtand der Ausdehnungs-
verſuche der kleinen Grundherren erwehrte
und ſelber mehr und mehr zum Kerne
der Wirtſchaftsverfaſſung des Nord-
weſtens wurde.
Der Krieg war dazwiſchen gekommen.
Ueberall ſchlug er tiefe Wunden. Während
jedoch die Schäden in Nordweſtdeutſchland
durch die Anſtrengung einiger Jahrzehnte
und durch den Rückhalt, den die Staatsgewalt den Bauern gewährte, wieder
ausgeglichen werden konnten, vernichteten
die Kriegsjahre die Großbetriebe des
Nordoſtens vollſtändig. Als ſie vorüber
waren, da waren die Bauten und Wert-

zeuge zerstört, die Arbeitskräfte und der Viehbestand aufs äußerste vermindert. Die Möglichkeit einer Erholung war kaum noch abzusehen. Der holsteinische Adel versuchte es mit einer völligen Wandlung des Wirtschaftssystems, indem er von dem Getreidebau der Dreifelder= wirtschaft zu einer Feldgraswirtschaft überging, bei der gut die Hälfte des Landes als Wiesenland verwendbar wurde. Aber da die Wiedereinstellung von Vieh zunächst noch schwieriger war als der Ersatz der Menschen, so fand sein Beispiel nur allmählich Nachahmung; die Hauptanstrengung mußte sich auf die Neuorganisation der noch vorhandenen Arbeitskräfte richten.

Das Junkertum, das sie durchgesetzt hat, war ein rauher, noch halbwilder und selbstsüchtiger Menschenschlag, und sicherlich hat es in den nächsten Jahr= zehnten mit schroffer Härte seine Bauern unter Ausnutzung ihrer Geldverlegen= heiten und ihres Mangels an urkund= lichen Eigentumsnachweisen an die Scholle gefesselt, ein lassitisches Erbrecht eingeführt, ihren Trotz und ihre Wildheit reichlich vergolten, ihre Frohnen gehäuft, ihre Kinder in seinen Gesindedienst gezwungen. Aber das geschah nicht so sehr aus Ueber= mut zur Ausbeutung gesellschaftlich Schwä= cherer als vielmehr unter dem Antrieb einer wirtschaftlichen Notwendigkeit, ohne den die Staatswesen unseres Nordens über= haupt verödet wären. Sie beruhten nun einmal auf der Rittergutsverfassung, und diese mußte erhalten bleiben. Der halb= freie Bauer jener Tage betrachtete sich bei der allgemeinen Menschenarmut als ein gesuchtes Wesen, das es auf der ganzen Welt besser haben könnte als auf dem ererbten Fleck Erbe; er war in den langen Kriegsjahren so arbeitsscheu ge= worden, daß noch 1670 eine Flugschrift in allem Ernste der Einführung einer Sklavenwirtschaft mit Türken und Ta= taren das Wort reden durfte. Sie kam aus Süddeutschland, wo es dem Bauern damals glückte, sich seiner Dienstbarkeit zu entschlagen. Gerade dort ist er wirt= schaftlich zu Grunde gegangen; im Nord= osten dagegen, wo er ebenfalls nicht nur Eigenbesitzer wie der niedersächsische Bauer war, sondern zugleich einer Großgrund=

besitzverfassung als Arbeitskraft zuge= hörte, wurde er durch das Junkertum wieder zur Arbeit erzogen. Wenn dieses dabei im einzelnen viel gefehlt haben mag, so überschritt es im ganzen doch nur hier und da das Bedürfnis, etwa durch Ausbildung wirklicher Leibeigen= schaft, und seiner persönlichen Brutalität wurde schon durch sein wirtschaftliches Interesse an der Erhaltung der spärlichen bäuerlichen Arbeitskräfte im großen und ganzen die natürliche Schranke gezogen.

Wie achtungswert aber die Selbst= hilfe der Erwerbsstände auch war, so konnte sie der Größe des Uebels gegen= über nicht genügen. Sie war, soweit sie wirtschaftliche Absichten verfolgte, unzu= länglich in ihren Mitteln und blieb zu sehr auf einzelne Landesteile, vor allem zu sehr auf einzelne Bevölkerungsschichten, die großen Städte und den Großgrund= besitz, beschränkt. Wo sie gar auf die Wiederorganisation des sozialen und geistigen Lebens zielte, scheiterte sie gänzlich.

Hier wäre erneute Zusammenfassung des Volkes in allen seinen Schichten die erste Bedingung eines sicheren Erfolges gewesen. Jedoch das Nationalgefühl schlummerte, und die soziale Zerklüftung eilte unter den Nachwehen des Krieges ihrem Tiefpunkte entgegen. Nur daraus erklärt sich, daß man sich bei der Neu= gestaltung des gesellschaftlichen Daseins vollkommen vergriff und mit lauter falschen, bedenklichen äußeren Mitteln ein so schweres inneres Uebel heben zu können meinte. Die Haupthoffnung wurde auf eine möglichst scharfe Anstachelung des Selbstgefühls jeglichen Standes und Be= rufes gesetzt, wie ja alle Selbsthilfe da= mals von einzelnen Volksklassen ausging. Aber die Deutschen hatten seit Jahrzehnten keine erzieherische und bildende Wirkung mehr an sich erfahren; und so durfte sich der alte Zwiespalt des deutschen Wesens wirksamer als je entfalten, dessen inner= liche Richtung auf das Schlichte und Tiefe der Neigung des äußern Menschen zur Un= natur und zum Barocken immer nur schwer Herr zu werden vermag. Man sah die Ehre des Einzelnen und seines Lebenskreises in der steifen Würde seines öffentlichen Be= nehmens, in der Pracht der Gewandung und des Auftretens, in dem Gemachten und dem Schwulste der Redeweise. Und da doch die Empfindung schon wach geworden war, daß man bereits seit der Väter Zeit den rechten Takt für das Schickliche und Schöne eingebüßt hatte, so gab man sich dem naiven Glauben hin, daß er entbehrlich würde, wenn man sich die gewähltere Art des Auslandes zum Vorbilbe nähme, dort sich seinen Unterricht und seine Moden holte. Die Folge alles dessen war jenes betrübende ‚alamodische‘ Wesen, jene Sprachmengerei, jene Wortfülle und platte Gelegenheitsdichterei, jene hochmütige Standesabschließung, die sich gegen die Armut und Roheit der Volksmassen doppelt verletzend abhob. Wohl erregt sie in uns noch heute einen der trübsten Eindrücke von der Schwäche, der unser Volkstum verfallen war. Aber das darf uns unter keinen Umständen vergessen lassen, wieviel guter Wille und wieviel Selbstzucht damit zuerst auch im geistigen Leben wieder nach hundertjährigem Siechtum zu Tage getreten ist.

Unser Vaterland war für die Pflugschar vielleicht bereiter schon, als wir zu glauben pflegen.

Die Kunst mochte als die mit dem Volksleben am unmittelbarsten verwachsene und zarteste Schöpfung jeder Nation zumeist unter dem Kriege gelitten haben. Die Maler und Bildner waren bereits vorher dahingestorben, und jetzt hatte dreißig Jahre lang die Bauthätigkeit gestockt. Als Joachim Sandrart, der Künstler-Gelehrte (1606—1688), über all den Schutt der Kriegszeit hinsah, klagte er in seinem treuen deutschen Herzen: „daß die Kunst in Deutschland nun in eine lange und ewige Nacht wolle schlafen gehen." Ein um so wichtigeres Zeichen der wiedererstarkenden Volkskraft mag es uns sein, daß nicht nur der Bautrieb alsbald sich

aufs neue regte — kurz nach 1648 bauten die Ernestiner vier, zwar im einzelnen kunstlose, aber im ganzen mächtige Schlösser, 1652 wurde in Hannover das prächtige Leibnizhaus errichtet, im Süden schon der Bau des wirkungsvollen Kemptener Doms begonnen, — dieser Bautrieb zeigte sich auch sofort ursprünglich und schöpferisch. Cornelius Gurlitt hat uns vor einem Jahrzehnt ins Fichtelgebirge geführt, von dem sich die Wasser nach allen Richtungen deutscher Lande ergießen, zu einem Kapellchen der Dreifaltigkeit aus dieser Zeit in dem Dorfe Waldsassen, und dort wies er uns in all der Unbeholfenheit des Steingefüges die ringenden Gedanken ihres Erbauers, Georg Dientzenhofers. Was uns die Kriegsnot hatte rauben können, war doch nur die Erfahrung, die Technik, das Geld, und nicht die Seele unsrer Kunst und unsres Volkes.

Abb. 59

Schloß Neu-Augustusburg zu Weißenfels · Erbaut 1660 bis 1682

Wir erfahren freilich sonst noch kaum von ihr; denn an Liedern, wodurch sie am verständlichsten zu uns zu reden pflegt, war sie seit langem arm geworden. Auch damals hat sie nur wenige gedichtet, aber diese klingen in der Erregung des Krieges wieder kräftig und inhaltsvoll. Nachdem schon während des Streitens Gesänge wie ‚Nun danket alle Gott‘ in der protestantischen Bevölkerung entstanden waren, veröffentlichte 1649 Paul Gerhard in Berlin, der größte Kirchenlieddichter des evangelischen Gemeindelebens, seine ersten Lieber. Und im gleichen Jahre hallt es uns aus dem katholischen ‚Würzburger Gesangbuch‘ sturmmächtig wie altes Germanen-Kampfgebet entgegen:

O unüberwindlicher Held
St. Michael
Komm uns zu Hülf, zieh mit zu Feld,
Hülf uns hier kämpfen, die Feinde dämpfen —
— — St. Michael!

*

Johann Fromhold
brand. Gesandter

Johann Graf Sayn und Wittgenstein
brand. Gesandter

Matthäus Wesenbeck
brand. Gesandter

August Carpzov
sächs. Gesandter

J. M. Graf v. Lamberg
kais. Gesandter

Isaak Volmar
kais. Gesandter

Max. Graf v. Trautmannsdorff
kais. Gesandter

Johannes Oxenstierna
schwed. Gesandter

Adler Salvius
schwed. Gesandter

d'Avaux
franz. Gesandter

Abel Servien
franz. Gesandter

Franz Wilhelm
Bischof von Osnabrück

Jakob Lampadius
braunschw.-lünebg. Gesandter

Heinrich Langenbeck
braunschw.-lünebg. Gesandter

Johann Adolf Krebs
bayr. Gesandter

Der Zerfall unsres nationalen Staatswesens war die vornehmste Ursache der gänzlichen Auflösung aller organischen Institutionen unsres Volkes vor dem Kriege gewesen. Die politische Ermannung Oesterreichs hatte den ersten Antrieb zu neuer Aufraffung und Zusammenfassung gegeben. Ob und wie die Entwicklung voranschreiten würde, auch das war bedingt davon, daß der Staat sich in geeigneter Weise zu ihrem Träger machte. Am 24. Oktober 1648 gab der Westfälische Friede den deutschen Regierungen oder wenigstens der Mehrzahl von ihnen die Freiheit, sich den inneren Angelegenheiten Deutschlands wieder zuzuwenden. Was in Münster und Osnabrück bestimmt wurde, war mit Ausnahme weniger Anordnungen nichts Anderes, als was sich die streitenden Mächte nach Schwarzenbergs Tode 1641 schon hätten zugestehen müssen. An den einzelnen Ergebnissen wurde Wesentliches weder

Abb. 60 · Leibnizhaus in Hannover

durch Richelieus Tod 1642, noch durch den dänischen Krieg 1643, noch durch die Wiederempörung der Siebenbürger im Rücken Oesterreichs 1644 geändert. Die eine Folge war, daß die Fremden im Lande blieben. Frankreich setzte sich im Elsaß und in Lothringen fest. Der ganze burgundische Kreis wurde vom Reiche losgelöst, auch die Unabhängigkeit der Staaten und der Schweiz ausgesprochen. Die Schweden raubten die Mündungen der Weser und Oder nebst Wismar. Dänemarks Personalunion mit Schleswig-Holstein blieb erst recht bestehen.

Die andre Folge war, daß unter der Bürgschaft Frankreichs und Schwedens die längst zur Thatsache gewordene Landeshoheit aller deutschen Territorien mitsamt dem Rechte der Kriegführung und des Bündnisses untereinander und mit dem Auslande reichsgesetzlich bestätigt wurde.

Schon die Friedensverhandlungen waren nicht vom Reiche als Einheit, nicht im Namen von Kaiser und Reich, sondern von jedem Reichsstande für sich gethätigt worden. Das habsburgische Haus rettete nach den großen Plänen Wallensteins und des Prager Friedens nichts als die Ehre, wenn es damit durchdrang, daß wenigstens Reichstag und Kammergericht wieder arbeitsfähig, gewisse kaiserliche Reservatrechte nicht angetastet wurden und die Stände sich jetzt auch in die Gerichtsbarkeit des Reichshofrates fügten. Dafür regelte dann der Friede sehr genau die Gleichheit des politiſchen Machtverhältniſſes der Konfeſſionen im Reiche, wobei auch, durch Brandenburgs Eiſer, die Reformierten anerkannt und faſt vollſtändig berechtigt wurden. Die Pfälzer erhielten die Rheinpfalz zurück und eine neue, achte Kur; Heſſen=Kaſſel, das am hartnäckigſten von allen Reichsſtänden im Auslandbündniſſe verharrt war, wurde dafür noch beſonders entſchädigt.

Zeitbedrängnis und Zeitgeiſt wachten darüber, daß ſich faſt alle deutſchen Regierungen und Stände ſofort nach dem Kriege um die Herſtellung von Verwaltungsorganen und um eine gute Polizei bemühten, unter welchem Ausdruck man damals die geſamte Thätigkeit der Verwaltungsbehörden und =beamten außer dem Gerichte und den finanziellen Obliegenheiten begriff; ſie bemühten ſich vorzüglich um die Ordnung der wirtſchaftlichen Nöte und die Erfriſchung des wirtſchaftlichen Lebens. Noch einmal gewann in dieſem Zuſammenhange die deutſche Kleinſtaaterei für eine gewiſſe Spanne Zeit Reiz und Bewegung; gerade die kleineren Territorien, die durch den Frieden um keine großen Hoffnungen betrogen und glücklich über ihn waren, entfalteten nach 1648 die angelegentlichſte Thätigkeit im Inneren. Eine ganze Anzahl trefflicher Staatsmänner bildete ſich dabei heran, wenngleich ſie alle in ihrer Art wie die Geſandten ihrer Fürſten zu Münſter ein wenig ‚praeceptores und Schulmeiſter‘ blieben. Nur manche unnütze Arbeit und Phantaſterei floß dadurch mit ein und zuweilen zuviel Bewunderung für einen ſo wirbelichten, überall einmal auftauchenden Kopf wie Johann Joachim Becher (1635—1682), den Chemiker, Induſtriellen und Nationalökonomen, der doch vor allem ein Prahl-

hans war. Am beſten entwickelte ſich Sachſen. Es hatte aus dem 16. Jahrhundert einen Grundſtock ausgezeichneter Staatseinrichtungen und Geſetze herüber gebracht. Der Krieg hatte ihm nicht allzu tiefe Wunden geſchlagen. Es hatte eine im ganzen auch jetzt noch willige und begabte Einwohnerſchaft und einen wohl-

Abb. 61 · Dom zu Kempten · Blick in den Kuppelraum

wollenden Fürſten, der als echter Wettiner am liebſten dem innern Ausbau ſeines Gebietes lebte; eine Schule tüchtiger Staatswirtſchafter trat dem Fürſten zur Seite und begann eine Neuorganiſation des Staatsweſens von Grund auf. Das handelbeherrſchende Leipzig lag im ſächſiſchen Lande.

Ein Gegenſtück zu Sachſen bildete die Rheinpfalz. Der Krieg hatte ſie furchtbar getroffen, und ſie erhielt einen Herrn, der ſich bis bahin durch keine landesherr-

lichen Tugenden ausgezeichnet hatte. Jedoch Karl Ludwig wuchs rasch in sein
Amt hinein und schuf sich bei der Gunst
des Bodens und der Lage seines Länd-
chens in wenigen Jahrzehnten ein wieder
wohlhabendes, gewerblich und geistig

Abb. 62 · Amalia Landgräfin von Hessen

blühendes Staatswesen. Er hat Mann-
heim gegründet und Heidelbergs Hoch-
schulruhm erneuert; selbst Spinoza wagte
er dorthin als Lehrer einzuladen.

Bayerns Thätigkeit nach Max I.
Tode wird leicht übersehen. Fleißig und
verständig war man auch hier. Nirgendwo anders wäre als Vorarbeit für eine
zukünftige Kodifikation schon eine so
gründliche, aus genauester staatsmännischer
Kenntnis der Landesverhältnisse erwach-
sene Bearbeitung des Territorialsonder-
rechts möglich gewesen wie der bis
1695 fertig werdende Commentarius
in ius provinciale bavaricum Kaspars
von Schmid. Auch war es ein besonderes
Verdienst, daß der neue Kurfürst zu
Schleißheim eine landwirtschaftliche Schule
errichten ließ. Denn obwohl es damals
kaum einer begriff, eine Förderung der
Betriebsart hätte der Landbevölkerung
eher noch als Bauland und Knechte
aufhelfen können.

Bis in die kleinsten Gebiete griff der
Eifer hinunter. Kultur, Wissenschaft und
Kunst fanden an allen Höfen eine freund-
liche Aufnahme. Die Geschichte verweilt
wohl besonders gern bei Ernst dem
Frommen von Gotha, der, von Ludwig

Veit Seckendorf unterstützt, dem gothaischen
Holzhandel dieselbe Zeit und Sorge
wie der Volksschule und Kirche widmen
konnte, ein Fürst, wie alle die kleinen
Herren ein wenig beschränkt und doch
so aufrichtig und fruchtbar thätig. Aber
gewiß lohnten alle diese Stätlein eine
liebevolle Erforschung. Auch von den
geistlichen Regierungen geschah damals
vieles der Beachtung und unsres Dankes
werte. Unlängst noch wurde an dem
Beispiele des Mainzer Schiffergewerbes
gezeigt, wie fürsorglich und aufgeklärt
der Mainzer Kurfürst sich um das
wirtschaftliche Gedeihen seiner Unterthanen bekümmerte. Und so hatten auch
die Bischöfe in Nordwestdeutschland ihren
Anteil an der vortrefflichen Bauernpolitik
der Fürsten dort, die in aufmerksamer Abwehr der adligen Grundherren den Bestand des bäuerlichen Besitzes sicherten und
zuerst praktischen Bauernschutz trieben.
Nicht durch Rückständigkeit sündigten die
geistlichen Territorien damals, sondern an
dem Nachdruck und an der Ordnung im
Einzelnen ließen sie es fehlen.

Der Erfolg all dieser Anstrengungen
war nicht gering. Es ist erstaunlich, wie
wenige Jahre nach dem Kriege genügten,

Abb. 63 · Paul Gerhard

um die verwickelte und schwierige Angelegenheit der allgemeinen Verschuldung
durch das Zusammenarbeiten der Terri-
torialregierungen, der Wissenschaft und
des vielgeschmähten Reichskammergerichts
durchaus erträglich zu ordnen. Und wenn

gleichzeitig ohne viel Geschrei und Rück=
stände aus dem Reiche (ohne Bayern und
Oesterreich) noch 5¹/₂ Millionen Thaler
für die Entlassung der schwedischen Trup=
pen aufgebracht worden sind, so ist auch
dies unter die Anzeichen dafür einzu=
reihen, daß die Zeit schon im Anzuge
war, da sich unser Volk durch
die ernste Zucht des Krieges
wieder zum Ganzen zusammen
zu finden und Pflichten auf
sich zu nehmen lernte.

Im ganzen freilich konnten
alle Ergebnisse bloßer Terri=
torienpolitik nur von vor=
läufiger Wirkung sein. Das
politische und wirtschaftliche
Leben drängte unabwendbar
aus der Vereinzelung heraus
zu größeren Einheiten hin.
Diese Thatsache gab schon
den wichtigsten Bestim=
mungen des Westfälischen
Friedens ihr Gepräge,
wenngleich sie in ihm
natürlich nicht ausdrück=
lich anerkannt wurde.
Gerade der Friede, der
die verfassungsmäßige
Gleichstellung aller Ter=
ritorien verkündigte, ver=
urteilte alle außer zweien
zur politischen Ohnmacht,
indem er Brandenburg
und Oesterreich die Mög=
lichkeit gewährte, die
letzten territorialen Be=
schränkungen abzuschüt=
teln und sich zu Groß=
staaten auszuwachsen.
Jenes sicherte sich durch

Abb. 64
Johann Joachim Becher

Abb. 65
Ernst der Fromme · Herzog v. Sachsen

h f   bald   den   beiden   weiter   zum
Ziele

Auch in Deutschland wuchsen nun
Politik, Staats= und Volkswirtschaft nach
1648 durch die Gemeinsamkeit ihrer Zwecke
zusammen. Nach außen hin verlangte
das Halbfertige in der territorialen Glieder=
ung Oesterreichs und Branden=
burgs Abrundung und Ausbau
sowie Selbständigkeit gegenüber
den Fremden. Die deutsche Wirt=
schaft verlangte desgleichen
Schaffung möglichst weiter Ge=
bietseinheiten und die Befreiung
der Küsten und Ströme. Im
Innern aber waren beide
gleichmäßig auf die Herstellung
geordneter, regelmäßiger Zu=
stände und die Steigerung der
Ertragsfähigkeit der Erwerbs=
stände angewiesen. Alle deut=
schen Territorien, auch
die kleinsten, trieben da=
mals eine streng merkan=
tilistische Politik, nicht
nur weil es im Zuge der
Zeit lag, und meist nicht
einmal bloß aus dem
Wunsche, das Inland
neben dem Ausland wett=
bewerbfähig zu halten,
sondern geradezu unter
dem Zwange, auswärtige
Waren, so weit als durch=
führbar, auszuschließen,
um überhaupt erst wieder
ein einheimisches Ge=
werbe ins Leben zu
rufen. Dabei trafen sie
sich bei ihrer Abhängig=
keit vom Auslande vor=

ihn einen Gebietszuwachs, der die ärgsten
Lücken seines Staatskörpers schloß und ihm
die beherrschenden Stellungen fast ganz
Norddeutschlands einräumte. Dieses be=
hauptete alle inneren Errungenschaften der
ersten Kriegszeit und zeigte sogleich in aller
Schroffheit, wie gründlich es fortan jede
Einmischung des Reichs abzuweisen ge=
dachte, indem es sich sowohl von der
im Reiche allgemein zugestandenen reli=
giösen Duldung wie von der Begnadigung
aller politischen Flüchtlinge ausschloß.
Politische und wirtschaftliche Entwicklung

erst viel mehr gegenseitig als die
Fremden. Die Kleinen wurden nieder=
gedrückt, wenn kein Größerer sie an
sich riß oder wenigstens schützte. Meck=
lenburg ist uns noch heute ein Bei=
spiel dafür, wie die Schwächeren politisch
und wirtschaftlich ganz aus der Ent=
wicklung gedrängt werden konnten. Und
wenn Sachsen, obwohl es Kleinstaat blieb,
sogar rascher aufblühte, als irgend einer
der Großstaaten, so rührt das nicht zuletzt
daher, daß es alle nationalen Lasten
Oesterreich und Preußen, den ärmeren

6*

Stämmen, überließ, unter ihrem Waffen=
schutze aber ruhig der eigenen Blüte lebte,
bis Preußen es in ausgleichender Gerech=
tigkeit zum politischen Anschlusse zwang.
Westdeutschland, das in der Zersplitterung
verharrte und von nie=
mand gedeckt wurde,
blieb auch dem Einflusse
und jeder Plünderungs=
laune der Westmächte
dauernd preisgegeben
und vermochte trotz allen
natürlichen Vorzügen
nicht mehr wirtschaftlich
zu gesunden.

Es ist merkwürdig,
wie sehr die Großstaat=
bildung in dieser Zeit
auch durch die dynastische
Entwicklung Deutsch=
lands unterstützt wurde.
Nicht nur, daß die staat=
liche Zerrissenheit des
Südwestens andauerte;
sondern auch die letz=
ten Mächte im Innern,
die bisher noch neben

Abb. 66
Johann Georg II. von Sachsen

Oesterreich und Brandenburg ein einfluß=
reiches Wort hatten sprechen dürfen, ver=
fielen jetzt der Kleinstaaterei. Max I.
mußte es vor seinem Tode (1651) noch
erleben, daß die bedeutende kirchliche
Stellung seines Hauses am Niederrhein,
die er nicht zu nutzen verstanden hatte,

wieder zerbröckelte, wie auch sein letzter
Versuch gelegentlich der Friedensverhand=
lungen, sich als Führer der süd= und west=
deutschen Stände auszuspielen, gescheitert
war. Johann Georg von Sachsen aber,
er ist 1656 gestorben,
schwächte seine Länder
eigensinnig durch die Ab=
trennung westlicher Ge=
bietsteile für seine jün=
geren Söhne. In beiden
Territorien folgten auf
die Träger der in Bayern
großen, in Sachsen immer=
hin wichtigen Entwick=
lung der letzten Jahr=
zehnte mit Ferdinand
Maria (1651—1679) und
Johann Georg II.
(1656-1681) politisch un=
begabte, kraftlos verzich=
tende Männer mit viel Ge=
schmack an Prunk und
Kunst und ausländischem
Wesen, die nicht einmal
mehr den Versuch mach=
ten, sich neben den Groß=
staaten Einfluß im Reiche zu gewinnen.
Oesterreich und Brandenburg treten von
nun ab ausschließlich in den Vordergrund
unsrer Betrachtung, die damit die Nieder=
ungen, in denen sich jede Entwicklung an=
fänglich hält, verläßt und sich zum Ersteigen
der scharf herausragenden Gipsel anschickt.

Abb. 67 · Amsterdam um das Jahr 1640 · Radierung von Rembrandt

Die Zeit der Vorbereitung

inschneidend wie kein anbres Jahr zwischen 1617 und 1713 drängt sich das Jahr 1657 in den Lauf unsrer Schilderung. Oesterreichs und Brandenburgs Geschicke entscheiden sich in ihm. Es hat beider Dasein in Frage gestellt und beide sich vereinigen und die Gefahr bestehen sehen.

*

Als sich Oesterreich 1648 in den Westfälischen Frieden gefügt hatte, war alsbald ein tiefes Ruhebedürfnis seiner mächtig geworben. Oesterreich war alt. Ferdinand III. fühlte, daß sein Staatswesen nach einem Jahrhundert innerer Zerrüttung und auswärtiger Kriege Sammlung und Erholung brauchte. Er selbst war vor der Zeit müde und schwach geworden und wünschte nichts mehr als sein Haus zu bestellen. Aber er kam nur zu wenigem, wie etwa 1654 zur ordentlichen Ausbildung der Hofkanzlei, der wichtigsten Behörde der inneren Staatsverwaltung, als geordneter kollegialischer Behörde. Teils war das Unkraft, teils Mangel an Muße. Die spanische Linie seines Hauses und das Reich hielten ihn dauernd in Aufregung, jene, weil sie sich in den ewigen Kriegen, die die Westmächte ihr aufzwangen, eben jetzt zu Tode kämpfte, dieses, weil man es in Münster verstanden hatte, alle für Oesterreichs kaiserliche

Rechte wichtigen Reichsverfassungsfragen auf den nächsten Reichstag zu verschieben, und weil die Reichsstände der Kaiserwahl von Ferdinands Sohn unsägliche Schwierigkeiten bereiteten. Erst 1653 versammelte Ferdinand den Reichstag, und er erreichte wenig. Die Wahl seines Sohnes war zwar kurz vorher erfolgt, jedoch Ferdinand IV. starb schon im Juli 1654, und so war nicht nur die alte Sorge wieder da, sondern ein günstiger Ausgang der Dinge überhaupt kaum mehr abzusehen, weil sein Bruder erst 14 Jahre zählte. Mazarin bereitete sich mit dem größten Nachdruck vor, diesmal die Kaiserkrone an das französische Königshaus zu bringen. Darüber gelangte in Schweden nach der Abdankung der Königin Christine Karl Gustav von Pfalz-Zweibrücken zur Nachfolge Gustav Adolfs, der kühnste und ungestümste Freibeuter, den der an solchen Gestalten reiche Norden aufzuweisen hat. Karl Gustav war ein bedeutender Mensch; es wirkte in seiner Kraft und Wildheit, in dem Strahl seines Auges, in der Beredsamkeit seiner Worte ein Zauber, dem sich kein Mann zu entziehen vermochte. Er war kein Politiker und wußte nicht, was ein Staat ist und was er erfordert; aber Soldat war er, und so oft er selbst seine Truppen in der Schlacht führen konnte, auf dem Schlachtfelde unbesieglich. Seine Thronbesteigung gab die Gewißheit eines schwedischen Krieges. Er hat über Bremen in Nordwestdeutschland einbrechen wollen, es hat ihn in die unendlichen Lande des inneren Polen gelockt, an die Kaiserkrone hat er gedacht und an die Verwüstung Roms. 1655 warf er sich auf Polen. Man wußte in Wien jedoch, daß Mazarin und Cromwell alles thaten, ihn von dort ins Reich zu ziehen. Entschlußlos und in Bitterkeit ist Ferdinand III. am 2. April 1657 gestorben. Allgemein hielt man die letzte Stunde des habsburgischen Hauses für gekommen, und die seit Heinrich IV. in glänzendem Aufstieg begriffenen Bourbonen galten für seine Erben.

Indessen, das österreichische Staatswesen raffte sich auf, wie immer in solcher Zeit der Todesnot. Der Thron-

Abb. 68 · Elisabeth von Böhmen

folger Leopold I. war freilich persönlich nur erst ein schwächlicher, für den Priesterstand erzogener Knabe. Aber rings um ihn herum wurden jetzt die Kräfte seines Staates lebendig. Es galt Oesterreichs Ehre und Zukunft, sein König mußte, um welchen Preis auch immer, Kaiser werden, und die österreichische Diplomatie stellte sich ihm in höchster Anstrengung zur Verfügung. Bloß soviel stand fest, daß, wenn nicht ein Krieg selbst, so doch die militärische Stärke entscheiden mußte, mit der jede Partei für den Ernstfall drohen konnte.

Oesterreichs Heereskraft allein war dem Ausland nicht gewachsen, sein Heer in Auflösung begriffen. Es bedurfte wie 1619 der Hilfe im Reiche. Aber dort hatten sich mittlerweile die Machtver-

hältnisse verschoben: Bayern und Sachsen kamen nicht mehr in Frage, der Brandenburger war an ihre Stelle getreten. Wenn es der österreichischen Diplomatie gelang, den Reichsgedanken in ihm zu entflammen und ihn für sich zu begeistern, erst dann, jedoch auch nur dann hatte die seit 1555 immer höher angeschwollene ausländische Gefahr ihren Höhepunkt überschritten.

Kurfürst Friedrich Wilhelm stand 1657 im 38. Jahre. Siebzehn Regierungsjahre voll unausgesetzten Streitens und nie nachlassender Daseinssorge lagen hinter ihm, leuchend hatte er sich hindurchgearbeitet. 1655/56 schien die Uebermacht der Verhältnisse bennoch ihn zu erdrücken. Mit einer Riesenanstrengung war er auch dieses letzten Anpralls Herr geworden, darin ganz zum Manne reifend und zum Herrscher von königlicher Bedeutung. Und wurde in Oesterreich in jenem bedeutungsvollen Jahre die Monarchie erhalten, weil die inneren Kräfte des Staatswesens rege wurden, so ward sie in Brandenburg zu gleicher Zeit durch die Persönlichkeit des Fürsten geschaffen.

＊

Noch heute ist es, nach allem Forschen, dem Geschichtsschreiber kaum möglich, durch die Widersprüche in dem Wesen Friedrich Wilhelms und durch all die widrigen Einwirkungen, die ihn hin und her getrieben haben, bis zu den Punkten vorzudringen, von denen aus sich alles erklärt und der Mann wie sein Werk verstanden werden können.

Düster sind die Jugendjahre dem Fürsten vorübergeschlichen. Am 2. Februar 1620 geboren, blieb er ein halbes Jahr ungetauft, weil die Mittel zum Tauffeste fehlten. Lange Zeit mußte er vor Wallensteins Scharen geborgen werden. In der Zeit des erzwungenen Zusammengehens mit Gustav Adolf sah er nichts als sich duckende Furcht, atmete er nichts als Mißtrauen. Auf Schwarzenbergs Rat schickte man ihn 1634 nach den Niederlanden. Wo hätte man ihn damals sonst heranbilden lassen können? Die Kultur dort war das erste Licht, das in das Leben des Knaben fiel. Was Wunder, daß es ihn blendete! Hier in Holland herrschte das Ständetum,

hier am oranischen Hofe hatte der west=
europäische Kalvinismus seinen Mittel=
punkt, hier hatte der Haß gegen das
Haus Habsburg seinen Ursprung, hier
traf Friedrich Wilhelm auf ihrem Witwen=
sitze seine schöne und lebensprühende, bald
von ihm bewunderte Tante Elisabeth, die
Winterkönigin, deren Familie ihr Lebens=
glück im Kampf mit den Habsburgern
verspielt hatte. Die politischen und kon=
fessionellen Anschauungen, in die er hier
eingeweiht wurde, entfernten ihn weit
von der Richtung der heimatlichen abso=
lutistischen Staatsleitung, die 1635/36
den Anschluß an Oesterreich vollzog.
Gegen den gemessenen Befehl des Vaters
ließ er sich vier Jahre in den Staaten fest=
halten. Angeregt, arbeitsfröhlich kehrte
er 1638 heim. Da schloß ihn der aufge=
brachte Georg Wilhelm wider Schwarzen=
bergs so verständliche Warnung von
allen Geschäften aus. Am Hofe geächtet,
lebte er seitdem meist in den Urwäldern
Littauens auf der Jagd, und dort fraß
sich nie mehr überwundene Bitterkeit
und Melancholie in sein Herz hinein.
Schon im Haag gegen den Katholiken
Schwarzenberg aufgehetzt, verfiel er in
Königsberg dem Einflusse der dem Minister
todfeindlichen Frauen des väterlichen
Hauses, der pfälzischen Mutter und der
Witwe Gustav Adolfs, seiner Tante, und
sie brachten ihn mit der durch Schwarzen=
berg niedergeschlagenen ständisch=territo=
rialen Oppositionspartei in Verbindung.
Als er damals schwer erkrankte, bildete
man ihm ein, daß es durch das Gift des
‚allmächtigen Grafen‘ geschehen sei.

Am 1. Dezember 1640 starb sein
Vater. Friedrich Wilhelms Anfänge
waren peinlich. Die ständischen Herren
konnten jubeln, daß sie sogleich wieder
ans Ruder kommen würden, ‚wo das
Frauenzimmer nicht zu furchtsam wäre‘,
d. h. wenn Mutter und Tante den jungen
Kurfürsten vorwärts trieben, und im
Gegensatze dazu durften die Schwarzen=
berger bedauern, daß nicht Fräulein
Loysgen, die Schwester, Kurfürst und der
Bruder Fräulein Loysgen geworden wäre,
weil er sich gar so frauenhaft leiten ließ.
Lebensmüde und altklug, mit dem Gefühle,
eine fast unerträgliche Last auf sich
genommen zu haben, versicherte der

Zwanzigjährige, dessen Hauptland mit=
ten im Kriegsgebiete lag, ein über
das andre Mal, daß er nichts als
Frieden für seine Länder wollte und
sich gegen alle Welt neutral erklären
möchte. Zu nutlos, den Minister offen
zu entlassen, sandte er aus Königsberg
wie aus dem Hinterhalte Pfeil auf Pfeil
gegen ihn, bis der gebeugte, aber bis
zuletzt in seinem Rate treue Mann am
11. März 1641 der fortgesetzten Aufregung
erlag. Darauf lieferte der spätere Baumeister
des preußischen Staates bedingungslos
den Ständen die ihnen soeben entrissene
Zentralverwaltung im Lande wieder aus
(Wiederbegründung des Geheimen Rats)
und streckte, er der Schöpfer des branden=
burgischen Heeres, mit der Auflösung
der vorhandenen Truppenteile vor den
Schweden die Waffen, in so unbegreiflich
naiver Weise, daß diese, die nach seinem
eigenen Eingeständnis von 1651 unmittel=
bar vor der Erschöpfung standen, eine List
dahinter vermuteten und die Mark vor=
sichtshalber bis aufs äußerste ausraubten,
ehe der Kurfürst zur Besinnung kommen
konnte. Von 1640 bis ·1643 blieb er
dadurch in Preußen eingeschlossen. Noch
bis 1651 stand nicht ein Mitarbeiter
neben ihm, der es ihm erleichterte, sich
in seinem ihm fremden Staatswesen
zurechtzufinden, das ihm stets nur von
Mißgünstigen und Feinden geschildert
worden war. Er lebte ausschließlich
in dem engen, aller Einsicht baren Ge=
sichtskreise des norddeutschen Kleinadels,
unter den Trümmern, die der Krieg um
ihn häufte, umgeben von den abständigen
Räten, die er an Schwarzenbergs Stelle
gesetzt hatte und von denen er immer
·nur den Rat erhielt, daß seine kur=
fürstliche Durchlaucht besser thäte, ‚Sie
säßen stille und sähen dem Wetter zu‘.
Der einzige, mit dem er sich verstand
und mit dem er sogar ‚Kameradschaft‘
trank, war Konrad von Burgsdorf, 1643
bis 1651 sein leitender Berater, ein im
Grunde braver und gesunder Junker,
doch beschränkt, ein Soldat, Spieler und
Zecher. Nirgends Kultur, an nichts die
Nähe Deutschlands sichtbar, das Königs=
berger und das Berliner Schloß zwei
märkische Rittersitze. Berlin eine Stadt
von 6000 Einwohnern.

Die einzelnen brandenburgischen Länder lagen da wie Fetzen eines toten Körpers. Noch hielt sie nicht einmal die Person des Fürsten zusammen: Preußen war in Lehnsabhängigkeit von Polen, seine Stände nach Schwarzenbergs Ausdruck ‚wunderlich' in ihren Ansprüchen und auf polnische Freiheit bedacht. Kleve ließ sich den brandenburgischen Landesherrn gar nur ‚provisional' gefallen, seine Stände übten verfassungsmäßig das ‚Kondominat' im Lande, duldeten außer in Hamm keine fürstlichen Truppen und waren jederzeit zum Ab-

zollern, an sich überreich, war so stark verfallen, daß die großen preußischen Domänen nicht mehr als 6000 Thaler jährlich abwarfen.

Das waren die Jugendeindrücke, unter deren Last der Knabe und Jüngling aufwuchs, das die Umgebung, in die er gestellt wurde.

Im schroffsten Widerspruche dazu entwickelte sich sein Herrscherstreben und die angeborene, so lange unterdrückte Kraft seines Karakters fast von dem Augenblicke ab, da die Notwendigkeit des Regierens ihn zwang, das Männliche und Individuelle in sich zu entfalten. Er streifte noch im Jahre 1641 das Weltüberdrüssige, Friedsüchtige ab. Tagelang hörte er seinen Beamten mit rascher Fassungsgabe zu, und wo er Gelegenheit hatte, schon selber einzugreifen — im Herzogtum Preußen und in den Beziehungen zu Polen, bewies er bald Entschiedenheit und Nachdruck. Als er im Frühjahr 1643 endlich nach der Mark aufbrechen konnte, beruhigte er dort

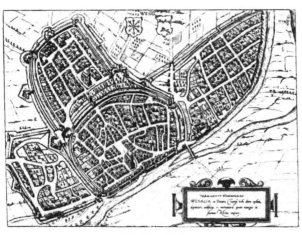

Abb. 69 · Wesel
Ansicht der Stadt aus der Vogelperspektive von Hermann Hammelmann (1572)

fall zu den Staaten bereit, die vorderhand die Festungen Jahrzehnt für Jahrzehnt besetzt hielten; die Städte, das starke Wesel vor allem, Duisburg, Soest und Herford wollten reichsunmittelbar sein. Das Land war öde. Preußen hatte bis 1629 schwer gelitten, die Mark wurde 1636 bis 48 hart getroffen. Kleve, das ‚gleichsam aller Welt im Auge lag', blieb auch nach 1649 in Kriegsnot. Die Bevölkerung schmolz zusammen. Die blühende märkische Woll- und Leinenindustrie war vernichtet, die klevische Tuch- und Lederindustrie verschwand Strich um Strich. Der Kohlenabbau lohnte noch nicht, sonstige Bergwerke hatte man nicht. Der Handel fristete sich nur in Königsberg. Der Domänen- und Zollbesitz der Hohen-

die Schwierigkeiten der inneren Verhältnisse mit überraschendem Geschick, zwar nicht die Knoten lösend durch überlegene Einsicht und neue Gedanken, aber die Stände zu bestimmten Vereinbarungen drängend, die der der Bevölkerung wenn nicht immer das Richtige, so doch ein Festes an die Hand gaben. Und gleich darauf hatte der schwedische Kanzler zu klagen, daß bereits wieder ‚Schwarzenbergische consilia' in Brandenburg umgingen. Der Kurfürst hatte, einmal selbst in die verantwortliche Stelle eingerückt, begriffen, daß in Kriegszeit ‚ein Loth Respekts mehr als ein ganzes Pfund Rechts' galt, und kehrte zu der Politik eines eignen Heeres zurück. Von 1644 bis 1646 ließ er werben.

In dem Augenblicke aber, da Friedrich Wilhelm Soldaten um sich sah, brach seine ursprüngliche Wesensanlage völlig und unbändig in ihm durch. Es zeigte sich, daß er eingeflüsterte Worte nachgeredet hatte, wenn er anfangs wie ein kleiner Reichsstand von nichts als schwächlicher, landverderbender Neutralität hatte wissen wollen. Von nun ab ergriff er Partei, von nun ab wollte er die That, und zwar mit einem Ungestüm, das die anderen Reichsstände entrüstet auffahren ließ. Auch dies zeigte sich jetzt, daß er seiner Natur nach nicht zu ihnen zählte. Nur dem Namen, nicht seiner Auffassung nach war er der Fürst des zweitgrößten deutschen Territoriums. Er lenkte nicht in die Bahnen der Politik Sachsens, Bayerns, Oesterreichs ein. Es fehlte ihm gleichermaßen das sich selbst bescheidende, für alles mit derselben Liebe sorgende Pflichtbewußtsein Maximilians I. wie die Neigung Augusts von Sachsen für die Einzelheiten von Verwaltung, Gericht und Volkswirtschaft. Er konnte und konnte daheim nicht Wurzel fassen.

Friedrich Wilhelm empfand dumpf die Trübsal, den Modergeruch, die Enge dort, und weiter als je war er davon entfernt zu schätzen, was Schwarzenberg unter ‚gut brandenburgischer Politik‘ begriffen hatte: die innere Vereinigung der Territorien zu einem Staate, die Begründung der fürstlichen Macht gegenüber den Ständen, die zielklare Beschränkung der auswärtigen Politik auf Verfolgung ausschließlich brandenburgisch-staatlicher Interessen. Sein Sinn richtete sich aufs Erobern, auf die äußere kriegerische Staatsausdehnung, und seine Auffassung von dem Verhältnisse zu seinen Unterthanen ist noch die alte privatrechtliche, ähnlich der des Rittergutsbesitzers von damals zu seinen Bauern: der ‚ganze Kurf. Staat stehet itzo gleichsam in der Balance‘, es ist harte Zeit, casus necessitatis für den Kurfürsten wie für seinen Adel, sie spannen ihre Leute an, um sich selbst zu behaupten, den Besitz lebensfähig abzurunden. Jedoch nicht nur in seiner Anschauung vom Staate unterschied sich der Kurfürst von den andern großen Territorialherren, sondern ebenso sehr durch den Mangel jeglichen Reichsgefühls. Es

war kein Zufall, daß er in diesen Jahren zuerst unter allen deutschen Fürsten für den König von Frankreich den kaiserlichen Titel ‚Majestät‘ in der Anrede zugestand. Er empfand nicht wie die andren, welch ein Abstand die Könige von dem Kaiser noch immer in dem Ansehen der aus der mittelalterlichen Staatsordnung hervorgegangenen Nationen trennte.

Friedrich Wilhelm war, und nun berühren wir den Kernpunkt seiner Natur, des ihm angeborenen Wesens, der Stammesverwandte Gustav Adolfs und Karl Gustavs. Von den Tagen ab, da

Abb. 70
Christine · Königin von Schweden

er zur Herrschaft kam, wurde seine Seele von dem Traume eingenommen, daß er als Gemahl der Tochter Gustav Adolfs, seiner Base, sich die Krone des ‚Ostseereiches‘, das dominium maris baltici erobern werde. Bis 1646 hegte er diese Hoffnung auf alle Weise, und als er darauf verzichten mußte, machte er sich geradezu blind wider den unüberbrückbaren Interessengegensatz, der Brandenburg und Schweden wegen der Küstenländer Pommern und Preußen trennte, wenn sie nicht in einer Hand waren. Er klammerte sich mit ganzem Herzen an den ihm so ‚natürlichen‘ Plan eines Freundschaftsbündnisses zwischen beiden. So schließt dieser nordostdeutsche Fürst der Wurzel seines Wesens nach die

Dreizahl bedeutender Menschen, in denen sich das durch Deutschlands Schwäche emporgewachsene Balto=Germanentum im 17. Jahrhundert ausgeblüht hat. In allen dreien wogt dieselbe unbändige Erobererkraft, derselbe wildschäumende Willensdrang. Alle drei stehen, auch der Kurfürst zuerst, in ihrem Handeln trotz ihres christlichen Bekenntnisses außerhalb des den abendländischen Völkern in Fleisch und Blut übergegangenen Moralgesetzes, vielmehr werden sie von urgermanischen Anschauungen getragen: voll unerschütterlichen Gottesglaubens und wachen Gewissens, verlangen sie von sich doch nur persönliche Selbstlosigkeit, Einsetzen ihrer ganzen Person für ein Ideal, dessen Gerechtigkeit ihnen keinen Zweifel leidet,

ihm geradezu die Augen! Gustav Adolf hatte seinem Volke mit seinen Ostseeplänen gedient; Friedrich Wilhelm verlor den Zusammenhang mit seinem Volke, indem er sie wieder aufnahm und der Fürst einer evangelisch=nordischen Großmacht werden wollte. Zähe verbiß er sich darein. Als Oxenstierna sie ihm dennoch entwand, suchte er aus Gustav Adolfs Gedanken wenigstens den einer Führerschaft der Evangelischen festzuhalten. Aber wieder nicht in dem allein durchführbaren Streben nach Vereinigung des nationalen mit dem evangelischen Interesse, sondern auf die des Reiches nicht achtende Manier Schwedens und überdies noch mit dem ganzen Kalvinermißtrauen, mit dem seine niederländisch=

Abb. 71 · Die Stadt Essen

dann wägen sie die Mittel und Wege nicht fürder, die zum Ziele führen; den Maßstab objektiver Sittlichkeit legen sie nicht an die Dinge. Zwischen Gustav Adolf und Karl Gustav entwickelte sich dabei der Unterschied, daß dieser, als Soldat emporgewachsen, heimatlos, doch ein Liebling des Erfolgs, sein Leben lang nichts Edleres sich wünschen lernte, als von den Flutwellen seines Kriegerungestüms durch die weite Welt getragen zu werden, jener dagegen, zum König erzogen, das sich überstürzende Gewoge in seiner Brust dämmte und einen ernsten staatsschöpferischen Zweck verfolgte. Friedrich Wilhelm stand innerlich Gustav Adolf gewiß näher. Aber die Ungunst der Verhältnisse zerdrückte nahezu die staatsmännische Anlage in ihm. In welchen falschen Gesichtskreis ließ man ihn geraten, wie verband man

oranische Erziehung ihn gegen das Haus Habsburg und den papistischen Kaiser erfüllt hatte.

Ohne Wurzeln in seinem Lande, ohne Zusammenhang mit dem Reiche, in seinem Jugendtraume der Ostseeherrschaft bitterlich durch die Schweden selbst enttäuscht, auch zu den deutschen Protestanten in kein Verhältnis kommend, ohne Liebe zu den innerpolitischen Aufgaben eines deutschen Staatsleiters, dennoch voll Thatendurst, immer reiserer Kraft, immer glühenderen Blutes — trieb Friedrich Wilhelm scheinbar mit Notwendigkeit einem trüben Untergange entgegen. Es ist zwecklos seinem politischen Planen und Vollführen bis 1656 im einzelnen zu folgen. Bis 1650 hoffte er dem mächtigen Schweden Stettin abnehmen zu können, dann reizte es ihn immer wieder den Pfalz=Neuburger zu überfallen und Jülich-Berg zu besetzen. Schon von 1651 ab erfuhr er, wie unzureichend seine Kräfte waren; in Jülich war ihm ein an Geschick überlegener Gegner in der Person des Pfalzgrafensohnes und nach 1653 selbst regierenden Pfalzgrafen-Herzogs Philipp Wilhelm erstanden, wohl des hervorragendsten Politikers unter allen Fürsten der kleineren Reichsterritorien im 17. Jahrhundert. Philipp Wilhelms Verbindung mit dem neugewählten kriegslustigen Münsterer Bischof Bernhard Christoph von Galen (1651—1678) auf dem Kreistage von Essen im Oktober 1653 brachte den Kurfürsten in eine so bedrohliche Lage, daß er sich bloß durch die Hilfe des Kaisers und der Staaten daraus zu befreien vermochte. Aber seine Erregung wurde nur um so heftiger. Und seitdem geriet er unter den Bann eines Mannes, der bestimmt schien, ihn vollends an den Rand des Abgrundes zu reißen. Georg Friedrich, Reichsgraf von Waldeck (1620—1692), war ein Nachläufer, trotzdem vielleicht der geistig ausgezeichnetste Träger des Programms der bis 1618 thätig gewesenen kurpfälzisch-reformierten Umsturzpartei.

Abb. 72 · Georg Friedrich
von Waldeck

Ein Kopf voll Feuer und Beredtsamkeit, voll Gedanken und Anregungen, jedoch seiner kleinfürstlichen Herkunft gemäß in der inneren Verwaltung kenntnislos, sprunghaft, herrschsüchtig, ohne Sinn für die nationale Einheit, jederzeit raufluftig, in der auswärtigen Politik dem Hause Habsburg blindlings feind aus engherzigstem kalvinistischem Standpunkt, der reichsfürstliche Geschäftsträger der Krone Frankreich aus bloßem Widerwillen gegen die vorwaltende Stellung der Kurfürsten im Reiche. Er war schon seit 1651 im kurfürstlichen Dienste, aber erst in jenem Oktober 1653 gewann er den Kurfürsten für die alten kurpfälzischen Anschauungen: für ein Bündnis aller protestantischen Reichsstände gegen den Kaiser (als ob der große Krieg seine Unmöglichkeit nicht jedem Einsichtigen hätte darthun müssen!), und für ein Bündnis mit Frankreich, um in den Krieg Mazarins gegen Spanien-Habsburg thätig einzugreifen. Brandenburgische Kriegsbeute sollten Jülich, Berg und Geldern werben. Mazarin ging freudig auf die Bündnisverhandlungen ein, weil er in dem Brandenburger die Waffe zu finden meinte, womit er Oesterreichs kaiserliche Stellung im Reiche bei der Kaiserwahl tödlich treffen konnte. Der Kaiser wurde auf dem Reichstag 1654 von Brandenburg sogleich aufs schärfste brüstiert. Waldeck begann ein fieberhaftes Unterhandeln mit den west- und nordwestdeutschen Stänben sowie mit den Niederlanden zur Deckung des künftigen Kriegszuges, und 1655 gab man sich in Berlin dem Glauben hin, aller versichert zu sein. Dasselbe Jahr noch sollte lehren, daß Waldeck, geradeso wie die Pfälzer vor 1618, mit all seinem Eifer nichts als Scheinergebnisse, ‚Stücke faulen Papiers‘ erreicht hatte, die wertlos wurden in dem Augenblicke ernstlicher Gefahr. Der Kurfürst freilich hatte kein Auge dafür, er lebte in Waldecks Hoffnungen, wie davon eingehüllt. Da brachte der Sommer 1655 einen völligen Wandel der Dinge, der für sein ganzes Leben entscheidend werben sollte.

Seit 1654 war kein Zweifel, daß Karl Gustav von Schweden vorstoßen wollte. Es ist bezeichnend, daß Friedrich Wilhelm zunächst Eifersucht auf den Kriegsgewaltigen empfand. Aber daneben meldete sich auch die Furcht. Wen immer der Schwede angriff, die kurfürstlichen Gebiete zuerst mußten den Anprall erleiden. Ging er nach Polen, so wurde Preußen der Kampfpreis, kam er nach Bremen, so wollte er als Enkel der britten Schwester des letzten Herzogs von Kleve sich selbst das Kleve-Jülichsche Erbe erobern. Bereits unterhandelte der Pfalz-Neuburger mit ihm und stachelte Köln und Münster auf. Die Regierung in Berlin geriet in die ärgste Verwirrung. Der Kurfürst wollte trotz allem von dem Gedanken an den mit Frankreich gemeinsam geplanten Krieg nicht lassen, und welche Stellung er auch zu den schwedischen Plänen bis 1656 nahm,

immer leitete ihn der Wunſch, Kleve gegen Neuburg zu decken und ſich die Hände möglichſt raſch wieder zum Zuge gegen Geldern und Jülich freizumachen. Nur von dieſem Geſichtspunkte aus iſt ſeine wechſelreiche Politik der Jahre 1655—56 zu verſtehen. Bald wünſchte er zwiſchen Schweden und Polen zu vermitteln, als ob ſich Karl Guſtav von ihm an die Kette hätte legen laſſen. Dann wieder, von Waldeck zur Eroberung des Netze- und Warthegebiets aufgereizt, ſchlug er dem Schweden vor, daß ſie ſich zur ſchnelleren Ueberwältigung Polens verbinden wollten. Dann erwog er unter

Abb. 73 · Johann Kaſimir · König von Polen

dem Wiederſpruche ſeines Freundes Schwerin, der Preußen ‚das Herz des Staates' nannte, den Plan, das Herzogtum kampflos dem Angreifer zu überlaſſen, wenn der ihm zum Entgelt Jülich-Berg oder, wie die Räte wünſchten, Böhmen eroberte. Doch da im Ernſte ein Verzicht auf Preußen nicht in Betracht kommen durfte, ſo konnte man ſich dem Kampfe im Oſten nicht entziehen und mußte fürs erſte jeden andern Krieg zurückſtellen. Die Verhältniſſe verwickelten ſich dort raſch. An einen erfolgreichen kriegeriſchen Eingriff zu gunſten des polniſchen Lehnsherrn war kaum zu denken. Johann Kaſimir war mit ſeinen Großen im Zwieſpalt, von Rußland im Rücken angefallen, und ſelbſt Ferdinand III. ſträubte ſich, ihm zu

helfen. So entſchied ſich der Kurfürſt für bewaffnete Neutralität, die ihm die Möglichkeit wahren ſollte, entweder im Bunde mit den Ständen des königlich-polniſchen Teils von Preußen (Rinſker Vertrag vom 12. November 1655) und unterſtützt von einer niederländiſchen Flotte (Vertrag vom 6. Auguſt 1655) Karl Guſtav den Rückzug abzuſchneiden, der, nach Polen vorgedrungen, ſchon am 9. September Warſchau, am 17. Oktober Krakau beſetzte, oder wenn das unmöglich, durch raſchen Frieden mit dem Sieger ſich die Ausſicht auf den Anteil am franzöſiſchen Krieg für das Jahr 1656 wieder zu eröffnen. Frankreich ſorgte im Verein mit evangeliſchen Reichsfürſten dafür, daß der Frieden, wenn auch unter harten Bedingungen für Friedrich Wilhelm, zuſtande kam: nur durch ſein Zögern und das in die Ferne ſchweifen ſeiner Gedanken in die Enge getrieben, willigte er am 27. Januar 1656 in den Königsberger Vertrag, in dem er ſich das Herzogtum Preußen und Ermland als Lehen Schwedens übertragen ließ, jeder Machtentwicklung zur See entſagte und nur ſich die freie Verfügung über ſein Heer vorbehielt, — was ihm bei ſeiner Geiſtesrichtung damals das andere aufzuwiegen ſchien. Denn er wollte ſich im Sommer durch ein ‚großes deſſein' im Reiche entſchädigen, gleichviel wo der Wind ihn ans Land triebe, und diesmal auch Münſter erobern. Frankreich ſchloß jetzt am 24. Februar mit ihm ab und arbeitete mit aller Anſtrengung zugleich an dem Frieden zwiſchen Polen und Schweden, um Karl Guſtav wie Friedrich Wilhelm auf den Kaiſer zu hetzen.

Indeſſen ſchon der Sommer 1656 ſtürzte alle dieſe Pläne in ein Nichts zuſammen. Die Polen ſammelten ſich, die öſterreichiſche Diplomatie beſtimmte Rußland zum Uebertritt auf die polniſche Seite, Dänemark und Neuburg ſchloſſen ſich an, in Oeſterreich wich die Friedfertigkeit des Kaiſers allmählich dem Anſturm ſeiner Staatsmänner, und die preußiſchen Stände ſelbſt, außer ſich über die furchtbare Kriegslaſt des in dem Herzogtum zuſammengedrängten brandenburgiſchen und ſchwediſchen Heeres, traten mit dem Feinde zum Aufruhr in

Johann de Witt   Wilhelm III.   Wilhelm II.   Cornelius de Witt

Jakob Arminius   Grotius   Rembrandt   Johann v. Oldenbarnevelt

Corn. Tromp   Michael Adrian de Ruyter   Jakob de Wassenaer-Opdam   M. H. Tromp

Verbindung. Der Kurfürst sah sich in größter Gefahr, und war bereit einzulenken. Da gelang es Karl Gustav durch Bestechung Waldecks und durch den Aufwand alles persönlichen Zaubers, mit dem er auf einen Mann wie den Kurfürsten einwirken konnte, diesen zu der Verzweiflungsthat einer Vereinigung mit den schwedischen Waffen zu verleiten. Sie zogen zusammen nach Polen hinein. Aber die dreitägige Schlacht vom 28. bis 30. Juli bei Warschau, in der das brandenburgische Heer seine ruhmreiche Feuertaufe erhielt, brachte den beiden Helden zwar den Sieg, doch keinen

Abb. 74 · Danzig · Hohes Thor · Errichtet i. J. 1588

dauernden Erfolg. Karl Gustavs Heer zerschmolz, des Kurfürsten Heer war bald stärker als das schwedische, der Zusammenschluß der feindlichen Mächte rückte täglich näher, der Zar durfte an den Kurfürsten das Ansinnen stellen, sein Vasall zu werden.

Friedrich Wilhelm öffneten sich die Augen. Er begann zu würdigen, daß er nicht zu normannenhafter Freibeuterei an seinen Platz gestellt war, sondern um das Erbe seiner Väter zu erhalten, daß dieses Erbe seines Schutzes und seiner Pflege wert war, daß er ins Reich, nicht zu Schweden und zu Frankreich gehörte. Es war ein schwerer Prozeß, der sich in seinem Geiste nicht von heute auf morgen und bei seiner heftigen Natur nicht ohne Rückschläge vollzog, aber immer tiefer

und weiter in ihm Platz griff. So wurde das Jahr 1657 der Wendepunkt seines Lebens.

Der Tod Ferdinands III. am 2. April 1657, die Notwendigkeit, sich darauf mit den Reichsangelegenheiten zu beschäftigen, das unverhüllte Hervortreten der deutschfeindlichen Absichten Mazarins, die Rücksichtslosigkeit, mit der Karl Gustav ihn im Juli 1657 im Stiche ließ und dann als Feind behandelte, all dies hat mächtig auf ihn eingewirkt. So wurden die Jahre 1656/58 die für seine innere Entwicklung bedeutsamsten seines Lebens. Der Kurfürst trat in ihnen aus der baltischen Umgebung aus und in das Reich ein, er bewahrte sich die gewaltige Kraft seiner germanischen Seele, aber er erfaßte nun mit ihr sein Staatswesen, seine brandenburgische und deutsche Aufgabe. Erst jetzt wurden Schwarzenbergs Ziele wieder verstanden, dann jedoch unvergleichlich größer und umfassender aufgenommen, wie es der außerordentlichen Herrscherpersönlichkeit Friedrich Wilhelms, vielleicht der schöpferischsten von allen des 16.—18. Jahrhunderts, entsprach.

Noch einmal müssen wir von dem nun gewonnenen Gesichtspunkte aus auf das bisherige Leben Friedrich Wilhelms zurückschauen, ehe wir seine staatsbildende Thätigkeit und seine Vereinigung mit Oesterreich zur Wahrung des Reiches begleiten können; denn wenn uns auch die Aufdeckung des baltisch-germanischen Grundzuges rücksichtsloser Kraftentfaltung in seinem Karakter das Verständnis für die in West- und Mitteleuropa einzig gewaltige Kraft eröffnet hat, die in seinem Leben bis zum letzten Atemzuge fortwirkte, und den Ton anklingen ließ, der in seiner Regierung 1640—1656 am lautesten erklang, so ist doch immer nur eine Seite seines Wesens damit begriffen, und eine andere, die sich bereits entwickelte, aber erst 1657 durchbrach, noch nicht berührt.

Des zwanzigjährigen Kurfürsten erster Traum ist Stockholm, des achtundsechzigjährigen letzte Parole Amsterdam gewesen. Die Jugendjahre in den Staaten waren die sonnigsten seines sonst so harten Lebens. In leidenschaftlicher Dankbarkeit hat er

Abb. 75 · Gabriel Magnus de la Gardie
Schwedischer Unterbefehlshaber

das den Oraniern und selbst ihren heimischen Gegnern, der Aristokratenpartei der de Witt, zu vergelten gestrebt. Sie haben ihn ebenso wie Schweden zurückgestoßen, ihn, wie er selbst sagte, an den Bettelstab zu bringen getrachtet, er ließ sie nie im Stiche. Und in der That, wahrscheinlich dankte er es nächst der Lauterkeit und Tiefe seiner großen Seele zumeist den in den Niederlanden erhaltenen Anregungen, daß er sich sogar in den trüben Jahren, da er sich in dem verwüsteten Vaterlande nirgends zu Hause und nur wie einen der Kondottiere des dreißigjährigen Krieges fühlte, doch immer wieder auf Wochen und Monate dem Innern seines Staatswesens widmete. Gewiß selten mit dem Herzen und mit Verständnis, aber schon seine gelegentliche Teilnahme, sein Dasein, sein Atem scheint genügt zu haben, überall in seinen Ländern das Leben zu stärken, Kräfte zu wecken, die bessere Zukunft vorzubereiten. Friedrich Wilhelm war einst in die Niederlande gekommen, als sie eben in ihre schönsten Tage eintraten. Die wilden Jahre des Aufstands der Väter

lagen hinter den Menschen von 1630. Ruhigere und größere Verhältnisse waren eingekehrt, ein Staatswesen von europäischem Einflusse aus den Prädikanten- und Geusenhorden erwachsen, die Bevölkerung ein rechtes Soldaten- und das erste Handelsvolk der Erde geworden. Der Adel und die Bauern besaßen noch ihren ererbten Wohlstand, die Kaufleute hatten Reichtümer gesammelt. Es herrschte überall ein im Grunde von Lebensernst getragenes, an der Oberfläche genußfrohes Dasein. An der Spitze behauptete sich der Oranier in fürstlicher Stellung, die ihm bennoch nur wegen seiner Tüchtigkeit und nicht wie ein Privaterbe seiner Familie, als dem vorzüglichsten Diener des Staates und dem trefflichen Feldherrn eingeräumt wurde. Eine stattliche Anzahl westeuropäischer Staatsmänner füllte den Haag, und dazwischen bewegten sich die Handelsherren Amsterdams mit ihrem weiten Blick und ihrer nüchtern rechnenden Ueberlegung.

Wie weit auch die politische, wirtschaftliche und religiöse Entwicklung die Niederlande schon mit den westeuro-

Abb. 76 · Alexius Michailowitsch
Zar von Rußland

päischen Völkern verschmolzen haben mochte, wie nahe auch die Romanisierung ihres Kulturdaseins bevorstehen mochte, noch war das Treiben der breiten Schichten, noch die reiche Kunstblüte, die aller Kultur den Farbenton lieh, noch sozusagen die Luft, in der alles atmete und sichtbar wurde, germanisch. In der gesamten Bevölkerung war das frische Gefühl der Jugendkraft und doch schon die gemessene Sicherheit des glänzenden Erfolgs. Lebens- und Genußfähigkeit, Kraft und Geschmack wirkten auf der Höhe dieses Daseins scheinbar einträchtig zusammen, um in der Seele des Volkes das Bewußtsein zugleich von Macht und Glück aufs höchste zu steigern. Nur kleinen Völkern von kurzer Geschichte pflegen solche Jahre beschieden zu sein. 1631 kam Rembrandt nach Amsterdam, nicht um wie Rubens und Raffael nur die künstlerische Blüte einer großen zeitgenössischen Kulturwelt zu öffnen und zu pflücken, zwar allen überlegen, alles erschöpfend, jedoch nichts Neues und Selbständiges aus der eigenen Brust dareinlegend, nein als ein Mensch, der einsam und ein Künstler für sich in die reiche Welt ringsum eine reichere persönliche Welt mitbrachte. Wie rein und reif hat sich sein Schöpfergeist trotzdem ausgewirkt! Welche Stimmung muß ihn in diesem Lande umgeben, welche Lebensquellen müssen ihn dort gespeist haben, daß er, der Einzige, so weit gelangen konnte! Wann sind Sonne und Regen sonst jemals irdischem Wachstume gleichmäßig günstig gewesen?

Auch in Friedrich Wilhelms junger Seele haben sie gewirkt. Freilich erwuchsen die niederländischen Anregungen dort nicht sogleich zu voller Saat. Das wurde nicht bloß durch den Druck der heimatlich-ostdeutschen Verhältnisse verhindert, der den Jüngling selbst in eine ganz andere Sphäre drängte und jeden Anlauf, sie der west- und mitteleuropäischen Kultur anzupassen, ungemein schwerfällig machte; sondern tiefer war es noch in der Eigenart und ursprünglichen Kraft der Natur des Fürsten begründet, die immer viel zu sehr von sich in Anspruch genommen war, als daß sie Muße und Ausdauer zur systematischen Nachahmung fremder Vorbilder erübrigt hätte. Nur angespornt hat ihn das, was er früh

in den Staaten, nach 1648 im nahen Sachsen, später in Oesterreich in Volks- und Staatswirtschaft entstehen sah.

Man erkennt die Erinnerungen an die Niederlande, wenn er gleich anfangs für einen Kanal von Königsberg nach Littauen, dann für Schleusenbauten auf der Spree oder für den Warthehandel sorgte, wenn er schon 1647 mit Gysels den Plan einer mit französischem und brandenburgischem Gelde zu errichtenden ‚Ostindischen Kompagnie' erwog. Bereits 1642 wollte er verödetes Land in Preußen mit klevischen Bauern kolonisieren, Ende des Jahrzehnts siedelte er Friesen und Niederländer in der Mark, 1652 niederländische Kaufleute in Berlin an. 1643 plante er eine allgemeine Aufnahme der wirtschaftlichen Verhältnisse seiner Länder, in den 50er Jahren blitzte der Gedanke einer systematischen Bevölkerungspolitik in ihm auf. Seine ausgezeichnete

oranische Gemahlin (seit 1646), Luise Henriette, richtete in Oranienburg eine Musterwirtschaft ein. Am Hofe waren sogleich feinere Gesellschaftssitten mit ihr eingekehrt. Ihr

Abb. 77
Johann Moritz von Nassau

Verwandter, Johann Moritz von Nassau, Statthalter in Kleve, zog Künstler ins Land.

Seit 1650 organisierte Matthias das brandenburgische Postwesen als das zuverlässigste der Welt. Es waren Anläufe, aber je länger der Kurfürst regierte, desto häufiger wiederholten sie sich.

Denselben Fortschritt beobachten wir, nur in viel größerem Maßstabe, in Verwaltung und Staatswirtschaft. Dort zog die Errichtung des Heeres, der Wunsch, es dauernd zu unterhalten, alles andere nach sich, und dies erst recht, seit die ersten Auseinandersetzungen mit den Stänben über die Geldbewilligung in Kleve und Preußen 1647 bis 1649 mit einer glatten Niederlage der kurfürstlichen Ansprüche, Defizit und Truppenentlassung geendigt hatten.

Hier waren es besonders zwei Thatsachen, die den Anlaß einer Wendung zum Bessern gaben: die Gebietserwerbungen 1648 und der Zustrom tüchtiger Beamter seit 1646, vorzüglich seit 1650.

Wenn der Kurfürst gleich Schwarzenberg aufs hartnäckigste nach der Ueberlassung Pommerns trachtete, so geschah es, weil der Besitz der Odermündung bei der Bedeutung des Ostseehandels seinem Hause von jeher für die Mark von unersetzlichem Werte erschien. Er erreichte sie nicht, dafür aber hatte Frankreich im Wunsche, Schweden einen starken Gegner entgegenzustellen, der sich zugleich durch westdeutsche Interessen ihm nahe halten mußte, für Brandenburg in Münster Entschädigungen erlangt, die zwar nicht für die Mark, um so mehr für den Gesamtstaat wichtig werden sollten. Mit Hinterpommern wurde die Brücke nach Preußen geschlagen und mit Magdeburg, Halberstadt, Minden und Lippstadt die nach Kleve. Mit ihnen kamen nicht bloß der Elb- und der Weserschlüssel in den Besitz des Kurfürsten, sondern durch Minden und Magdeburg erhielt er auch ein genügend ausgedehntes Gebiet in Niedersachsen, um der aufstrebenden und von Schweden unterstützten Macht des welfischen Hauses dort Schach bieten zu können. So wurde der Zusammenhang des Staates angebahnt, seine militärische Sicherheit erhöht, und sein Schwerpunkt aus dem baltischen Gebiet in das Reichsinnere verlegt. Sobald der Kurfürst zur Einsicht kam, mußte sich die Entwicklung des deutschen Nordostens wieder rheinwärts richten.

Mit der Durchführung der damit an Brandenburg herangetretenen inneren Aufgaben begann alsbald eine Reihe Beamter, die geschult oder sich schulend an dem Beispiele anderer deutschen Territorien dem Kurfürsten einstweilen vorarbeiteten, bis er selbst 1657 die Führung übernahm. Die Stände der Territorien spalteten sich, und einer nach dem andern trat auf die Seite des Staates. Die Gehilfen Schwarzenbergs, besonders der begabte Friedrich von Blumenthal, kehrten zurück. Schon nahten sich dem

Abb. 78
Raban von Canstein

Abb. 79
Friedrich von Jena

Kurfürsten auch Träger großer Reformgedanken: fünf Jahre lang warb Bertram von Pfuel immer wieder bei ihm für eine völlige Umwälzung des ganzen alten Steuersystems. Ihnen gesellten sich die Männer der Verwaltung zu, ständefeindlich gesinnt, tüchtig geschult, nachdrücklich und eifrig bis ins Kleinste. Der wackere Kriegskommissar in der Grafschaft Mark, Paul Ludwig, machte wohl den Anfang, es folgten weit bedeutendere: organisatorische Talente wie Matthias, wie Ernst Platen, der spätere Schöpfer der brandenburgischen Kriegsverwaltung, der klevische Rat Daniel Weimann, der Pommer Lorenz Somnitz, der Halberstädter Finanzmann Raban von Canstein, allen voraus der frühere Frankfurter Professor Friedrich von Jena mit seiner ruhelosen Energie, auf allen Gebieten der Verfechter des fürstlichen Absolutismus, ein Mann, der Kraft und Leben für Friedrich Wilhelm hingegeben hat.

Diese Beamten haben schon vor 1655 alles soweit vorbereitet, daß das seit Schwarzenbergs Tode wieder den Stänben und dem territorialen Zwiespalt verfallene Staatswesen auf die Stufe der vorgeschrittenen süddeutschen Territorialstaaten erhoben werden konnte. Bereits im Herbste 1651 glaubten Blumenthal und Otto von Schwerin den Kurfürsten von der auswärtigen Politik abgelenkt, für die Ausbildung Brandenburgs zum Musterstaate gewonnen zu haben; sogar Waldeck stürzte sich damals auf ihre Ideen, und große Entwürfe wurden vereinbart, Schaffung eines Staatsministeriums und Zentralisierung und genaue Ordnung des Finanzwesens. Aber wenn auch Waldeck den Kurfürsten nicht schon bald wieder in Kriegspläne verwickelt hätte, so wäre doch schwerlich etwas aus all dem geworden, weil es zur Durchführung so abschließender Organisationen noch an Männern und Geld fehlte. Anderes, näher gelegenes dagegen wurde erreicht.

Die 1648 erworbenen Territorien wurden in die neuen Zustände übergeleitet. In den westlichen Gebieten wurde den aus den Ständen hervorgegangenen Landesregierungen ein kurfürstlicher Statthalter übergeordnet. In der Mark beseitigte man nach dem Tode des dortigen Kanzlers 1650 den ständischen Charakter der Regierung (des Geheimen Rates) überhaupt. Der Kampf gegen die Stände

Abb. 80 · Haus Winnenthal

kennung der fürstlichen Hoheit auf allen Gebieten und die Zusage jährlicher Steuerbeiträge gegen Zugeständnisse, deren wichtigstes, so weitgehend es war, doch nur dem Adel damals unentbehrliche Rechte über die Bauern einräumte. In Kleve wehrten sich die Stände bis zum Hochverrat; dennoch bekam man Einfluß auf sie, und die Verhaftung ihres Führers, eines Wilich auf Winnenthal, demütigte sie.

Der Fortschritt war unverkennbar. Das wirtschaftliche und kulturelle Leben

Abb. 81 · Kleve
Ansicht des Schlosses im 18. Jahrhundert

wurde in allen Territorien aufgenommen außer in Preußen, wo man polnische Eingriffe zu fürchten hatte. In Brandenburg, dessen Trotz schon Schwarzenberg gebeugt hatte, erreichte man die Aner

erholte sich allmählich, der Kurfürst selbst bewirkte 1655 die Wiederherstellung des Joachimsthalschen Gymnasiums und die Begründung der reformiert-kartesianischen Hochschule Duisburg.

In dieſer Verfaſſung traf der ſchwe=
diſch=polniſche Krieg das junge branden=
burgiſche Staatsweſen; ſo vieles auch im
Argen lag, ſo wenig Syſtem bei des
Kurfürſten Sinnesrichtung in allem noch
war, Brandenburg war doch nicht unge=
rüſtet. Der Krieg ſtellte die Verwaltung
nicht ſtill, ſondern ſpornte ſie zum höchſten
Nachdruck. Canſtein kam nach Berlin und
übernahm das geſamte Kam=
merweſen, d. h. die Verwaltung
der Domänen und Regalien.
Platen und Waldeck organi=
ſierten einheitlich durch alle
Territorien das ‚Kommiſſariat‘,
ſowohl als Militärintendantur
wie zur Beſchaffung und Ver=
waltung der Kriegskoſten.
Große Geldſummen, 1655 bis
1659 über acht Millionen
Thaler, wurden von den
Ständen gefordert, und ſie
gaben ſie her. Nur die Klever
rieſen 1656 noch einmal be=
drohlich das Ausland an; aber obwohl der
Kurfürſt nicht ſelbſt zur Stelle eilen konnte,
wurden ſie unter der Leitung Daniel
Weimanns zugleich im Haag diplomatiſch
und daheim durch hartes Zugreifen und
Anlage einer Feſtung in Kalkar nieder=
geworfen. Es konnten bis zu 20000
Söldner geworben werden. Sparr und
Derfflinger drillten ſie ein. Anfangs
war das Heer noch zu ſehr zuſammen=
gewürfelt, das Offizierkorps nicht ein=
heitlich; nach der Schlacht bei Warſchau
ward auch das überwunden: mit dem
Jahre 1657 gab es ein branden=
burgiſches Heer.

Ende 1656 erzwang der Kurfürſt zu
Labiau von Karl Guſtav die Souveränitäts=
erklärung Preußens; gleichzeitig wurde
durch Weimann der niederländiſche Ein=
fluß in Kleve zerſtört. Indem Friedrich
Wilhelm in jener Zeit ſich ſelber fand,
fühlte er auch ſeine Länder ſein Eigen
werben, zuſammenwachſen durch gemein=
ſame Anſtrengungen für ihn und dank
ſeiner Beamten warmherziger Hingabe.
Er fühlte ſich ſelbſt dadurch an die Spitze
des mit Macht ſich entwickelnden Staates
gehoben. 1657 entließ er Waldeck, der
ihn ſoweit aus ſeinen natürlichen Bahnen
verlockt, dem Sturze ſo nahe gebracht hatte.

Jetzt wollte er perſönlich der Feldherr
ſeiner Truppen ſein, der mit ihnen ins
Treffen ging, und das Haupt, der geiſtige
Leiter der geſamten Staatsthätigkeit.
Seine Mitarbeiter ordneten ſich fortan
hinter ihm, als ſeine erſten Diener.
Bereits hatte er das Bedürfnis, auch
nach außen zum Ausdruck zu bringen,
daß der Staat nun einheitlich werden
ſollte. Seit 1656 bat er ſeinen
treuen Schwerin mit ſeiner
Vermittlernatur, ſeiner Zurück=
haltung, ſeiner Sorgfalt für
die innere Staatsverwaltung,
ſeiner deutſchen Geſinnung der
‚Oberpräſident‘ der Behörden
aller Provinzen zu werben. Er
vollzog die Ernennung am
9. September 1658, in einer
Zeit, da auch ſonſt noch
manches für die Vereinheit=
lichung des Staatsweſens ge=
ſchehen iſt und ſeine Augen
ſich ſchon auf fundamentale
Reformen richteten.

Abb. 82 · Otto von
Schwerin der Aeltere

Und jetzt wurden auch die Irrungen
der auswärtigen Politik im Verein mit
Oeſterreich wieder gutgemacht. Zeitlebens
hat ſich der Kurfürſt als ein trefflicher
Meiſter des Rückzugs bewieſen, und ſelbſt
in dieſen ſchweren Jahren iſt er ‚wie ein
Würfel, auf welche Seite er auch fiel,
immer zum Stehen gekommen‘. Polen
wurde beſtimmt, den Kurfürſten als
Souverän in Preußen anzuerkennen,
wenn er auf die kaiſerliche Seite über=
trete (Wehlauer Vertrag vom 19. Sep=
tember und Bromberger Vertrag vom
6. November 1657).

Hier war es nun die Aufgabe der
öſterreichiſchen Diplomatie einzuſetzen,
um Friedrich Wilhelm und Leopold I.
zu gemeinſchaftlichem Handeln im Reiche
und gegen das Ausland zu vereinigen.
Franz Paul von Liſola (1613—1674)
übernahm ſie, unter den Geſandten des
Wiener Hofes der für Habsburgs und
Deutſchlands Ehre begeiſtertſte, der auf=

7*

opfernöste und scharfsichtigste. Und über-
raschend leicht schien sie zu gelingen.

Allerdings die ernsteste Streitfrage,
die zwischen den beiden Fürstenhäusern
zum Austrag kommen konnte und die
schon in den letzten Jahrzehnten fort-
während aufgetaucht war, wurde von
Brandenburg sogleich nachdrücklich zur
Sprache gebracht. Die schlesische Mark-
grafschaft Jägerndorf war in dem Lehn-
besitz der süddeutschen Hohenzollern gewesen und von ihnen 1603 den norddeutschen vermacht worden. Der Kaiser
als Lehnsherr hatte diese Erbschaft nicht
bestätigt, und sie war seit dem Anschluß des

Abb. 83 · Johann Philipp von Schönborn

in sie bennoch eingedrungenen Prinzen
Johann Georg 1619 an die aufständischen
Böhmen thatsächlich verwirkt. Aber
Brandenburg bemühte sich bei jeder Gelegenheit um ihre Rückerstattung. Gab
Oesterreich nach, so war auch die auf
dem Prozeßwege erkämpfte Nichtigkeits-
erklärung Ferdinands I. gegen den hohen-
zollerischen Erbvertrag mit Liegnitz, Brieg
und Wohlau kaum zu halten, wenn er,
wie bevorstand, fällig wurde. Von dem
einzigen territorialen Besitz des Kaisers
in Norddeutschland fiel dann die Hälfte
an den erstarkenden Nebenbuhler. Diesen
trieb nicht bloß ein politisches, sondern
mehr noch ein wirtschaftliches Interesse
nach Schlesien. Von den Handelsstraßen
aus West- nach Osteuropa war die über

Wittenberg an die Ostseeküste in seiner
Hand. Im Binnenlande ging der Verkehr
von Leipzig zum kleineren Teil über das
märkische Frankfurt, zum größeren über
das habsburgische Breslau. Wie Pommern durch den Erbvertrag 1629 mit den
Greisen, so hatten die Hohenzollern
sich durch den mit den Piasten 1537
die genannten Teile Schlesiens sichern
wollen; ob sie um Stettin oder Breslau
kämpften, beidemal verfolgten sie dasselbe Ziel: die Herrschaft über die Oder.

Aber wichtiger war ihnen noch die
Eroberung Stettins, und zu ihr vereinigten
sich 1657 ihr materielles Landesinteresse
und das ideelle Interesse des Kaisers an
der Vernichtung des schwedischen Friedens-
störers. Lisola bot für Vertagung des
jägerndorfischen Streites Kriegshilfe gegen
Karl Gustav; Polen und Dänemark wollten
mitwirken. Und bei der Wucht, mit der
Friedrich Wilhelms Seele sich jederzeit
einem neuen Ziele zuwandte, gab er sogleich nach und versprach, nicht nur
Leopold I. zu wählen, sondern gegen des
Kaisers Mitwirkung im Norden dafür
einzustehen, daß die Kurfürsten einer kräftigen Abweisung Frankreichs im Westen
keine Schwierigkeiten in den Weg legten.

Die Lage für Oesterreich wurde dadurch über alles Hoffen günstig. Frankreich und England waren noch in hartem
Ringen mit Spanien, die Ungarn und
die Pforte zwar im Rüsten begriffen,
aber unfertig, Polen, Dänemark und die
Staaten auf Oesterreichs Seite. Im Reiche
selbst hatte Mazarin bereits eine schwere
Niederlage erlitten. Denn nicht nur war über
die Wahl Ludwigs XIV. zum Kaiser von
den deutschen Fürsten überhaupt nicht
ernsthaft geredet worden, sondern auch
der einzige ernsthafte Gegenkandidat der
Habsburger, Ferdinand Maria von Bayern,
hatte sich den ausländischen Intriguen
verschlossen und war ebenso Leopolds Anhänger wie der Kurfürst von Brandenburg, auf dessen Kriegsmacht Mazarin
seit Jahren und aber Jahren gegen die
Habsburger gerechnet hatte.

Da trat im Augenblicke des Erfolgs
das alte Uebel der habsburgischen Politik
zu Tage, Veränderungen der Weltlage
nur halb zu werten, schon Entschwindendes
immer noch im Auge zu behalten und

sich mit Teilergebnissen zu begnügen. In Wien versagte man sich dem siegesgewissen Drängen der Gesandten, sich Mazarin gegenüber nach der glücklichen Wendung der Dinge nicht bloß auf die erlangte militärische Stellung zu berufen, sondern, da man so sehr im Vorteile war, auch loszuschlagen. Man zog statt dessen vor, eins nach dem andern zu thun, vorerst nur eine möglichst einhellige Wahl Leopolds zu erstreben, indem man durch Hinhalten Brandenburgs und Beschränkung auf die Defensive gegenüber dem Ausland die friedsüchtigen rheinischen Kurfürsten gewann, und dann erst gegen die Feinde zu Felbe zu ziehen.

Unser Blick begegnet der eblen, aber unseligen Erscheinung des Mainzer Kurfürsten Johann Philipp von Schönborn in ihrer tragischen Bedeutung.

Schönborn war 1647 als Erzbischof von Mainz Erzkanzler in Deutschland und damit der Erbe des Peter von Aspelt und Bertholds von Henneberg geworden, eine hochgesinnte, ideale Natur von lebhaftem Thätigkeitsdrang und mit einem warmen deutschen Herzen. Er war sich der Pflicht bewußt, das ehrwürdig alte Reichsfürstentum neben dem Kaiser, die Friedenssehnsucht der Reichsstände gegenüber den Kampfgelüften der habsburgischen Großmacht zur Geltung zu bringen. Das trieb ihn in die europäische Politik, obwohl sein staatsmännischer Blick nicht über die Grenzen seines Sprengels reichte. Er faßte die Absicht, einen deutschen Fürstenbund zu stiften, um ihn zwischen die streitenden Staaten zu schieben und das Gleichgewicht unter ihnen herzustellen. Seine Meinung dabei war rein, und so ehrlich deutschgesinnte Männer wie Johann Christian von Bonneburg (1622 bis 1672) und

Abb. 84 · Die Hamme im Jahre 1559
Grenzwaldbefestigung der Ditmarschen

später die junge Leibniz haben seinen Plan aus voller Seele geteilt. An sich war die Zeit schon vorüber, da ein solcher Bund Österreich ernstliche Schwierigkeiten bereiten konnte, und wäre dieses entschlossen gewesen, so wäre nur Schönborn persönlich, nicht dem Vaterland daraus Leid erwachsen.

Mazarin ließ den Erzbischof denn auch lange unbeachtet. Die österreichische Diplomatie dagegen suchte ihn durch Friedensbeteuerung zu sich herüber zu ziehen. Die Wahl Leopolds I. ist darauf in der That einstimmig am 18. Juli 1658 erfolgt. Aber das wäre sie vermutlich auch ohne Oesterreichs Liebeswerben bei den geistlichen Kurfürsten, und so wurde nichts gewonnen, sondern unersetzliche Zeit verloren.

Des Brandenburgers Mißtrauen warb unterdessen neuerdings rege; er mußte zusehen, wie Karl Gustav Dänemark überfiel und ihm im Frieden von Rotschild (Februar 1658) alle seine Gebiete außer den Inseln und Jütland entriß, wie er sich zum Einbruch in die Mark bereit machte und am 2. Juli 1658 den brandenburgischen Gesandten in Flensburg nicht empfing, wie in Polen die französische Diplomatie die brandenburgisch-österreichische aus dem Felbe schlug, wie Frankreich und England mit Spanien fertig wurden, wie Schönborn den Wienern zum Trotz Mazarin umschmeichelte, seinen Fürstenbund als ‚Rheinbund‘ unter Frankreichs Schutz stellte und den Schweden als Herrn von Bremen und Verden darin aufnahm (Rheinbundsverträge 15./16. August 1658). Der heißblütige Fürst ließ sich dadurch zu den leidenschaftlichsten Kriegsdrohungen gegen den ‚König von Ungarn‘ aufregen und zu Verhandlungen über seinen Anschluß an die Gegner Oesterreichs verleiten. Doch hielt ihn der Zwang seines Staatsinteresses bei Oesterreich fest, bis der gemeinsame Krieg gegen Schweden im Herbste 1658 endlich begonnen wurde.

Karl Gustav suchte durch einen erneuten Angriff auf Dänemark den Verbündeten zuvorzukommen. Aber er konnte Kopenhagen nicht nehmen und wurde dort festgelegt. Und Friedrich Wilhelm, Montecuccoli und de Souches drängten seine Truppen inzwischen aus Jütland noch im selben Jahre und aus dem größten Teil von Pommern im nächsten. Das einzige Mal, da sie durch die Gunst der Niederlande eine Flotte zur Verfügung erhielten, schlugen sie die Schweden auch auf den Inseln (bei Nyborg 24. November 1659). Der Schlachtenerfolg war bei ihnen. Das letzte schwedische Heer wurde aufgerieben, Karl Gustav selbst ist am 23. Februar 1660, 37 jährig erst, gestorben. Die Großmachtstellung Schwedens war für immer erschüttert. Und in Wien plante man mit dem Jahre 1660 zur Rettung Spaniens die Waffen gegen Frankreich zu kehren.

Aber dem militärischen Erfolg entsprach der diplomatische nicht. Polen und Dänemark hal= sen mit hal= bem Her= zen. Die seit 1650 in= nerlich in Verfall ge= ratenden Staaten ließen die Verbünde= ten, die auf ihre Flotte angewiesen waren,

Abb. 85 · Schloß zu Kiel

treulos im Stiche; sie verhinderten sogar des entschlossenen Kurfürsten Versuche, die Fahrzeuge zum Vorgehen gegen Karl Gustav durch Ankauf aufzubringen. Frank= reich konnte noch 1659 Spanien zum Frieden zwingen (Pyrenäischer Frieden vom 7. November 1659); es hatte durch den ‚Rheinbund‘ eine feste Organisation deutscher Stände bis weit ins Reich hinein unter seinem Einfluß, mit der es Wien und Berlin dauernd schrecken konnte. In Siebenbürgen tobte ein Aufstand, den die Pforte benutzte, Österreich aus dem Lande zu verdrängen. Und wäre England durch Cromwells Tod im August 1658 nicht für einige Zeit in der Unterstützung Schwedens und Frank= reichs gehemmt worden, so hätte sich das Machtverhältnis in der allgemeinen Lage Europas vermutlich noch ungünstiger für die deutschen Großstaaten verschoben.

Der Erfolg des Krieges war eben durch die Unentschlossenheit der Wiener Diplo= matie verspielt gewesen, ehe die Truppen noch ausgerückt waren. Schon im Sommer 1659 wollten die Westmächte zum Schutze Schwedens eingreifen (1. und 2. Haager Konzert); dann erpreßte Frankreich den Frieden erst mit Österreich, Polen und Brandenburg zu Oliva (3. Mai 1660), darauf mit Dänemark zu Kopenhagen (6. Juni 1660), endlich mit Rußland zu Kardis (1. Juli 1661). Mit reichem Gebietszuwachs ging das geschlagene Schweden aus dem Kampfe hervor.

Vielleicht nie haben die Gesandten Frankreichs einen Kongreß so hochmütig beherrscht wie den zu Oliva. Und wenn man die Lage ober= flächlich betrachtet, so durften sie das. Trotz der großen mi= litärischen Anstreng= ung der beiden al= lein kriegs= fähigen deutschen Staaten blieb der westfälische Friede mit seiner Aufrichtung ausländischer Macht im Reiche unangetastet. Der Bund der mittel= und osteuropäischen Reiche war so gründlich zersprengt, daß die Bourbonen zuversicht= lich bei der nächsten Königswahl in Polen einen ihrer Prinzen dorthin zu bringen gedachten. Die Pforte schlug wieder gegen Österreich los, und gleichzeitig meinte Frankreich selbst gänzlich frei zum Reichskrieg geworden zu sein, indem es Spanien nun endgültig niedergeworfen hatte und damit auch an seine Stelle als beherrschende Macht in Westeuropa getreten zu sein schien.

Aber vielleicht war der Wiener Hof bennoch in besserem Rechte, als er auf die Friedensnachricht hin Siegesfeiern veranstaltete. Thatsächlich war Frankreich so erschöpft wie Österreich und Branden= burg. Es mußte für die nächsten Jahre sich Frieden wünschen. Während ihm aber darüber in England durch wirtschaftliche Gegensätze ein furchtbarerer Feind erwuchs, als es selber Spanien je gewesen war, und während sein Aufstieg auch die Niederlande immer weiter von seiner Seite drängte, beobachtete man in Wien, daß die Türkei ihre Kraft mehr und mehr einbüßte. Die eigene Macht dagegen fühlte man wachsen. Gewiß, man war um den diplomatischen

hatte die Kriegsehre Oesterreichs wiederhergestellt, er hatte die Waffengemeinschaft des österreichischen und brandenburgischen Heeres begründet, er hatte das Reichsbewußtsein in dem Brandenburger und seinem Beamtentum geweckt. Mochte Friedrich Wilhelm aus Sorge für seine, Frankreichs Ueberfall preisgegebenen klevischen Lande und im Verlangen nach französischen Unterstützungsgeldern noch immer Mazarin

Abb. 86 · Oliva · Innenansicht des Friedenssaales

Erfolg des Krieges gekommen, doch nicht durch die Ueberlegenheit fremder Waffen, sondern durch das eigene Zaudern. Man erinnerte sich, daß Mazarin ernstlich die Kaiserkrone für den jungen Ludwig XIV. erstrebt hatte, und man wertete um so mehr, daß sie jetzt von einem Habsburger getragen wurde, der mit jedem Jahre größeres für die Zukunft versprach. Man hatte nichts eingebüßt; hinwiederum erfuhr man, wie das Mißtrauen an allen deutschen Höfen gegen Frankreich rege wurde, wenn das französische Geld auch vorderhand seinen Zauber stärker als je auf sie ausübte. Vor allem: der Krieg

schmeichelnde Briefe schreiben, er hatte schon während des Krieges französische Zudringlichkeiten wirkungsvoll zurückgewiesen, diplomatischen Verkehr in deutscher Sprache gefordert, und Schwerin wie Jena hatten in flammenden Flugschriften das Nationalgefühl für den Krieg zu schüren versucht. Dann brach 1662 der Türkenkrieg los. Oesterreich hatte sich seiner nicht so schnell versehen; als es sich aber 1664 den Osmanen entgegenwerfen konnte, von Brandenburg, vom Reiche und sogar von einigen, schlau ihm aufgedrängten französischen Truppen unterstützt, da thaten die Siege

de Souches an der Lewenz (17. Juli)
und Montecuccolis bei St. Gotthard
(1. August) die Schwäche des Erbfeindes
vor den Augen von ganz Europa
kund.

Im Leben des deutschen Volkes sind die
Jahre 1657 bis 1660 denn auch keineswegs niederdrückend empfunden worden.
Es hat vielmehr nach 1660 einen ganz
unerwarteten Aufschwung genommen, der
von stets sich kräftigender, deutscher
Gesinnung getragen wurde.

Das westeuropäische Geistesleben
war mit dem 17. Jahrhundert in
das Zeitalter eingetreten, in dem
sich die Wissenschaften unter der
Führung der Philosophie von der Herrschaft der Theologie befreiten, ihre
Gebiete in Selbständigkeit gegeneinander
abgrenzten und sich deren methodischer
Erforschung zuwandten, in dem besonders
die Naturwissenschaften emporblühten,
um zunächst ganz neue Grundlagen für
das spekulative Denken der Menschheit
zu schaffen, demnächst auch alle materielle
Kultur in andere Bahnen überzuführen.

Nun taucht in der Geschichte dieses
Zeitalters schon von vornherein hier und da
auch ein deutscher Gelehrtenname auf,
jedoch nur zufällig und durchaus vereinzelt. Erst nach 1618 entstand ja überhaupt wieder eine deutsche Wissenschaft,
als etwas Ganzes und einheitlich Schaf-
fendes; und sie erwuchs vorerst unabhängig von den Nachbarländern. Nach
der Mitte des Jahrhunderts aber änderte
sich die Lage. Die deutsche Wissenschaft wurde in ihrer Gesamtheit zum
Austausch mit der Fremde reif und
fand durchweg den Anschluß an die
westeuropäische Entwicklung, um rasch
zu führenden Stellungen emporzusteigen.
Der Prozeß läßt sich vielleicht am ein-
dringlichsten und in seiner Allgemeinheit
am deutlichsten an der Aufnahme der
naturrechtlichen Theorien durch fast alle
juristischen Fakultäten seit 1660 verfolgen,
jedoch wiederholte er sich in verwandter

Weise allmählich in allen Zweigen der
Forschung. Fleißig war der deutsche
Gelehrte immer gewesen, an Talenten
fehlte es ebenso wenig; nur die hohe
Kunst wissenschaftlicher Zusammenarbeit
hat er nicht jederzeit verstanden. Mit
der Organisationskraft des deutschen
Volkes erneuerte sich aber auch die der
deutschen Wissenschaft, und bis 1682
war man soweit, daß Otto Mencke in
Leipzig (1644—1707) mit den Acta
Eruditorum die erste deutsche gelehrte
Zeitschrift als Seitenstück zu dem erst kurz
zuvor begründeten Journal des Savants
erscheinen lassen konnte.

Aus dem Bereich der Naturwissenschaften ist damals Otto Gericke (1602 bis
1686), der Magdeburger Bürgermeister,
als Erfinder der Luftpumpe besonders
volkstümlich geworden. Mehr bedeutete
Johann Rudolf Glauber (1604 bis
1668) als ausgezeichneter, wissenschaftlich
arbeitender Chemiker, als ein besonnener
und denkender Empiriker und Meister
der Analyse, sowie Georg Eberhard
Rumpf (1627—1702), der im niederländischen Kolonialdienste sich zum gründ-
lichen und unermüdlichen Botaniker aus-
bildete und durch die Schärfe seines
Auges und die verständnisvolle Feinheit
seiner Beschreibung hervorragendes leistete.
Die Heilkunde sollte erst im 18. Jahrhundert die Stufe einer Wissenschaft
erreichen; aber wenn dabei Deutsche ihre
Bahnbrecher geworden sind, so haben
Deutsche doch auch an den vorbereitenden
Schritten des 17. Jahrhunderts ihren
Anteil, und Männer wie der Anatom
Konrad Viktor Schneider (1614—1680)
genossen weithin einen Ruf. Vorzüglich bezeichnend ist dabei, daß sich schon
damals die deutschen Aerzte und die
deutschen Regierungen durch die Anbahnung einer öffentlichen Arzneipflege
hervorthaten.

Die allgemeinere Teilnahme wandte
sich in Deutschland noch den Entscheidungs-
kämpfen zu, die von der Philosophie und
dem Recht wider die Theologie geführt
wurden. Und hier traten fast gleichzeitig
nach 1660 zwei junge deutsche Denker
hervor, die den Descartes, Grotius,
Spinoza, Hobbes und Locke Westeuropas
ebenbürtig gegenüberstehen.

Wie in allen Zeitaltern gesellschaftlicher Umwälzung, ist es die Frage nach dem Wesen des Rechts, im tieferen Sinne nach dem Prinzip der werdenden Gesellschaftsordnung, die die Geister am angelegentlichsten beschäftigt. Auch die Arbeit Samuel Pufendorfs (1632—1696) und Johann Georg Leibnizens (1646—1716) erreichte in den Antworten, die sie darauf suchten, ihren Höhepunkt.

Es hatte sich bis zur Mitte des 17. Jahrhunderts entschieden, daß der Staat die Führung in der Wiederorganisation der Gesellschaft übernehmen sollte. Im Grunde ist es deshalb der Staat, welcher in der Mitte der Gedankenwelt beider Denker steht. Und hier erhebt sich sofort der Wunsch, das wirkliche Staatswesen zu kennen, nach dessen Vorbild beide sich das Wesen ihres Idealstaates zurecht gelegt haben.

Seit dem Ende des 16. Jahrhunderts war in Deutschland eine neue Staatsidee in der Entfaltung begriffen und hatte in Max I. von Bayern ihren ersten bewunderungswürdigen Vertreter gefunden. Schon in seiner Wirksamkeit hatte sie ihr eigentümliches, selbständiges deutsches Gepräge bewiesen. Aber Max hatte noch nicht die lebenzeugende Kraft besessen, ihn Ueberdauerndes zu bilden, und sein Staatswesen war mit ihm wieder untergegangen. So blieb es der gewaltigen Herrscherpersönlichkeit Friedrich Wilhelms von Brandenburg vorbehalten, in den Jahrzehnten, bei deren Betrachtung wir soeben verweilen, den deutschen Musterstaat der Zukunft zu schaffen, aufnehmend all die Anregungen, die ihm aus den anderen deutschen Territorien zuströmten. Vorzüglich auf zwei Elemente baute sich dieser neue deutsche Staat auf, so wie sich sein Wesen uns allmählich entfaltet hat: auf die Macht und das gleiche Recht. Indem er die Unterthanen straff organisiert, das ganze Staatsleben einheitlich ordnet, sich ein schneidig arbeitendes Beamtentum erzieht, die Kräfte der Bevölkerung in unerbitterlicher Gehorsamsforderung zu seiner Verfügung bereit hält, wird er zu der Machtentfaltung fähig, deren er bedarf, um den zahlreichen und vielseitigen Aufgaben zu ge-

nügen, die die werdende europäische Gesellschaft in Politik, Wirtschaft und Kultur an ihn stellt. Zugleich aber wahrt er sich durch den Grundsatz ausgleichender Gerechtigkeit den geschichtlichen Zusammenhang mit dem Rechtsstaat des Mittelalters: ganz eingenommen von dem Gefühl seiner Pflicht und seiner Verantwortlichkeit, hält er als oberstes Gebot fest, daß er trotz seiner, jedes Unterthanenrecht vor dem Staatsrecht zurücksetzenden Machtansprüche alle selbstische Willkür zu meiden und sein wichtigstes Ziel in der sozialen Hebung und Versöhnung aller Klassen zu erblicken hat.

Abb. 87 · Otto Gericke

Indem eine solche Staatsidee vor den Augen der Miterlebenden damals immer ausgeprägtere Formen, immer lebensvollere Wirklichkeit erhielt, lenkte sie ihre Aufmerksamkeit natürlich mehr und mehr auf sich, um sie endlich fast ganz zu beherrschen. Hatte schon Max I. Regierung das Nachdenken seiner Zeitgenossen, etwa eines Kaspar Manz über das Wesen des Staates angeregt, so entzündete sich jetzt gleichzeitig mit der Schöpferthätigkeit des Hohenzollern gerade in den beiden geistvollsten Männern der Nation, höchst verschiedenartigen Naturen die Begierde, das werdende Neue begrifflich zu erfassen und zu entwickeln. Merkwürdig genug ist es, zu welchen entgegengesetzten Ergebnissen sie dabei gelangten, wie jeder von ihnen nur eines der

beiden staatsbildenden Elemente, der eine
das der Macht, der andre das des gleichen
Rechts entwickelte, und unwillkürlich suchen
wir, außer in ihrer eigenen Wesensver-
schiedenheit, die erklärende Ursache dafür
in dem Doppelkarakter jenes Fürsten
selbst, von dessen so persönlich bedingter
Wirksamkeit sie letztlich alle ihre Anschauungen bewußt oder unbewußt ab-
strahierten. Sie beobachteten an seinem
Staatswesen die von ihm darein über-
gegangene, gedanklich nicht zu zer-
legende Vereinigung von ursprünglicher
germanischer Herrscherwillkür und Herrscherkraft mit einem in strenger sittlicher
Selbsterziehung gewonnenen deutsch-christlichen Pflichtgefühl und Arbeitssinn, — von
trotziger Inanspruchnahme absoluten Rechts
mit vollkommenem sich gebunden
fühlen durch den Glauben, vor
Gott für den Staat und alle seine
Glieder verantwortlich zu sein.

Samuel Pufendorf, ein ge-
borener Sachse, gehörte seiner
ganzen Geistesrichtung nach zu
dem reformiert-aufgeklärten
pfälzischen Hofe oder in die vom
Christentum nicht innerlich
durchdrungene Stimmung des
baltischen Lebens, wie er denn
in der That von 1661 ab acht
Jahre lang Professor in Heidelberg war und dann nach Schweden ging,
bis er sich 1688 nach Berlin zurückzog. Sein
erstes gelehrtes Werk von durchschlagender
Kraft war sein Jus naturae et gentium
1673. Es zeigte ihn bereits auf dem ihm
eigentümlichen Wege, doch hat er die
darin niedergelegten Anschauungen noch erheblich weiter entwickelt. Vielleicht war er
der ausgezeichnetste und gedankenvollste
Publizist, von dem wir wissen. Ein
rechts- und geschichtsloser Geist gleich
Karl Gustav, ein genialer abstrakter
Denker, dem die Vergangenheit, das
Werden einer Entwicklung so gleichgültig
war wie der innere Zusammenhang alles
menschlichen Forschens. Er unterhielt sich
mit den Männern des Tages, und vor
allem sah und erdachte er die Dinge,
mit denen er sich beschäftigen wollte.
Nichts Konservatives war an ihm, keine
Erinnerung an den Staat des Mittelalters, kein Bewußtsein für die Gemein-

Abb. 88
Samuel Pufendorf

schaft, die geistige Verwandtschaft der
abendländischen Völker, kein ehrfurchts-
volles Gefühl für das Christentum und
seinen Glauben. Und so zerriß er mit
derber, leidenschaftlicher Hand, woran
das festländische Denkertum, noch Grotius
ebenso wie die Scholastik, immer festgehalten hatte: die Einheit von Wissenschaft
und Weltanschauung. Nur der völlige
Subjektivismus seiner germanisch-baltischen
Denkanlage macht das verständlich.

Recht ist für Pufendorf Macht, Macht
aber Zwangsgewalt. Und indem er
nachforscht, wo er Macht finde, stößt
er, im Banne der nordischen Gesell-
schaftsentwicklung, auf den Staat als den
einzigen wirklichen Machthaber, den einzigen, der bestimmt, was rechtens ist, und
den einzigen, der Wahrer des
Rechtes ist. Wie alle anderen
Institutionen, so ist auch die
Kirche bloß eine Staatseinrich-
tung. Ueber dem Staat steht
nichts Höheres, er hat nur
Rechte, für ihn gibt es keine
Pflichten und keine Moral.

Aehnliche Gedankenreihen
finden sich damals wohl auch
bei Hobbes und Spinoza; aber
dort waren es nicht viel mehr
als geniale Phantastereien, dagegen in Pufendorfs Geist
erfüllten sie sich bis zum geschlossenen,
brauchbaren, das Gepräge der Wirklichkeit tragenden, schöpferischen Staatssystem.
Deshalb bargen sie eine tiefe Gefahr für
Europa in sich, das sie aus einer tausend-
jährigen, andersgerichteten Entwicklung
gänzlich herauszureißen drohten und an
dem Tage, da in folgerichtiger Weiter-
bildung die Männer der französischen
Revolution die allgemeinen Menschen-
rechte erklärten, thatsächlich zum großen
Teil herausgerissen haben. In Pufendorfs eigenen Werken liegen schon die
Keime zu jener Theorie, die als den
Träger der für allmächtig erklärten
Staatsgewalt nicht mehr das Staatsober-
haupt, sondern die Gesamtheit der Unterthanen, die Bürger bezeichnete.

Pufendorf hat, und bei seiner geistigen
Richtung versteht sich das leicht, bei der
Betrachtung Friedrich Wilhelms auch in
dem Staatsbaumeister der Jahre nach

1657, deſſen Einfluß ſein Denken ſeit den 60er Jahren erfuhr, immer nur den jungen Kurfürſten früherer Jahrzehnte gewürdigt, der ſich als Deutſcher und in ſeinem deutſchen Staatsweſen noch nicht zurecht gefunden hatte. Seine unbändige Kraft, ſein rückſichtsloſes Machtverlangen, ſein wogendes Umſichgreifen haben es ihm angethan, — das deutſche Element in ihm und ſeiner Auffaſſung vom Staate, das Gerechtigkeits- und Pflichtgefühl, durch das dieſe Schöpfernatur doch erſt zum Bewußtſein ihrer ſelbſt und von blinder Kräftevergeudung zu dauerndem Schaffen kam, iſt Pufendorf fremd geblieben. So wurde es möglich, daß er eine Staatstheorie entwickelte, die zur Revolution führen mußte, während andererſeits gerade unſer deutſches Volk unter den großen Völkern Europas vor der Revolution bewahrt wurde.

Pufendorfs revolutionärer Denkanlage ſtand die Leibnizens gerade gegenüber. Der geniale Leipziger erhebt ſich von unſerem Standpunkte heute als der Mann, der zwiſchen Luther und Goethe auf unſern geiſtigen Fortſchritt den nachdrücklichſten Einfluß ausgeübt hat, wohl

Abb. 89 · Leibniz

der univerſalſte und innerlich freieſte Geiſt, den unſere Nation in neueren Jahrhunderten hervorgebracht hat. Es bleibt immer zu beklagen, daß ſolche Menſchen ihren Homer kaum je zu finden vermögen, weil ein ſolches Maß von Kongenialität doch kaum einmal einer Hiſtorikernatur beſchieden werden kann. Bloß ahnen können wir, was ſie der Menſchheit ſind. Hindern uns doch die Schranken unſeres Verſtehens beinahe ſchon, auch nur darzulegen, was dieſer Mann im einzelnen in einer Spanne von ſiebzig Jahren gearbeitet hat, wie er als Mathematiker die Wiſſenſchaft weiterführte, als Philoſoph die weittragendſten Einſichten der Zukunft vorwegnahm, als Hiſtoriker methodiſch vorging, als hätten das 18. und 19. Jahrhundert ihm, und nicht er ihnen vorausgewirkt. Und doch iſt es erſt die Summe ſeiner Bildung, die

uns das Geheimnis ſeines Geiſtes erſchließen könnte; denn nur aus ihr könnte der größte Gedanke erblühen, deſſen Entwicklung die Welt ihm verdankt, die Erkenntnis der Kontinuität, der Urſächlichkeit und Bedingtheit, des Werdens alles geſchichtlichen Seins. Von ihr aus iſt Leibniz ſeine ganze Weltanſchauung erwachſen. Eine ewige, aus den Dingen ſelbſt wirkende Gerechtigkeit waltet über allem menſchlichen Thun und läßt jedes Ding ſich ſeiner eignen Anlage nach und gemäß den Einflüſſen, die es erfährt, entfalten. Gerecht iſt, was die natürliche Anlage der Dinge zur Reife kommen läßt, ungerecht, was ſie hindert und zerſtört. Vielleicht darf man ſeine Grundmeinung von der Welt in dieſe Worte zuſammenfaſſen. So beruht ihm auch die menſchliche Geſellſchaft und die Inſtitution, in der ſie ſich in unſeren Jahrhunderten vorzüglich organiſiert, der Staat, auf dem Grundſatz der Gerechtigkeit. Recht iſt, was gerecht iſt. Indem er ſich in die Betrachtung dieſer Wahrheit mit all dem Optimismus und der Religioſität ſeiner herrlichen Seele verſenkte, ward es ihm unmöglich, auch dem Machtelement in der ſtaatlichen Entwicklung die gleiche Rückſicht zu ſchenken, — er verkannte es nicht, aber er betonte es doch auch nicht. Und führte Pufendorfs entgegengeſetzte Denkrichtung bis zu den Blutbädern der Revolution, ſo begeiſterten ſich an Leibnizens Idealismus tauſend edle Mannesherzen, um, befangen in ihm, beim Ausbau von Staatstheorien ihre beſte Kraft zu verzehren, die in der Praxis gegenüber dem Wagemute der Revolution ſo viel wirkſamer hätte verwandt werden können.

Indeſſen, es wäre unerlaubt, dieſen Vorwurf auch ſchon auf die Zeitgenoſſen Leibnizens auszudehnen. Der wiedererwachte Trieb zur Arbeit für das Leben war dafür damals noch zu friſch.

Auch in der Zeit der wiedererſtehenden deutſchen Wiſſenſchaft überwog im geiſtigen Streben die Sammlerthätigkeit —

wann hätte sie es nicht gethan? Aber unnütze Liebhaberneigung hatte wenig Anteil daran, und der Stoff, der zubereitet wurde, ward die unentbehrliche Grundlage, an der sich die höheren Geister zu ihren bahnbrechenden Gedanken inspirierten. Welch einen Fortschritt in der Stoffbemeisterung verrät z. B. bereits Georg Adam Struves (1619—1692) kleines, knappes Institutionenhandbuch von 1670, das ein Jahrhundert lang im Unterrichte brauchbar blieb? Wie erfreulich ist es, einen ganzen Kreis Jenenser Juristen sich bei seinen Vorarbeiten für ein deutsches Handwerkerrecht gegenseitig ergänzen zu sehen, wie rasch und sicher vollzieht sich die Rezeption der naturrechtlichen Ideen, und wie trefflich breiten sich daneben schon die germanistischen Studien unter den Rechtsgelehrten aus. Daß sich die Hauptaufmerksamkeit wie der Rechtswissenschaft insgesamt, so insbesondere dem Staatsrechte zuwandte, ist erklärlich und ein erfreuliches Zeichen des an Selbstvertrauen und Eifer schnell wachsenden politischen Lebens der Nation.

Die Geister gerieten hier besonders scharf aneinander, aber die junge Disziplin war doch auch schon reif für ein solches Systematikertalent wie Ludolph Hugo (ung. 1630—1704).

*

Die sechziger Jahre des 17. Jahrhunderts stellen wohl das Jahrzehnt der angestrengtesten Arbeit im Innern der deutschen Länder dar. Selbst die Dichtkunst bekommt mehr und mehr einen gelehrten Anstrich, der ihre Erzeugnisse uns entfremdet; es sind nicht mehr die geistig regsamsten und vor allem nicht mehr, wie ein Menschenalter zuvor, die innerlichsten und deutschesten Naturen, die sich ihr zuwenden: diese zieht es zum Staat und zur Wissenschaft. Und so wird für den Durchschnitt der Dichter der Geschmack der Menge wieder maßgebend: das schlüpfrige Getändel der Muse eines Christian Hofmann von Hofmannswaldau, der Schwulst eines Daniel Kaspar von Lohenstein wurden allgemein nachgeahmt. Aber dennoch gibt es auch in der Dichtkunst noch große Talente, die uns erlauben abzumessen, wie schnell

die Entwicklung unsers geistigen Lebens aufwärts führte. In eben diesen Jahren, in denen sich Georg Wilhelm Sacer aus Naumburg (1635—1699) in begründeter Kritik und mit einem uns schon nahe verwandten Empfinden gegen die Ueberschätzung und affektierte Nachäffung Hans Sachsens wandte und der Ditmarsche Joachim Rachel (1618—1669) den niederdeutschen Reineke Vos wieder ausgrub, traten zwei so bedeutende und gegensätzliche Dichter wie der Schlesier Johann Scheffler, genannt Angelus Silesius (1624—1677) und der Hesse Hans Jakob Christoffel von Grimmelshausen (etwa 1624—1676) aus dem Dunkel hervor. Grimmelshausen zeichnete der Nation im Simplizius Simplizissimus, obwohl formlos, so doch mit einer bezwingenden, volkstümlich epischen Kraft das Bild der Kultur des dreißigjährigen Krieges. Angelus Silesius dichtete, indem er von dem pantheistischen Tiefsinn Jakob Böhmes ausging und in die wunderbaren Tiefen katholischer Mystik hinabstieg, in der Zurückgezogenheit seiner Seele, ganz subjektiv und ganz Lyriker die stillen, wie Nebel vom Grunde seines Herzens aufsteigenden Gedanken und Empfindungen in feste, abgeklärte, oft nach Form und Gehalt köstlich reife Sinnsprüche und Strophen.

Auf die breiteren Schichten der Gesellschaft konnte die starke Regsamkeit des erwachten Geisteslebens ihren Eindruck nicht verfehlen. Sie erhielten jetzt das einheitliche Austauschmittel einer deutschen Schriftsprache und handhabten es schon mit bemerkenswerter Leichtigkeit, wenn auch selten mit rechtem Geschmack. Das Bildungsinteresse wuchs ununterbrochen; das Bedürfnis für Zeitungen und Zeitschriften entstand, und die erste deutsche Theatertruppe von festem Bestand, die Veltheimsche, schloß sich zusammen. Die Roheit der Verkehrssitten ward mit großer Energie überwunden; nur daß sich unter französischem Einflusse bei dem Mangel der Deutschen an Blick für das Unsittliche in der welschen Frivolität an Stelle der alten nackten Derbheit jetzt eine arge Lüsternheit in dem gesellschaftlichen Benehmen breit machen durfte, die erst spät in ihrem Wesen erkannt wurde. Auch in diesem Kreise zeigte sich das frische Organisations- und Gestaltungsvermögen der Zeit vor allem in Entfaltung. Man muß schon Gelehrter und nichts andres sein, um in dem geselligen Leben Deutschlands während des letzten Drittels des 17. Jahrhunderts immer nur das ‚Alamodische‘, die Ueberladung, den nichtigen Tand zu sehen. Wenn nur einmal ein Künstler da hineinschauen möchte, der sollte den Sinn für das Schöne, das Harmonische, das bei allem Prunk künstlerisch Gerechtfertigte, das vornehm Wirksame in all diesem Beisammensein, diesen Festen und Aufzügen schon in uns wecken, wie es sich von Jahrzehnt zu Jahrzehnt und zwar in durchaus nationalem Unterschied von der französischen Geselligkeit entwickelte, trotzdem sich die Deutschen infolge ihrer gewerblichen Zurückgebliebenheit und langen Verrohung soviele Hilfsmittel von außen entlehnen mußten!

Auch im Volke schritt die Ordnung und seelische Beruhigung allmählich fort. Daß wieder fleißig gearbeitet wurde, that das meiste. Wundersucht und Hexenglaube räumten sachte das Feld. Die Volksschule begann hier und da schon ihre ersten Wirkungen zu üben. —

Besonders ein Grundton klingt durch fast alle Aeußerungen der Kultur, Geistes- und Staatsthätigkeit jenes Jahrzehnts: die Liebe zum deutschen Wesen. Und es gewährt einen großen Reiz, der raschen Ausbreitung des vaterländischen Empfindens, seinen Eroberungen und Siegen, auch seinen Enttäuschungen nachzugehen. Sogar Georg Friedrich von Waldeck, der Kalvinist und umstürzlerische Reichsgraf, der bald nach der Entlassung durch seinen brandenburgischen Herrn in den schwedischen Dienst gegangen war, kehrte in den sechziger Jahren des Jahrhunderts zurück, um als Staatsmann des welfischen Hauses mit Feuer für die deutsche Sache gegen das Ausland zu werben. Johann Joachim Becher forderte unser ‚Bauern- und Soldatenvolk‘ auf, rechtzeitig an den andern Weltteilen sein Stück mit Beschlag zu belegen. Und Pufendorf, der durch seine allgemeine Geistesrichtung noch weiter als Waldeck der nationalen Bewegung entrückt war,

ist 1667 in seinem geistvollen Buche über den Zustand des deutschen Reiches, das er unter dem Decknamen eines in Deutschland reisenden italienischen Edelmannes Mozambano veröffentlichte, trotz allem Hasse wider Habsburg und die Katholiken und trotz seiner leidenschaftlichen Betonung des ‚monströsen‘, begrifflich überhaupt nicht mehr zu erfassenden Karakters der Reichsverfassung lebhaft für die Einheit des Reichs gegenüber dem Auslande unter Oesterreichs Bundespräsidentschaft eingetreten.

Zu den anziehendsten Erscheinungen dieses nationalen Strebens gehört die Wiederaufnahme der im 16. Jahrhundert so lange gepflogenen Verhandlungen zur Wiederverschmelzung der christlichen Konfessionen, einerseits der Lutheraner und Reformierten, anderseits der Protestanten und Katholiken. Namentlich diese wurden seit 1660 ein Jahrzehnt lang und noch länger mit einer Wärme betrieben, daß man sich versucht fühlt, ihre Bedeutung hoch einzuschätzen. Katholiken und Protestanten, jene vorzüglich unter Christian von Boyneburgs, diese unter Hermann Conrings Führung, nahmen mit Begeisterung daran teil.

Treibend war dabei einmal die Sehnsucht, jetzt, wo die Nation auf allen Gebieten wieder der Einheit entgegenstrebte, auch den religiösen Spalt auszufüllen, der soviel Haß und Verbitterung heraufbeschwor und nie mehr ein reines Gefühl der Zusammengehörigkeit aufkommen ließ, ebensosehr aber die Ahnung, daß es nur durch Abwendung der religiös-kirchlichen Kräfte im Volke von dem konfessionellen Streit gelingen konnte, den alten deutschen Christenglauben gegen den Ansturm der glaubensfeindlichen Tendenzen der westeuropäischen Wissenschaft zu wahren. Die Stunde nahte, da es sich zeigen mußte, ob die inzwischen herangereifte und von allen mittelalterlichen Traditionen frei gewordene romanische Aufklärung der geistigen Kultur der deutschen Nation, von der sie instinktiv selbst in der Zeit ärgster Schwäche vor 1618 abgelehnt worden war, ein noch gefährlicherer Feind zu werden vermochte, als der französische Staat Ludwigs XIV. ihrem

politischen Bestande. Die deutschen Gelehrten hatten sich soeben vorbehaltlos die
wissenschaftliche Methode und die wissenschaftlichen Ergebnisse der westeuropäischen
Geistesarbeit angeeignet; aber wieviel
auch bereits in sie durch die Berührung
mit ihr von den übrigen Meinungen
ihrer Vertreter übergeströmt war, so erfolgte jetzt doch in Deutschland eine
heftige Reaktion des deutsch-christlichen
Gefühls gegen den Rationalismus Westeuropas. Man teilte nicht den auf-
klärerischen Drang, der die meisten
Forscher dort beseelte, und man sträubte
sich eben so sehr gegen die unkirchliche und
unchristliche Weltanschauung, die diese sich,
gleichviel ob religiöse oder irreligiöse Naturen, bildeten, wie gegen den Widerspruch,
den sie zwischen Wissenschaft und Glauben
konstruierten. Pufendorf blieb
nahezu vereinzelt; die große
Mehrzahl der geistig führenden
Elemente empfand wohl, daß
eine Nachgiebigkeit in diesen
Punkten, die außerhalb des
eigentlich wissenschaftlichen Gebietes lagen, den Bruch mit
allen Ueberlieferungen des
geistigen Lebens Deutschlands
bedeuten mußte, ob sie nun
auf Luther oder die Denker
des deutschen Mittelalters zu-

Abb. 90 · Peter Lambeck

rückgingen: um die Einheit und Ge-
schlossenheit unsres geistigen Wesens, die
dem Deutschen Lebensbedürfnis seines
Gemütes ist, galt es den Kampf. Unsre
Gelehrten riefen die Theologie beider
christlichen Konfessionen zu Hilfe. Aber
diese versagte. Das Luthertum verzehrte
sich in starrer Rechtgläubigkeit, der
deutsche Katholizismus verfügte über keine
in der Entwicklung stehenden, hervorragenden Theologen mehr.

Die Möglichkeit wieder zu starkem
Einflusse in Deutschland zu gelangen,
war der Kirche damals weit mehr
noch als später in der Zeit der Romantik
gegeben. Denn die unfruchtbare
Dogmatik der Lutheraner, die Herzens-
kälte des Reformiertentums, das protestantische Element in allem evangelischen
Kirchentum führte seit 1648 bei der Erneuerung des deutschen Gemütslebens
eine große Anzahl Evangelischer der

Kirche zu als der ursprünglichen Trägerin
der einen, über aller Verneinung und
Polemik stehenden christlichen Idee; und
auch die Geistesmänner, die diesen Schritt
nicht thaten, würdigten in ihr doch mit
dem jungen Leibniz die religiöse Gemein-
schaft, von der befruchtet die scholastische
Wissenschaft in den gewaltigen Geistes-
streitigkeiten verwandter Art im 12. und
13. Jahrhundert gesiegt hatte. Zu den
Konvertiten gehörten Staatsmänner wie
Trautmannsdorff und Volmar unter den
Diplomaten des Westfälischen Friedens
Boyneburg in Mainz, Ewald von Kleist
in Berlin, Geistliche wie der brandenburgische Hofprediger Andreas Fromm,
die Historiker Holstenius, Lambeck und
Blum, Dichter wie Grimmelshausen und
Silesius. Aber die deutsche Kirche
hatte nicht die Kraft, ebenbürtig mit den Gelehrten mit-
zuarbeiten, sich von ihrem
nach Wahrheit ringenden Geiste,
mit dem sie sie anhauchten, begeistern zu lassen und ihnen
hinwiederum Geist von ihrem
Geiste mitzuteilen. Sehen wir
genauer zu, so blieben die
Einigungsverhandlungen auf
einen Kreis von Männern
beschränkt, die fast ausschließlich von dem Protestantismus
und den synkretistischen Anregungen des
Calixtus ihren Ausgang genommen hatten,
und teils noch darin standen, teils der
katholischen Kirche nur durch Uebertritt an-
gehörten. Sie fanden von dieser aus keine
Unterstützung; so sind mit ihrem Tode auch
ihre Versöhnungsgedanken wieder verweht.

Da schien den religiösen Strebungen
in der Wissenschaft zuletzt noch eine Hilfe
aus dem Protestantismus selbst zu erwachsen. Schon seit 1661, stärker mit
den 70er Jahren erblühte aus ihm eine
das Religiöse tiefer und inniger erfassende
Gemeinschaft, der Pietismus; aber
erst in dem nächsten Menschenalter kam er zu wirklicher Bedeutung.

*

Die inner-
staatliche Arbeit in den deutschen
Territorien nahm unterdes ihren
stetigen Fortgang in der Richtung,

die sie seit dem Ende des dreißigjährigen Krieges eingeschlagen hatte. Auch für die Kriegsmächte Oesterreich und Brandenburg hatte mit dem Jahre 1660 ein Jahrzehnt friedlichen Schaffens begonnen.

Sehr verschiedenartig lagen in beiden Ländern die persönlichen und sachlichen Verhältnisse, und mannigfache Abweichungen von schwerwiegender Bedeutung haben sich in ihrer Entwicklung daraus ergeben.

In Friedrich Wilhelms Seele wetterleuchtete anfangs wohl noch die alte Kriegsneigung. Der Friede von Oliva hatte ihn trotz der unsäglich harten Opfer seiner armen Bevölkerung wieder um den ersehnten Siegespreis betrogen. Er machte sich gelegentlich Hoffnungen auf die polnische Königskrone. Er verhandelte mit Frankreich über ein Bündnis und Geldunterstützung. Aber es blieb hier bei bloßen Wünschen. Wenn er handelte, handelte er für Erhaltung des Friedens. Sein Hauptgedanke war damals, Frankreich und Schweden im Bunde mit Oesterreich an neuen kriegerischen Einmischungen ins Reich zu hindern. Frankreich erschreckte ihn durch die Häufigkeit solcher Eingriffsversuche; 1661 that es den wesentlichsten Schritt zur Angliederung der zehn freien Städte im Elsaß, 1664 drangen seine Truppen sogar bis Erfurt, um die Stadt zum Gehorsam gegen ihren Mainzer kurfürstlichen Herrn zu bringen, seine Gesandten schritten selbst in Mecklenburg ein. Besonders bedrohlich wurde 1665 die Frankreich herausfordernde Teilnahme des kriegerischen Bischofs Galen in Münster an dem zwischen England und den Niederlanden ausgebrochenen Kriege. Der Brandenburger vermittelte halb, halb erzwang er im Klever Frieden vom 19. April 1666 den Rücktritt Galens von seinem englischen Bündnis, und ebenso wurde durch seine und der Welfen Bemühung im Vertrage von Habenhausen (25. November 1666) erreicht, daß Schweden von seinen kriegerischen Anstalten zur Unterwerfung der freien Reichsstadt Bremen Abstand nahm. In demselben Jahre hat er seine Absichten auf Aneignung von Jülich-Berg für immer unterdrückt und am 9. September im eine ‚ewige‘ Teilung der

klevischen Erbschaft durch Vergleich mit dem Pfalzgrafen von Neuburg gewilligt.

Oesterreich teilte dieses Friedensbedürfnis. Es führte 1663/64 den Türkenkrieg nicht länger, als zur Zurückweisung der Türken unbedingt nötig war, und nahm Frankreich gegenüber eine rein abwartende Stellung ein. An Leopolds Hofe wurde eine rein österreichische Partei mit jedem Jahre mächtiger, die sogar zu ansehnlichen Verzichten in der auswärtigen deutschen und spanischen Politik bereit war, um damit Muße und Kraft zum Staatsausbau im Innern zu erlangen; Wenzel Lobkowitz war ihr Führer, Johann

Abb. 91 · Graf Königsmark · Schwedischer Befehlshaber

Paul Hocher ihr fähigstes Mitglied. Aber nur langsam erhielt sie die Oberhand, während in Brandenburg Friedrich Wilhelm mit seiner Thatkraft sogleich 1660 die Zeit zur angestrengtesten Arbeit auf fast allen Gebieten des Staatslebens benutzte. Erst 1669 wurde Lobkowitz leitender Minister. Es war in diesem Jahrzehnt, daß Brandenburg zum ersten Male einen Vorsprung vor dem an Umfang und natürlichen Mitteln ihm so weit überlegenen Oesterreich gewann.

In hohem Maße lag die Ursache davon in der Persönlichkeit der beiden regierenden Fürsten. Leopold I. war ein schüchterner, langsam sich entwickelnder Mensch. Er war als jüngerer Sohn für den geistlichen Stand erzogen worden, und je weniger Lust zum Studieren er anfangs bewiesen hatte, desto nachdrück= licher hatte man ihn durch ein Jahr= zehnt daran gewöhnt. Mit siebzehn Jahren mußte er an die Spitze des wichtigsten und bedrängtesten europäischen Staatswesens treten. Er war keines= wegs staatsmännisch unbegabt und un= fürstlich gesinnt; aber seine Jugend und seine geistliche Erziehung mit ihrer ver=

er mächtig wäre, ganz allein ihn der Größe entgegenzuführen. Sein Denken nimmt eine völlig absolutistische Richtung, und insbesondere Friedrich von Jena be= stärkt ihn darin. Der Kurfürst erfaßt den Staat immer mehr als ein ein= heitliches Wesen: die verschiedenen Ter= ritorien gelten ihm nur noch für Pro= vinzen, und der staatsrechtliche Begriff des Ständetums war für ihn völlig ver= blaßt. Wenn er 1663 an die märkischen Stände schrieb: ‚Dieweil nun Unser landesfürstliches Amt erfordert zu verordnen, was Unsern sämtlichen Unterthanen zum Besten gereicht‘, so sprach sich seine moderne Staatsanschauung darin so deutlich als möglich im Gegensatze zur altüber= lieferten aus: denn der alte deutsche Staat kannte weder Unterthanen, noch hatte der Landesherr dort zu ver= ordnen, was den Staatsan= gehörigen zum Besten ge= reichte, sondern nur, was Rechtens war, zu vollstrecken. Ebenso unbegreiflich war der Kurfürst den Ständen, wenn er sie zu Staats= steuern für wirtschaftliche Aufgaben oder für die Be= zahlung der Beamten ver= anlassen wollte: das waren Aufgaben, die außerhalb des Bereichs der früheren Staatspflichten lagen. Hier= aus mußten Kämpfe grund= sätzlichen Karakters ent=

Abb. 92 · Der Große Kurfürst um das Jahr 1670

kehrten Meinung von dem, was die christliche Demut erfordert, machten ihn scheu und oft unselbständig; die habs= burgische Neigung, niemals durchzugreifen, that ein übriges, ihn am raschen Ein= leben in seine Aufgaben zu hindern und ihn nur langsam sich zum Manne entwickeln zu lassen. In diesen ganzen Jahren bis 1673 wurde er noch nicht in sich fertig.

Friedrich Wilhelm hingegen stand eben in ihnen auf der Höhe seiner Kraft. Er ist mit seinem Staate verwachsen, und es ist in ihm das Gefühl, als wenn

stehen, in denen sein Absolutismus sich immer schärfer ausprägte. Am kennt= lichsten geschah das auf kirchenpolitischem Gebiete.

Friedrich Wilhelm war eine duldsame, weil tiefgläubige Natur. Er hat seine Hochachtung vor der Gewissensfreiheit oft beteuert; unter seinen Beamten und Offizieren waren nicht wenige Katholiken, und er erklärte mehrfach, daß er alle seine Katholiken nicht bloß dulden, sondern frei gewähren lassen wollte. Er hatte den Wunsch, seinen eigenen, reformierten Glauben auszubreiten, jedoch immer nur durch friedliche Bekehrung. Indeffen, er war in feiner Jugend als Reformierter in vollem Entfetzen vor den Greueln des Papismus aufgezogen worden, fo weitgehend, daß er fpäter in hartem Kalvinismus fogar die Berliner Faftnachtsmummereien als unchriftlich ausrottete. Durch diefe Erziehung fühlte er fich im Gewiffen verpflichtet, den Katholizismus in feine mitteldeutfchen Gebiete, wo die Kirche keine Anhänger mehr hatte, auch nicht mehr eindringen zu laffen. Auch im Luthertum fand er der abergläubifchen Gebräuche noch gar zu viele. An fich hätte das nur zu unwefentlichen Zufammenftößen mit den Andersgläubigen feiner Länder zu führen brauchen. Aber er übte zugleich die oberfte kirchliche Gewalt in feinem Staate über die Lutheraner wie über die Reformierten und nach feiner Rechtsauffaffung auch über die Katholiken in Kleve, da er fich hier als der Erbe der klevifchen Herzöge betrachtete, welche unter allen katholifchen Fürften am rückfichtslofeften ihr Kirchenwefen von jeder auswärtigen bifchöflichen Jurisdiktion losgelöft und landeskirchlich eingerichtet hatten. Und dies verleitete nun den Fürften Friedrich Wilhelm zu manchem Eingriff, den der Menfch in ihm grundfätzlich verwarf. Er hatte fich in den fünfziger Jahren, fchon aus Staatsintereffe, dem Synkretismus genähert und wirkte für ihn unter feiner Geiftlichkeit. Dadurch geriet er mit ihr in Kampf; fie rief die Stände zu Hilfe, und diefe fprangen ihr nachdrücklichft bei, teils aus konfeffionellem Eifer, teils aus kluger Würdigung, wie wichtig es für ihre eigene Macht werben konnte, wenn die landesherrlichen Anfprüche auf dem kirchenpolitifchen Gebiete zurückgefchlagen wurden. Aber unter Jenas Einfluß erfaßte der Kurfürft den Streit nun unter demfelben Gefichtspunkte. Eine Maßregel gab die andere. Er griff in die Liturgie ein, fetzte lutherifche Geiftliche, felbft den Dichter Paul Gerhardt ab, fchickte in lutherifche Gemeinden nicht bloß fynkretiftifche, fondern geradezu reformierte Geiftliche. Die Landeskirche wurde wie eine einfache Einrichtung des Staates behandelt: 1665 ernannte der Kurfürft in Rhaden zum Berliner

Konfiftorialpräfidenten einen Laien und Reformierten, der als Verwaltungsbeamter, nicht als Theologe die Stelle bekleidete. Es find die Jahre, in denen der Kurfürft auch in alle Aemter Reformierte einzufchieben verfuchte, nicht fo fehr weil es feine Glaubensgenoffen waren oder fie ihm toleranter fchienen denn andere, als weil die Feindfchaft, die ihnen von den lutherifchen Ständen zuteil wurde, fie zwang, zu ihm zu halten und für die Macht des Landesherrn zu arbeiten. Soweit diefer hitzige, bis zum Ende des Zeitabfchnittes während Kampf religiöfe Dinge betraf, unterlag der Kurfürft; fo weit er ein politifcher Kampf war, und er war es vorwiegend, blieb der Kurfürft Sieger. Und fo ging es auf allen Gebieten: überall errichtete Friedrich Wilhelm feine fürftliche Macht; Leopold I. hingegen, an fich fogar der Kirche gegenüber ebenfo abfolutiftifch gefinnt, kam noch kaum von der Stelle.

Wefentlich kam es dabei freilich auch auf die Beamten an.

Der Brandenburger hatte eine Reihe von Männern an fich gezogen, die, tüchtig ausgebildet, nichts als feine Diener fein wollten, das Kleine wie das Große in gleichem Pflichtgefühl erledigten und Tag für Tag feine Ausführung überwachten. Anfangs waren es noch wenige, faft nur die, die ihn felbft umgaben, die Beamten der Zentralverwaltung; aber allmählich tauchten fie jetzt auch in den einzelnen Provinzen, in den Landesbehörden auf, und in Kleve z. B. bildete fich 1663 eine ‚Union‘ Beamter, beren Zweck befonders treue Unterftützung des Kurfürften im Streit mit den Ständen war. Je mehr aber der ftändifche Einfluß gebrochen wurde, defto mehr Diener des Fürften mußten geworben, gefchult, mit brandenburgifcher Gefinnung erfüllt werben, um die den Ständen abgerungenen Verwaltungsftellen in geeigneter Weife wahrzunehmen. In Oefterreich ging die Entwicklung nicht denfelben Weg. Die Habsburger fammelten noch kein Berufsbeamtentum zum Tragen der gefamten Staatsverwaltung um fich. Sie ftanden ihrem Lande anders gegenüber als Friedrich Wilhelm. Er arbeitete im

Gegensatze zu all seinen Staatsgebieten, die von einander und von einer auswärtigen Politik nichts wissen wollten; alle seine Staatsangehörigen widerstrebten ihm in gleichem Trotze, er war auf sich allein und seine persönlichen Diener

Abb. 93 · Wenzel Graf Lobkowitz

angewiesen. Die Habsburger dagegen hatten sich seit dem Tage am Weißen Berge mit Hilfe der Güterkonfiskationen einen ausgedehnten Hochadel durch den ganzen Staat hin geschaffen, der, durch seinen Landbesitz sehr mächtig in allen Staatsterritorien, doch von den provinzialen, nationalen und ständischen Interessen losgelöst war und zum Herrscherhause hielt. Auf ihn stützten sie die Verwaltung. Das hatte den Vorzug, daß wirtschaftlich festgegründete und unabhängige, vornehme, staatsmännisch denkende und veranlagte Männer den Staatsdienst leiteten; aber diese Männer blieben doch immer große Herren, die in ihrem Amte nicht aufgingen und die gesellschaftlich ohne Zusammenhang mit der Bevölkerung waren. Gerade auf das Detail der Verwaltung kommt so viel an, und gerade im Detail ist in Oesterreich unendlich viel vernachlässigt worden. Auch Wenzel Lobkowitz hat hier einen Wandel nur erst angebahnt.

Persönlich war Lobkowitz (1609—1671) geradezu ein Typus dieser adligen Halbfürsten, königstreu gesinnt, um Oesterreich besorgt, geistvoll und die Staatsnotwendigkeiten richtig beurteilend, jedoch nie sich ganz für sein Amt einsetzend, ein feiner Spötter, immer ein wenig lächelnd über den Eifer, mit dem er und andre den Weltlauf durch Regieren zu beeinflussen suchten. Indessen hatte er doch soviel Selbstverleugnung, daß er die Loslösung der Verwaltung von der hohen Aristokratie und ihren Uebergang an ein Berufsbeamtentum betrieb. Er setzte 1669 durch, daß der aus dem Adel ergänzte ,Geheime Rat' aus dem Mittelpunkte der inneren Staatsregierung hinaus und die aus Berufsbeamten ernannte, seit 1654 als Behörde organisierte Hofkanzlei in ihn einrückte und der Leitung Johann Paul Hochers unterstellt wurde. Hocher war ein schroffer Absolutist vom Schlage Jenas, unbestechlich und selbständig, klug und besonnen, von äußerstem Fleiße, wenn auch langsam in der Erledigung des Laufenden, der, gestützt von Leopolds Vertrauen, nach und nach wenigstens in die allgemeine Verwaltung, den diplomatischen Verkehr, die Gerichtshandhabung höchster Instanz Ordnung brachte. 1670 bis 1671 versuchte Lobkowitz, die Finanzwirtschaft ähnlich

Abb. 94 · Johann Paul Hocher

zu regeln. Seit 1656 hauste dort Ludwig Graf von Sinzendorf als Präsident der Hofkammer nach Belieben, der ein schamloses Günstlingswesen hegte, mit der Förderung von Handel und Gewerbe spielte, und den Wirrwarr, in welchem sich das

Rechenwesen ohnehin befand, fast rettungslos anwachsen ließ. Lobkowitz erreichte eine Untersuchung gegen ihn, aber Sinzendorf hatte Leopold zu geschickt umgarnt, und erst viel später wurde er beseitigt. Lobkowitz und Hocher waren auch bestrebt, die Behörden der Landesverwaltungen in ihrem Geist zu organisieren. Aeußerlich ward der seit 1564 unter mehrere habsburgische Linien verteilte österreichische Staat mit dem Aussterben der letzten, der tirolischen Seitenlinie im Jahre 1665 wieder ein einheitliches Ganzes unter einem Herrn. Man wünschte die innerliche Einigung dem folgen zu lassen, und 1671 bis 1674 zwang Lobkowitz sogar Ungarn eine österreichisch-absolutistische Behördenorganisation unter Kollonitsch Leitung auf, deren Durchführung wohl nur der Wiederausbruch des Krieges verhinderte.

Abb. 95
Ludwig Graf Sinzendorf

Auf diesem Einzelgebiete, in der Güte der Verwaltungseinrichtung wurde Oesterreich erst im nächsten Menschenalter von Brandenburg eingeholt. Die willkürlichen Eingriffe der Fürsten in Gericht, Verwaltung und Finanzwesen zu beschränken, was erste Voraussetzung geordneter Staatsthätigkeit war, gelang noch in Brandenburg so wenig wie in Oesterreich. Die Bestrebungen des brandenburgischen Geheimen Rats zur Vereinheitlichung der Rechtspflege durch das ganze Staatsgebiet mißglückten. Cansteins Versuche in der Domänen- und Regalienverwaltung hatten geringen Erfolg, und Platens weitgreifende Kommissariatsorganisation von 1660 erwies

Abb. 96
Kardinal Leopold von Kollonitsch

Abb. 97
Johann Georg von Anhalt
Brandenburgischer leitender
Staatsmann in den 60er Jahren

sich als noch nicht überall einführbar und verfiel auch dort, wo sie eingeführt wurde, mit Platens Tode 1669 wieder, um erst einige Jahre später dauernd verwirklicht zu werden. Aber schon Platens Plan zeigt, wie viel nachdrücklicher die Brandenburger ihre Aufgabe angriffen: er wollte Kommissariate als Intendantur, Quartier- und Steuerbehörden in allen Territorien des Staates einrichten und beauftragte sie mit der Ueberwachung der die Steuern bewilligenden Landtage. Nicht die Zentralverwaltung allein, sondern die ganze Verwaltung bis in die untersten Organe im Lande wurde seitdem hier allmählich verfürstlicht. Im Gegensatze dazu blieb in Oesterreich die Landesverwaltung in den Händen der Stände.

Die Notwendigkeit einer Bekämpfung der ständischen Gewalten war in beiden Ländern gleich groß. Wurde Oesterreich vorzüglich durch seine nationale Gliederung und konfessionelle Zerfahrenheit dazu gezwungen, so Preußen durch seine territoriale Zerrissenheit mit der Verschiedenheit der politischen, wirtschaftlichen und kirchlichen Bestrebungen, die sie zur Folge hatte. In beiden Staaten mußte dabei der Verstaatlichung der Verwaltung und dem Aufrichten der fürstlichen Gewalt die Ausgleichung der kulturellen Widersprüche und partikularistischen Stimmungen folgen.

Weder Hohenzollern noch Habsburger haben im 17. Jahrhundert den Kampf wider die Stände grundsätzlich aufgenommen. Zunächst ließen sie sich nur

durch Bedürfnisse der Tagespolitik vor-
wärtstreiben; erst allmählich erreichten
sie einen höheren, allgemeineren Standpunkt. Die Verschiedenheit der Entwicklung in beiden Staaten erklärt sich
daraus deutlich.

Friedrich Wilhelm wie Leopold brauchten bei der andauernden Bedrohlichkeit
der europäischen Lage den miles per-
petuus, ein stehendes Heer. Die Geld-
mittel dafür mußten unter allen Umständen
beschafft werden. Oesterreich machte sich
das leicht. Die Habsburger hatten bereits 1620 durch die Schlacht am Weißen
Berge ihren Ständen eine schwere Niederlage beigebracht. Der Eindruck jenes
Tages ebenso sehr wie das Naturell der
Bevölkerung ließen seitdem einen ernsthaften Widerstand nicht mehr
aufkommen, und das verleitete
die Habsburger dazu, dem
ständischen System bloß seine
Spitze gegen die Monarchie
abzubrechen, im übrigen seinen
Bestand nicht zu erschüttern. Die
Stände bewilligten die Summen,
die man ihnen abverlangte,
jährlich etwa 890 000 Gulden,
und behielten dafür die Ein-
nahme und Verwaltung der
Steuern, auch deren Verteilung
auf die niederen Klassen.
Freilich reichte ihr Beitrag zu den
Staatsausgaben bei weitem nicht zu.
Aber die Krone brauchte doch den
Steuerdruck nicht zu steigern, sodaß der
in den Ständen vielleicht noch vorhandene
aufsässige Geist nie wieder bis zur Notwendigkeit eines neuen Zusammenstoßes ge-
reizt worden ist. Die Krone war nicht ausschließlich auf ständische Bewilligungen
angewiesen; denn die Erhebung aller indirekten Steuern war allein in ihr Belieben
gestellt, und überdies, Oesterreich war
wohlhabend und angesehen: es hatte
Kredit. Immer mehr ließ man sich in
eine Schuldenwirtschaft ein, bis man für
die Schuldenverwaltung zuletzt eine
eigene Behörde einrichten mußte.

Brandenburg war verarmt, ihm gewährte niemand Anleihen, und Friedrich
Wilhelm war trotzdem für jeden Pfennig,
den er von seiner Bevölkerung erheben
wollte, auf die Zustimmung seiner Stände

Abb. 98 · Herzog von Croy
Statthalter in Preußen

angewiesen. Das ließ die Auseinander-
setzung zwischen beiden Gewalten nie zu
Ende kommen und zwang ihn, ihren Einfluß im Staate, das ganze ständische
Staatssystem mehr und mehr zu erschüttern. Die militärische Gewalt, mit
deren Hilfe der Kurfürst schon während
des Krieges mit Polen und Schweden
die Kosten von seinen Unterthanen betrieb, hatte insbesondere die bisher
ungehorsamsten Stände, die von Kleve,
vollkommen eingeschüchtert. Sofort nach
dem Frieden von Oliva fügten sie
sich in eine Verfassungsänderung, die
ihnen nur noch den Schein ihrer alten
Macht ließ; denn indem dieselbe ihnen
verbot, sei es auch bloß durch Steuer-
verweigerung, Zwang zur Verteidigung
ihrer Rechte anzuwenden, ver-
wandelte sie das Vertragsver-
hältnis, in dem die Stände hier
noch immer zum Fürsten gestanden hatten, in ein Unter-
thanenverhältnis. Hartnäckig
widersetzten sich nur die preußischen Stände dem Kurfürsten,
der sie so lange in Rücksicht
auf seine drückende Lehnsabhängigkeit von Polen hatte
vorsichtig behandeln müssen.
In zwei schweren Fehde-
gängen von 1661 bis 1663
unter Schwerins, dann seiner persönlichen Führung und von 1669 bis
1674 unter Croys ausgezeichneter Leitung
ward auch ihnen der Mut zum Wider-
stande niedergeschlagen, und wurden auch
sie zur Treue gegen das hohenzollerische
Haus gewonnen; ist doch selbst Kalkstein,
den Friedrich Wilhelm als Verräter
foltern und 1672 hinrichten ließ, mit
einem Segenswunsche für ihn aufs Schaffot
gegangen, und Kalksteins Söhne wurden
tapfere Offiziere in seinem Heere. In
Brandenburg zahlten die Stände schon
seit 1653, was ihnen auferlegt wurde,
und die Bewilligung war hier nur noch
eine Formalität, die durch einige Vertreter
der Landschaft, nicht einmal mehr durch
den Gesamtlandtag erfüllt wurde.

Hier griff der Kurfürst jetzt bereits in die
ständische Steuerverwaltung unmittelbar
ein, die er in den anderen Territorien
damals noch nicht anzutasten wagte.

Anlaß dazu ward ein Doppeltes. Die märkischen Stände hatten ihre Steuern unter den früheren Kurfürsten großenteils durch Anleihe aufgebracht, besaßen nun eine ausgedehnte Schuldenverwaltung und benützten sie, um ihren Angehörigen hohe und sichere Zinsen auf Kosten der Bevölkerung dauernd zufließen zu lassen. Der Kurfürst brachte sie in zwei Anläufen von 1662 bis 1664 und von 1667 bis 1670 dazu, sich die Aufsicht eines seiner Räte, Schwerins, gefallen zu lassen und die Schuldsummen nach festen Grundsätzen rasch zu tilgen. Erleichterte er schon dadurch die Steuerlast der unteren Klassen erheblich, so wirkten auf die Dauer seine Versuche, auch das Steuersystem selbst zu reformieren, noch günstiger. Sie erstrebten einerseits die gerechtere Verteilung der Steuern auf Grund des bisherigen direkten Steuersystems, der ,Kontribution' von Huse und Haus, durch eine Neukatastrierung des gesamten Bodens; hierzu fehlte es jedoch noch zu sehr an den geeigneten Organen und der Macht über den Adel, der sich seine Unterschlagungen nicht aufdecken lassen wollte. Anderseits richteten sie sich auf die Einführung der Accife, eines vorwiegend indirekten Steuersystems. 1667 trat der Kurfürst in der Mark zuerst nachdrücklich dafür ein. Nur einige wenige Städte waren ihm zu Willen; die Ritterschaft drohte und flehte, er geriet ins Wanken. Dann aber befahl er, daß die Accife den Ständen zwar nicht aufgezwungen, jedoch den Städten, die sie wünschten, freigestellt werden sollte. Seitdem bürgerte sie sich in den Gemeinden allmählich ein; das flache Land entschloß sich nie zu ihr. So hatte es der Kurfürst ursprünglich nicht gemeint; schließlich aber hat die Accifeverfassung, die sonst allenthalben versagte, in Preußen gerade durch ihre Beschränkung auf die Städte Erfolg gehabt; denn innerhalb der Stadtmauern war die Aufsicht leicht durchzuführen, die Verwaltungskosten wurden nicht übergroß, der Untreue der Beamten war eine Grenze gesetzt. Aber die Bedeutung jenes Accifegesetzes von 1667 für den preußischen Staat erschöpfte sich in diesem Steuervorteil nur zum kleinsten Teile. Der Kurfürst schickte in jede

Stadt, die ihm zu Willen war, einen fürstlichen Kommissar zur Ueberwachung der Accife. Es war der erste fürstliche Beamte, der in die Gebiets- und Rechtssphäre eines ,Standes' eintrat und seine Autonomie innerhalb dieser Sphäre beschränkte. Und dieser Beamte, verpflichtet für den regelmäßigen Steuerertrag zu sorgen, ohne Zusammenhang mit der Rats- und Zunftgevatterschaft, ja oft im Gegensatz zu ihr und nur auf Betreiben der niederen Gewerbe und arbeitenden Klassen gekommen, durchschaute immer schärfer die

Abb. 99 · Königsberg · Schloßturm mit der Spitze von 1668

Unordnung und unsoziale Weise der Stadtverwaltungen, die Mängel der Polizei, der Gerichtspflege und der Wirtschaft und trieb seine Vorgesetzten unablässig zur Einmischung in alle und jede Gebiete genossenschaftlichen Lebens. So hätten an dem Tage, da der erste fürstliche Kommissar ein märkisches Städtchen betrat, die Glocken das Totengeläute für die ganze ständestaatliche Verrottung innerhalb der Grenzen Brandenburg-Preußens beginnen können. Von da ab nahm das Fürstentum eine Verwaltungs- und Kulturaufgabe nach der andern den Ständen weg, zunächst im Finanzwesen, dann im ganzen Bereich der inneren

Staatsverwaltung, der Wirtschaft, der Schule, des Gerichts und der Polizei.

In Oesterreich überschritt kein fürstlicher Kommissar das Weichbild ständischer Gebiete; hier blieb die Steuerverwaltung ständisch, hier sorgten die Stände auch weiterhin für Gericht und Polizei, hier wurden dauernd allein aus ihren Reihen die Aemter der einzelnen Landesregierungen besetzt. Das war nicht nur bequemer, sondern die Beziehungen zwischen Fürst und Ständen blieben dadurch auch um vieles freundlicher; konnten die Habsburger doch kurz vor Leopolds Regierungsantritt den schon von Ferdinand I. gehegten Plan wieder aufnehmen, die Einheit des Staates auf einen Generallandtag, einen gemeinsamen Landtag ihrer sämtlichen Länder, also auf das Ständetum selber aufzubauen. Leopold wiederholte allerdings den Versuch von 1655 nicht; aber er trat

Abb. 100 · Amthaus Seegard im 17. Jahrhundert
Größtes Gutsgebäude in Schleswig-Holstein

den Ständen auch nicht mit Gewalt entgegen. Er fand mehr Liebe bei ihnen als Friedrich Wilhelm, aber dafür wurde der Ausbeutung der Bauern und Handwerker durch ihre Herren und die Kapitalkräftigen, sowie der Verkommenheit, Sorglosigkeit und Nachlässigkeit der ganzen Verwaltung nie ein Ende gemacht; und Oesterreich, das keine fürstlichen Beamten brauchte, erzog sich auch nicht, wie Brandenburg in seinem Junkertum, einen gesunden, kräftigen und durch und durch ehrenhaften Beamten- und Offiziersstand, der ein unzerreißbares Glied zwischen Bevölkerung und Krone wurde.

Dasselbe Schauspiel halben Thuns in Oesterreich, eifrigster Arbeit in Brandenburg wiederholte sich in der Volkswirtschaft jener Jahre. Eine kraftvolle und weitsichtige Wirtschaftspolitik hätte Oesterreichs Kräfte außerordentlich entfalten können; Böhmen mit Prag und

Schlesien mit Breslau zählten zu den begütertsten Ländern, und durch Hebung Triests waren weite Gebiete zu erschließen. Aber man machte wohl Pläne und gründete Kollegien zur Beratung wirtschaftlicher Förderung, aber man führte nur wenig aus. Sinzendorf stand diesen Dingen vor, und er vergeudete Geld und Kräfte. In Brandenburg dagegen, wo alles darniederlag, dessen Fürstenschloß noch 1662 als das zerfallenste Deutschlands galt, dessen Bevölkerung dünn gesät und unkultiviert war, dessen Gebiete vom Handel nur wenig berührt wurden, strengten sich Friedrich Wilhelm, Raban von Canstein und Matthias, der Begründer des Postwesens, unermüdlich an, die wirtschaftlichen Verhältnisse zu bessern. Die wichtigste Leistung dieser Jahre war der 1662 in Angriff genommene Müllrosekanal, der den schlesisch-polnischen Handel nach Hamburg durch die Mark leitete und für den Nord-Ostseeverkehr die erste Möglichkeit einer Umgehung des Sundes auf dem Wasserwege herstellte. Man erstrebte Beseitigung aller Zollberechtigungen im eigenen Lande und Mäßigung derjenigen in den Nachbarländern. Es war auch ein wirtschaftlich, nicht bloß politisch bedeutsamer Akt, als Friedrich Wilhelm im Juni 1666 durch rasches Zugreifen die ihm 1648 zugesprochene Stadt Magdeburg, die sich ihm durch Behauptung der Reichsunmittelbarkeit entziehen wollte, seinem Staatswesen einverleibte. Seine Gedanken schweiften gerne weit. Er dachte 1660 wohl an eine gemeinsame Koloniengründung mit Oesterreich. Doch vorderhand fand er daheim bei dem Verfall von Industrie und Konsumfähigkeit dringlichere Ziele. Er suchte auf jede Weise den Auslandhandel in seine Länder zu leiten; er nahm Beamte in die Niederlande mit, um sie dort die Verhältnisse studieren zu lassen. Schon im November 1659 war Canstein von ihm zum ‚Chef des Kommerz- und Industriekollegiums' ernannt worden. Der Handel blühte denn auch in der That langsam empor. In der Industrie war der sächsische Wettbewerb zu überlegen. Vergeblich ward seine Wirtschaftspolitik streng merkantilistisch, folgten Aus- und Einfuhrverbote, Monopolverleihungen, Ankaufszwang für inländische Erzeugnisse einander häufig. Wichtig wäre in diesen großen agrarischen Gebieten eine gleichzeitige Unterstützung und Anleitung von Landwirtschaft und Handwerk gewesen; aber sie wurde nicht versucht — doch wohl deshalb, weil der Kurfürst alle seine Berater im Wirtschaftswesen von Westen her erhielt und sie mit den ostelbischen Zuständen nicht vertraut waren, und weil auch die Staatswissenschaft und Nationalökonomie fast nur dem Handel und der Industrie ihre Aufmerksamkeit widmeten. Dafür gewann nun der aus Niedersachsen gekommene bauern- und gewerbefreundliche Canstein ihn und durch ihn sein Haus dauernd für eine der großartigsten Kulturarbeiten, von denen die preußische Geschichte weiß: die Kolonisations- und Bevölkerungspolitik. Thatsächlich brauchte das Staatswesen vor allem Zufluß an Menschen, an Arbeitskräften sowohl wie an technisch und kulturell den Einwohnern überlegenen Wirtschaftern. Gedanken tauchten auf wie die Abschaffung aller Zünfte, um jedem Brauchbaren freie Bahn zu geben, ohne Rücksicht darauf, daß die Zustände für eine solche Maßregel noch längst nicht reif waren. Auch der Bauer wuchs damit in der Schätzung des Kurfürsten. Er nahm sich seiner gegen den Adel an. Ein Spalt öffnete sich überhaupt zwischen ihm und diesem. Bislang hatte der Kurfürst alle gesellschaftlichen Verhältnisse und ständischen Ordnungen aus dem Gesichtskreise seiner Junker gewürdigt, deren ‚angestammte Liebe zur Tugend‘ ihm ein Glaubensgesetz und deren Verschonung mit staatlichen Lasten für ihn selbstverständlich war. Aber der Einfluß seiner westdeutschen Berater, der trotzig stolze Widerstand der Ritterschaft gegen seinen Absolutismus, ihr Verhalten bei der Acciseeinführung, vor allem seine Wirtschaftspolitik, die ihm in ihren Grundgedanken von Westeuropa her vermittelt wurde, ließ ihn zwischen 1665 und 1670 die in jungen Jahren und in seiner ersten Herrschaftszeit gefaßten Meinungen aufgeben und dem biegsameren Bürgertume gute Seiten abgewinnen. Er trennte die beiden großen Stände von einander, half dem schwächeren gegen den stärkeren und siegte über beide.

So führt uns die Betrachtung seiner Thätigkeit zwischen 1660 und 1673 immer wieder zu der Beobachtung, daß, was er auch that und welchen Erfolg im einzelnen er auch haben mochte, alles zur Unterhöhlung der ständischen Macht und zur Aufrichtung des fürstlichen Absolutismus ausschlug. Nach diesem Ziele strebten fast alle deutschen Territorien; aber Brandenburg war es, das am nachdrücklichsten vorwärts drängte.

*

Unterdessen waren die auswärtigen Fragen seit 1667 wieder in Fluß gekommen. Die Lage im Reiche war für die beiden führenden Mächte günstiger geworden, als sie je hätten erwarten dürfen. Sie selbst waren einander befreundet. Das patriotische Gefühl wurde in den Massen des ganzen deutschen Volkes immer lebendiger, die Frankreich verbündeten Höfe und die Regierungen wichen schon der allgemeinen Stimmung und schlossen sich zum Teil ihr an. Der Rheinbund wurde nicht mehr erneuert. Eine Gewaltthat Frankreichs gab schließlich das Zeichen zur entschiedenen Wendung der öffentlichen Meinung wider es.

Die wichtigste politische Angelegenheit, die in der zweiten Hälfte des 17. Jahrhunderts Westeuropa beschäftigte, war die spanische Erbfolge. Ein einziger, schwächlicher Thronerbe war dort noch am Leben, von seinen Schwestern war eine ältere Stiefschwester an Ludwig XIV. verheiratet, mit der andern, einer rechten Schwester, wollte sich Leopold I. vermählen. 1666 kam es zum letzten Male in Madrid zum Thronwechsel, und niemand verfah sich eines Friedensbruches vor des noch jungen Fürsten Tode. Da überfiel Ludwig XIV. 1667 plötzlich die spanischen Niederlande, sich berufend auf ein im Brabantischen Privatrecht gültiges Devolutionsrecht, das im Falle doppelter Heirat den Kindern erster Ehe das Alloderbe zuerkannte. Leopold war entrüstet darüber, in Berlin betrieb man den Krieg, und Sachsen, das eben erst für ein französisches Bündnis gewonnen worden war, zog sich sofort wieder zurück. Lisola schleuderte seine glänzende

Staatsschrift: Le Bouclier d'État et de Justice gegen den Vergewaltiger von Recht und Frieden. Aber die innere Staatsarbeit war in Brandenburg erst zur Hälfte gethan, in Oesterreich sollte sie gar erst beginnen, und der brittbeteiligte Staat, die Niederlande, war im Verfall. In Polen, das Oesterreich und Brandenburg im Rücken lag, stand eine Königswahl bevor, und ein französischer Prinz hatte die besten Aussichten auf sie. Unter den Umständen überwog bald die nüchterne Ueberlegung. Friedrich Wilhelm vereinbarte sich mit Ludwig am 15. Dezember 1667 gegen dessen Verzicht

Abb. 101 · Wilhelm von Fürstenberg

auf Polen. Am 19. Januar 1668 ließ sich Oesterreich auf einen Geheimvertrag mit Frankreich ein, worin es seinen bisherigen Anspruch auf alleinige Beerbung Spaniens preisgab und in eine künftige Teilung willigte. Die Niederlande, England und Schweden fügten sich ebenfalls der Gewaltthat des Königs durch Anerkennung des spanisch-französischen Friedens, der zu Aachen am 4. Mai 1668 zustande kam. Es war dennoch nur eine Vertagung, keine Entscheidung. Die deutschen Mächte nahmen freilich auch noch den Einbruch des Sonnenkönigs in Lothringen (1670) hin. Und sogar der Krieg mit den Niederlanden, den Ludwig 1672 im Bunde mit den Bischöfen von Köln und Münster teils aus Eroberungslust, mehr noch unter dem Zwange der

brutalen Amsterdamer Wirtschaftspolitik begann, brachte den Stein nicht sogleich ins Rollen, obwohl diesmal der Brandenburger für den Staat seiner Jugendliebe alsbald ins Feuer ging. Oesterreich verbündete sich ihm dabei nur, um ihn an der freien Bewegung zu hindern und ihn dem Schlachtfelde fernzuhalten, und schon am 16. Juni 1673 sah er sich zum Rücktritt vom Kampfe gezwungen (Frieden von Vossem).

Aber noch in demselben Jahre brach der Unwille der wiedererwachten Nation gebieterisch durch. Zahllose Flugschriften wie in den Zeiten der Reformation und des Dreißigjährigen Krieges gingen über die deutschen Lande aus, doch nicht, wie ehedem, voller Anklagen und Schmähungen Deutscher gegen Deutsche, sondern einig in treuer vaterländischer Gesinnung und in der Forderung des Auslandkrieges vom Kaiser und vom Reiche, — nicht unter falschem Namen von Staatsmännern und Gelehrten verfaßt, sondern aus tausend verborgenen Quellen des Volksempfindens strömend und in glühenden Worten mit den Feuerzeichen geschrieben, durch die die unbekannten, leidenschaftsgewaltigen Racheprediger und Siegespropheten des Volkes es in seiner Gesamtheit aufzurufen verstehen.

Leopold I., längst im Herzen zum Kriege bereit und nur durch Lobkowitz zurückgehalten, jetzt jedoch im rechten Augenblicke selbst in den Mittelpunkt der Geschäfte tretend, ging nun zum Angriff über. Machtvoll bewies er der Nation seinen kaiserlichen Willen. Noch blieben die Wittelsbacher bei Frankreich. Aber der Kaiser ließ am 14. Februar 1674 ihren Hauptunterhändler, den Verräter Grafen Wilhelm Fürstenberg, in Köln auf kurfürstlichem Boden durch kaiserliche Truppen aufgreifen und fortführen. Am 28. Mai erklärte auf sein Drängen das Reich Ludwig den Krieg. Seit Menschengedenken war solche Einigkeit nicht mehr in Deutschland gesehen worden. An der Grenze, im Stifte Trier, dessen Erzbischöfe fast ein halbes Jahrhundert lang mit Frankreich gegangen waren, hielt der Neugewählte, wie ein Volkslied sang, ‚treu wie ein harter Fels‘ zum Kaiser.

Alle Wittelsbacher außer Bayern sowie die meisten Welfen traten zu Leopold über, und Brandenburg schloß sich ihm mit seinem vollen Nachdruck an. Die Zeit war zur Reise gekommen. 1674 wurde Lobkowitz als Kriegsgegner vom Kaiser entlassen. Schon 1673 hatte sich Johann Friedrich von Schönborn, der Mainzer Erzbischof, der Führer all der Deutschgesinnten, die gegen den Kaiser zu Frankreich stehen zu dürfen geglaubt hatten, ins Grab gelegt.

Der Erfolg

Der 1673 begonnene Krieg erwuchs mit der Zeit ebenso zu einem fast endlosen Weltkriege wie der, der von 1618 bis 1648 im Reiche, bis 1660 im Westen und Nordosten Europas gewährt hatte. Oesterreich, Brandenburg, das Reich und die Staaten führten ihn gegen Frankreich; auch Spanien focht auf ihrer Seite, doch kam es nur noch wenig in Betracht. 1675 griffen die Schweden und Dänemark ein, 1676 die Ungarn und die Pforte, 1689 England, 1700 Rußland und Polen. Die wichtigsten Friedensschlüsse, die sein Ende nach und nach herbeiführten, waren der von Karlowitz 1697, der Ungarn und Siebenbürgen an Oesterreich brachte (26. Januar 1699), die von Utrecht und Baden, welche Frankreich gegenüber die Grenze herstellten (13. April 1713 und 8. September 1714),

sowie die Frieden zu Stockholm zwischen Schweden, Hannover und Preußen (20. November 1719 und 1. Februar 1720) und zu Nystädt zwischen Schweden und Rußland (10. September 1721).

Spanien, Schweden, die Niederlande und die Pforte schieden im Verlauf des Krieges aus der Zahl der Großmächte aus, Preußen und Rußland traten darin ein. Zwischen England und Frankreich eröffnete sich der Streit um die Herrschaft auf dem Atlantischen Ozean und in der Weltwirtschaft. Rußland gelangte ans Meer. Oesterreich vollendete seine Ausbildung als innerkontinentale europäische Großmacht, drängte Frankreich in schwerer Demütigung Ludwigs XIV. über den Rhein und erwarb durch Zurücknahme der spanischen Niederlande mit den vlämischen Bezirken wieder einen beträchtlichen Teil des im 16. Jahrhundert abgetretenen alten deutschen Grenzgebietes im Westen fürs Reich. Sachsen vereitelte im Bunde mit Wien die so lange gepflegten Absichten Frankreichs auf die polnische Königskrone, und sein Kurfürst wurde 1697 selbst polnischer König. Das hannöverische Welfenhaus eroberte den schwedisch-deutschen Besitz an der Nordsee. Preußen das wichtigste Stück desselben an der Ostsee. Mit der Ausbildung eines Kurfürstentums Hannover entstand zum letzten Male ein deutscher Mittelstaat von lebens- und wehrfähiger Ausdehnung,

Bayern und Sachsen zur Seite. Das Reich als Ganzes focht während des Krieges stets mit dem Kaiser. Außer

Abb. 102 · Peter der Große

aus dem Elsaß und Lothringen wurden die Ausländer wieder vom Reichsboden verdrängt.

Dieses Gesamtergebnis muß im Auge behalten, wer die einzelnen Abschnitte des Krieges richtig bewerten will: denn es war ein wechselvoller Krieg, in dem das Halbfertige der politischen Neuorganisationen Deutschlands, die Schärfe ihrer noch nicht ausgeglichenen Ansprüche gegeneinander, die notwendige Verzettelung der Kräfte, die Unzuverlässigkeit aller Unternehmungen, an denen mehrere Staaten beteiligt sind, den deutschen Waffen noch manchen Mißerfolg eintrugen.

Die Jahre 1673 bis 1679 tragen den ersten Abschnitt der Kämpfe. Er verlief wenig glücklich, und das einzige Ergebnis von dauernder Bedeutung war die moralische Wirkung der Siegestage bei Fehrbellin (28. Juni 1675) und an der Conzer Brücke, wo der alte Lothringer Karl IV. Führer war (11. August 1675). Das deutsche Volk jubelte vorzüglich

bei der Nachricht von der Flucht und Niederlage der ihm tiefverhaßten Schweden, und zum ersten Male erzählte es sich dankbar von seinem ‚Großen Kurfürsten‘. Aber militärisch nahm sich die Lage anders aus.

Es war schon 1674 nicht gelungen, rechtzeitig einen Angriffsplan aufzustellen, der ein erfolgreiches Zusammenwirken der aufeinander eifersüchtigen österreichischen, brandenburgischen und Reichs-Feldherren ermöglichte. Darauf glückte es Ludwig XIV., durch den von ihm veranlaßten schwedischen Einfall in die Mark den Brandenburger vom Rheine wieder abzuziehen. Um ein Haar hätte das Ungestüm, mit dem dieser zurückkehrte, den Plan durchkreuzt; denn der Kurfürst war hart daran, die zu einer offenen Feldschlacht nicht mehr fähigen Schweden mit einem Schlage zu vernichten; bloß das sumpfige Terrain der nördlichen Kurmark half dem schwedischen Oberbefehlshaber Wrangel, sich mit der Aufopferung von einigen tausend Mann loszukaufen, die dem Gegner bei Fehrbellin standhalten mußten, während er sich in die pommerischen Festungen

Abb. 103 · Littauischer Schlitten

rettete. Der Kurfürst verrannte sich danach in einen mehr als dreijährigen Festungskrieg, der von ihm mit begeisterndem Nachdruck und in heldenhafter Anstrengung bis zu jenen glorreichen Marschtagen durch die Schneefelder Preußens und über das Eis des kurischen Haffes geführt wurde, der aber doch erfolglos blieb, weil Stettin damals nur am Rhein, in Siegen über Frankreich hätte gewonnen werden können.

Die österreichische Kriegführung hielt sich näher am Ziel. Sie ließ sich weder durch den von Ludwig XIV. genährten Ungarnaufstand unter Tökölys zäher Leitung, noch durch die französenfreund=liche Haltung Bayerns und Hannovers vom Rhein ab=lenken. Doch auch sie kam nicht vorwärts. Die Feld=herren, die sie zur Verfügung hatte, waren Greise: der be=deutendste davon, Raimund Montecuccoli (1609—1681), mußte sich zurückziehen, nach=dem er die Ehre der Jahre 1673 und 1675 gerettet hatte, ein großer Kriegsgelehr=ter, vielleicht zu vorsichtig und bedachtsam, um ein genialer Schlachtenlenker genannt werden zu dür=fen, da ein solcher seines treuesten und glücklichsten Bundesgenossen, des Zu=falls, doch nie entbehren kann, indessen in der Vorbereitung und Durch=führung eines ganzen Feldzuges zu seiner Zeit von keinem übertroffen. Ein junges Feldherrn=geschlecht wuchs erst her=an. Wilhelm III. von Oranien, dessen staati=sches Heer mit dem öster=reichischen zusammen=wirken sollte, wurde in jedem Jahre aufs neue geschlagen.

Abb. 104
Joachim Ernst von Görtzke
Brand. Befehlshaber gegen Horn

Abb. 105
Schwedischer Feldmarschall Heinrich Horn

Für den Augenblick war deshalb wenig zu erreichen, nur um der eignen Ehre willen und wegen des Branden=burgers hielt Leopold I. noch im Kriege aus, und schon von 1676 ab wurde über den Frieden unterhandelt. Aber als er von der Krämerrepublik der Niederlande durch den Nymweger Schluß vom 10. August 1678, von Spanien

durch den vom 17. September 1678 im Stiche gelassen wurde, als Dänemark und die Welfen sich von dem Kurfürsten zurückzogen und dieser darauf im Herbste in kaum verständlichem Zorne gegen Oesterreich Verhandlungen mit Lud=wig XIV. anknüpfte, brach Oesterreich auch seinerseits den Krieg ab, um zu=nächst die Ungarn niederzu=schlagen. Es unterzeichnete den Frieden am 5. Februar 1679, Brandenburg ward gezwungen, am 29. Juni zu St. Germain en Laye zu folgen.

Wie beim Olivaer Frieden 1660, erlitten die deutschen Mächte auch diesmal keine Verluste. Damals jedoch gingen sie unter sich einig aus dem Kriege hervor, und jetzt öffnet sich eine tiefe Kluft zwischen ihnen. Das vorzüglich hat es dem französischen König er=laubt, von 1680 bis 1684 ungehindert die soge=nannten Reunionen durchzuführen und am 30. September 1681 so=gar Straßburg zu be=setzen. Es sollte sein letzter, freilich der uns schmerzlichste Erfolg sein, den ihm die Uneinigkeit deutscher Fürsten eintrug.

Denn in Oesterreich flammte das deutsche Gefühl mit jedem Jahre mächtiger auf, 1682 er=ging aus Wien der ‚Ehrenruf Teutschlands, der Teutschen und ihres Reiches‘, ein begeisterter Lobpreis deutscher Po=litik, deutscher Sprache und Kunst von Hans Jakob Wagner von Wagenfels, der der Erzieher des ältesten Sohnes Leopolds wurde. Mit ergreifender Aufopferung vereinigte der greise Georg Friedrich von Waldeck, gegen 1650 so ganz gewandelt, die kleineren Reichsstände um den Kaiser (Laxenburger Allianz 10. Juni 1682). Am 11. Sep=tember 1680 kamen in Bayern mit Max Emanuel, in Sachsen am 22. August 1680 mit Johann Georg III. junge Herrscher zum Regiment, Männer voller Kampfeseifer und die rechten deutschen lebensfrohen und idealen Soldatenfürsten. Auch in Hannover führte ein Thronwechsel 1679 zum politischen Umschwung.

Abb. 106 · Emerich Tököli

Aber es fügte sich, daß die kriegerischen Rüstungen doch nicht zuerst gegen Frankreich, sondern gegen die Pforte gewandt wurden, die mit einer letzten Anstrengung 1683 ein übergroßes Heer gegen Oesterreich vorschob. Vor ihm mußten die Oesterreicher zunächst bis hinter Wien zurückweichen. Wien wurde belagert. Und nun entspann sich jener kurze erregte Kampf, in dem der Welt, infolge des völligen Umschlages im deutschen Volksempfinden und in der europäischen Schätzung der Deutschen, plötzlich zum Bewußtsein kam, daß dieses Oesterreich, welches in allen Kämpfen Westeuropas für das Reich und Spanien mitzuwirken fähig war, schon 200 Jahre lang zugleich die unzertrümmerbare Vormauer der Christenheit bildete. Ernst Rüdiger von Starhemberg verteidigte Wien von der zweiten Hälfte des Juli bis in den September hinein, rastlos und alles überschauend. Unterdessen sammelten sich um den Oberbefehlshaber der habsburgischen Truppen, den jüngeren Lothringer, Karl V., die Helden der künftigen Jahrzehnte: Eugen von Savoyen, Max Emanuel von Bayern, Ludwig Wilhelm von Baden, Johann Georg von Sachsen. Auch der

Polenkönig Sobieski kam mit seinen Reitern. Am 12. September rückten 84000 Christen gegen die 100000 Türken vom Kahlenberge nieder. Zwölf Stunden tobte die Schlacht; bei Sonnenuntergang war die Herrschaft des Osmanentums gebrochen. Mochte Ludwig XIV. darauf immerhin zur Rache mitten im Frieden das feste, wichtige Luxemburg angreifen, — an der Tapferkeit, mit der es sich verteidigte, merkte auch er, daß die germanische Kraft wieder erwachte. In Oesterreich war man in diesen großen Tagen bereit, zugleich Frankreich und der Pforte den Krieg anzusagen, und nur dem Oesterreich grollenden Brandenburger verdankte es der französische König, daß trotz dem Türkensiege und trotz der Entrüstung über den schamlosen Raubzug wider Luxemburg das Reich sich am 15. August 1684 in einen 20jährigen Waffenstillstand fügte, der Straßburg und alles vor dem 1. August 1681 Fortgenommene ihm in Händen ließ. Die habsburgische Macht selber vermochte in ihrem sieghaften Emporschwellen niemand

Abb. 107
Johann Wilhelm · Kurfürst von der Pfalz

mehr aufzuhalten. Von ihr begeistert, stürzten sich die Polen auf die Türken, Morosini begann für Venedig die Eroberung Moreas, spanische Handwerksgesellen, französische Edelleute eilten zur Hilfe herbei, und Oesterreichs eignes

Heer eroberte von 1685 bis 1688 das ganze Ungarn, am 6. September 1688 fiel Belgrad. Von nun ab mußte der Kampf wieder Frankreich gelten.

Auch Brandenburg hatte sich inzwischen wieder zurecht gefunden.

Friedrich Wilhelms ganzes Wesen war tief dadurch erschüttert worden, daß ihm 1679 Stettin nach so gewaltiger Anstrengung und bei so großen Leistungen abermals vorenthalten wurde. Der alte Haß gegen Oesterreich loderte in ihm wieder auf, der politische und auch der kirchliche. In seinem Grimme war er sich Ludwig XIV. fast vor die Füße mit Beteurungen seiner Unterthänigkeit, deren Wiederholung der vaterländische Geschichtsschreiber gerne vermeidet, unter dem gerechtfertigten Vorwande der dem Kurfürsten stets eigen gewesenen Maßlosigkeit des Ausdrucks bei Aufwallungen seiner Leidenschaft. Er wehrte dem Kaiser und den Reichsständen Jahr auf Jahr jede Abweisung der französischen Brutalitäten. Gewiß kann niemand beweisen, daß Straßburg damals zu halten gewesen wäre; das aber ist sicher, daß auf den Kurfürsten die Schuld daran fällt, wenn nicht einmal ein Versuch dazu gemacht worden ist. Und auch dann, als sich die Abkehr von dem Sonnenkönig endlich in ihm vorbereitete, war es nicht zuerst das deutsche Herz in Friedrich Wilhelms Brust, das wieder lauter schlug, sondern nur sich erhebender religiöser Gegensatz gegen Frankreich trieb ihn von dessen Seite. Aber gleichviel, hier konnte Oesterreich einsetzen.

Westeuropa hatte sich seit dem dreißigjährigen Kriege von der kirchlichen Verhetzung des 16. Jahrhunderts in langem Ringen mehr und mehr befreit und Politik wieder zur Politik gemacht; jedoch gegen das Ende des 17. Jahrhunderts hin zog es seltsamerweise noch einmal wie eine schwere Wolke religiöser Unduldsamkeit und Friedlosigkeit über Europa bahn. Die Evangelischen überkam die Furcht eines erdrückenden Vordringens der katholischen Kirche. Die Kurie gab sich thatsächlich alle Mühe, Frankreich und Oesterreich auszusöhnen, und unter ihrem Einflusse geriet selbst Oesterreichs deutsche Politik

für einige Monate ins Schwanken. Das älteste und eifrigste reformierte Fürstentum deutscher Zunge, die Pfalz, erhielt 1685 durch Erbgang den Hauptvorkämpfer des westdeutschen Katholizismus, Philipp Wilhelm von Pfalz-Neuburg, den Herzog von Jülich-Berg, zum Kurfürsten. Die sächsischen Kurfürsten, die Träger des lutherischen Kirchentums, standen schon seit 1667 im Verdacht katholischer Neigungen, wie sie denn auch 1697 übergetreten sind; von dem Hannoveraner wußte man, daß er mit dem gleichen Gedanken sich trug, um Wiens Fürsprache zur Verleihung des Kurhutes zu erhalten. Im Erzbistum Salzburg mußten die Protestanten in Massen das Land räumen. Aber erst die empörende Art, wie Ludwig XIV. am 18. Oktober 1685 das Edikt von Nantes aufhob und Hunderttausende von Hugenotten zur Auswanderung veranlaßte, brachte Feuer und Eile in das Sorgen und Planen der evangelischen Fürsten; und daß gleichzeitig in dem Herzog von York ein Katholik die Herrschaft Englands übernahm, erregte die beiden einflußreichsten reformierten Fürsten so sehr, daß sie, der Brandenburger und der Oranier, die Absicht seiner revolutionären Beseitigung und seiner Ersetzung durch den Oranier faßten. Auch nach dem Gelingen dieser, der ‚glorreichen‘ Revolution zitterte noch bis 1690 und darüber hinaus die Furcht vor einem allgemeinen katholischen Bunde in den Beratungen aller protestantischen Regierungen nach.

Indessen statt zu erneutem Verderben Deutschlands, schlug die religiöse Erregung zu seinem Nutzen aus. Durch die geschickte Vermittlung des österreichischen Gesandten Fridag ward der Große Kurfürst seit dem Januar 1686 Schritt für Schritt von dem hugenottenfeindlichen Frankreich getrennt. Zuerst versprach er Hilfstruppen für den Türkenkrieg, dann am 22. Mai das Bündnis gegen Frankreich, das auch Schwedens Bundesgenossenschaft in diesen Jahren verlor. Den Wiederausbruch des Kampfes selbst hat Friedrich Wilhelm freilich nicht mehr erlebt, er ist am 9. Mai in eben dem Jahre 1688 gestorben, da die Heere wieder den Marschbefehl zum Rheine erhielten.

Oesterreichische und brandenburgische Heerführer in den Jahren 1674 bis 1713

de Souches

Derfflinger

Landgraf Friedrich von Hessen-Homburg

Bournonville

Montecuccoli

Prinz Eugen

Karl V von Lothringen

Rüdiger von Starhemberg

Ludwig Wilhelm von Baden

Johann Georg III von Sachsen

Marschall Schomberg

Johann Albert Barfuß

Leopold von Dessau

Hans Adam von Schöning

Hans Karl von Thüngen

Nicht Leopold I., sondern Ludwig XIV.
hat 1688 den Frieden zuerst aufgekündigt.
Es reizten ihn dazu empfindliche Niederlagen. 1685 in der Pfalz, auf die er nach dem
Tode des Sohnes Karl Ludwigs Ansprüche
erhoben hatte, 1686 durch die Absage

Abb. 108 · Karl XII. von Schweden

Brandenburgs und gerade jetzt im Erzbistum Köln durch die Wahl wieder
eines bayerischen Prinzen gegen seinen
Kandidaten, den Verräter Fürstenberg.
Leopold nahm den Krieg auf, 1689
schlossen sich ihm die Niederlande und
England an, wo sich Oranien inzwischen
zum Herrn aufgeworfen hatte.

Auch fortan hat es an Gegensätzen
zwischen den deutschen Fürsten und dem
Kaiser nicht gefehlt. Leopold wollte
Kaiser, sie wollten selbständig sein.
Die Fürstenpartei hat 1693 noch einmal
Frankreichs und Schwedens Bürgschaft zur
Sicherung des Westfälischen Friedens gegen
die immer mehr den Ausschlag im Reiche
gebenden kurfürstlichen Staaten ange-
rufen, und wie Hannover, die heran-
wachsende nordwestdeutsche Macht, 1691
nahe daran war, auf Frankreichs Seite
zu gehen, so kam es 1701 nach dem Fällig-
werden der spanischen Erbfolgefrage zum
Abfall der bayrischen Wittelsbacher in
Köln und München, weil Max Emanuel
neben Oesterreich Forderungen auf Spanien
erhob. Aber Oesterreich schlug und ächtete
beide. Störend für den Verlauf des Krieges

war auch, daß sich Sachsen 1697 nach
Polen wandte, und bald nachher, 1700,
die Schweden unter Karl XII. sich noch
einmal erholten und ins Reich einbrachen.
Das Entscheidende blieb jedoch, daß
Brandenburg-Preußen seit 1686, wenngleich zuweilen in verletzter Stimmung,
bei dem Kaiser ausharrte.

So gab es anfangs zwar noch Niederlagen, selbst die Türken drangen wiederum
vorwärts, die Pfalz durfte zweimal ver-
wüstet, Heidelberg zerstört werden. Aber
deutlich fühlte man in Paris, daß
die Zeit französischer Siege sich zum Ende
neigte. Ludwig XIV. bemühte sich schon
bald um Frieden. Doch das Uebergewicht
der deutschen Waffen sollte ihm noch
blutiger zum Bewußtsein gebracht werden, ehe die Entwicklung zu einem ab-
schließenden Frieden reif wurde. Es
geschah nur unter dem Drucke Wilhelms
von Oranien, daß Oesterreich sich 1697 zu
dem Vertrag von Ryswyk verstand.
Ludwig mußte schon da einen Teil
des früheren Raubes herausgeben, in
Polen erlag in demselben Jahre sein Kan-
didat dem deutschen Wettiner, und sein
bester Freund, der Türke, wurde zu

Abb. 109 · Heinrich von Stratman

demütigendem Frieden gezwungen. Der
Tod des letzten spanischen Habsburgers
am 1. November 1700 gab das Zeichen
zu einem neuen Angriffe Oesterreichs
auf Ludwig, an dem sich auch England und
die Niederlande wieder beteiligten in der

Rechnung, daß der wertvollste Teil der Beute, die spanischen Kolonien, beim Unterliegen Frankreichs ihnen zufallen mußte, weil den Deutschen die Flotte fehlte. Obwohl der gleichzeitig ausbrechende Krieg zwischen Schweden und den südbaltischen Mächten die norddeutschen Fürsten, insbesondere Sachsen-Polen, abseits hielt, erfocht Oesterreich nun doch Sieg um Sieg. Sein Heer stand damals auf der Höhe seiner Leistungsfähigkeit, und Eugen von Savoyen, der es führte, war seit den Tagen des Kampfes um Wien zu einem der größten Feldherren der Geschichte emporgewachsen, eine der anziehendsten Persönlichkeiten jenes Zeitalters, obwohl es an prunkhaft vornehmen, das Dasein im Glanze feinster Kultur genießenden und doch in lebenslanger Anstrengung die Entwicklung auf Jahrhunderte regelnden Menschen so reich ist. Der Engländer Marlborough unterstützte ihn. Auch die Preußen haben unter ihm, von Leopold von Dessau befehligt, ihre Feldtüchtigkeit bewunderungswürdig bewährt. Der Name Turin hat in der

Abb. 110 · Kaiser Leopold I

preußischen Kriegsgeschichte einen so guten, vollen Klang wie Warschau oder Fehrbellin.

Leopold I. erlebte die ersten Siegestage noch mit. Er war in den drei Kriegsjahrzehnten ein ganzer Mann geworden: von denselben majestätischen Ansprüchen wie dereinst Ferdinand II., jedoch zugleich eine frische thatkräftige Persönlichkeit, eine mutig zugreifende, deutsche Erscheinung, selbständig und von geistiger Bedeutung. Am 5. Mai 1705 folgte ihm, noch nicht 27jährig, Josef I., dem Vater im Wesen ähnlich, aber aus viel festerem Holze geschnitzt, kerniger, umfassender, durchdringender — ein Mann von der Kraft wie früher der Begründer der brandenburgischen Groß

macht. Das lebhafteste Gefühl für Deutschlands Ehre war ihm eigen: am 27. April 1706 ächtete er die Kurfürsten von Bayern und Köln wegen Hochverrats. Unter seiner politischen und Eugens von Savoyen kriegerischer Leitung drängte Oesterreich überall voran, an der Donau wie am Rhein, und Josefs Bruder Karl besetzte gar Madrid. Ludwig XIV. bat um Frieden. Josef wies ihn in dem Bewußtsein zurück, daß die Nation Rache zu nehmen hatte, und wollte nach Frankreich hinein. Der Tag schien nahe, da die Deutschen vor den Mauern von Paris Sühne für hundertfünfzig Jahre des Unrechts heischen durften.

Da starb Josef am 17. April 1711, und mit ihm ist Oesterreichs Glück und Größe vergangen. Sein Nachfolger war Karl VI., dem mit Zustimmung Englands die spanische Königskrone zugedacht gewesen war. Indem durch Josefs Tod Spanien und Oesterreich in einer Hand vereinigt wurden, verlor England das Interesse an der Vernichtung Frankreichs; auch war der spanisch erzogene Karl nicht ein Mann wie Josef I. Nach kurzem Sträuben fügte er sich in die Teilung der Beute, wobei er doch das für Deutschland Wichtigste, die spanischen Niederlande, sowie die italienischen Gebiete als Siegespreis davontrug.

In den folgenden Jahren bis 1718 wurde noch ein großer Türkenangriff zurückgeschlagen, 1720 kam Preußen in den Besitz von Stettin. Die Feinde waren verjagt, nur Straßburg mit dem Elsaß und ein Stückchen Pommern blieb in fremden Händen.

Ruhm- und freudenreiche Kriegestage in der Geschichte unsres Volkes, nach einem halben Jahrtausend die ersten wieder, an denen es sich schrankenlos erfreuen konnte, Vorläufer der Tage von 1813 und 1870 sind in unserer

Erinnerung aufgelebt. Nicht aber ein spielendes Glück hatte sie uns zugetragen, sondern wir hatten sie uns in harter Vorbereitung aus eigner Kraft verdient.

So berechtigt der Siegesjubel über die Thaten der Heere auch war, größer, dauernder war doch das, was gleicherzeit im Innern geleistet worden war.

Der Ausbau Oesterreichs und Brandenburg - Preußens wurde in diesen Jahrzehnten vollendet. Zweifelhaft blieb nur, wem von beiden Schlesien zufallen sollte, das nicht Fremden abgerungen zu werden brauchte, sondern schon in deutschen Händen war. 1675 war der vom Kaiser nicht anerkannte, von Brandenburg behauptete Erbvertrag der Hohenzollern mit LiegnitzBriegWohlau fällig geworden. Man war indessen vernünftig genug, die Entscheidung hierüber wie über Jägerndorf bis zum Ende der Auslandkriege hinzuzögern; denn das Land war für beide Teile so wichtig, daß nur das Schwert das Urteil sprechen konnte. Dagegen hat Oesterreich sich damals ganz Ungarn und Siebenbürgen einverleibt (1687 und 1696), worauf es schon seit 1526 Erbanspruch hatte; und ebenso erwarb Brandenburg jetzt die beiden Gebiete, um die seine Politik seit zwei Jahrhunderten zähe gerungen hatte: 1680 das ihm schon 1648 zugesprochene, aber damals in sächsischen Händen noch belassene Erzstift Magdeburg und 1720 Stettin mit dem wichtigsten Stück von Vorpommern; schon einige Jahre vor 1680 waren die letzten klevischen Festungen von den Niederländern geräumt worden.

Im Innern beider Staaten blieben in dem Zeitraum von 1674 bis 1713 noch die letzten Versuche ständischer Machtentfaltung niederzubrechen und die Anerkennung des fürstlichen Hoheitsrechts im ganzen Staatsgebiete gegenüber dem territorialen Sondergeiste durchzusetzen,

vor allem aber war der neue einheitlichmonarchische Verwaltungsstaat zu organisieren und im einzelnen einzurichten. In Oesterreich wie in Brandenburg sind die Vorkämpfer des Absolutismus und Gegner des ständischterritorialen Regiments, die Sieger der 60 er Jahre, zwischen 1679 und 1683 sämtlich gestorben, namentlich Friedrich von Jena, Otto von Schwerin, Johann Paul Hocher; die Männer der neuen Aufgaben, die Systematiker der modernen Staatsverwaltung, die großen organisatorischen Talente rückten in ihre Stelle.

Ueber Oesterreichs innere Entwicklung in jener Zeit sind wir durch seine Schuld nur erst mangelhaft unterrichtet. Soviel jedoch läßt sich erkennen: In der Kriegspause 1679 bis 1683, nach der Enttäuschung des Nymweger Friedens ward auch in Oesterreich die Einsicht allgemein, daß dem Schlendrian nicht nur dort, wo zufällig ein tüchtiger Mann an der Spitze stand wie Hocher in der Hofkanzlei, sondern auf allen Gebieten staatlichen Lebens systematisch ein Ende gemacht werden müßte. Das ist in Paul Wilhelm von Hörnigks vaterlandsbegeisterter Schrift: ‚Oesterreich über Alles, wenn es nur will' 1684 am schärfsten zum Ausspruch gekommen. Schon 1682 hatte sich Leopold ermannt und endlich dem ärgsten Uebel, der Finanzwirtschaft Sinzendorfs ein Ziel gesetzt. 1683 folgte der hochbegabte Stratmann auf Hocher; er und der jüngere Lothringer übten seitdem den größten Einfluß. Es ging ein frischer Zug des Selbstvertrauens und der Leistungsfähigkeit durch Oesterreich. 1687 wurde auch die ungarische Verfassung monarchischabsolutistisch umgewandelt und die Verwaltung unter des Kardinals Kollonitsch Einfluß organisiert. Daß man dabei auf allen religiösen Zwang gegen die Unterthanen verzichten zu dürfen glaubte, beweist, wie zuversichtlich Leopold geworden war; hatte er doch 1682 mit Brandenburg sogar über eine kirchliche Wiedervereinigung verhandeln lassen. Durchgegriffen hat jedoch erst Josef I.

Er nahm sofort die einheitliche Durchbildung der ganzen Zentralverwaltung in Angriff. Das Nebeneinander der mit Verwaltungsbeamten besetzten Hof kanzlei und des aus vornehmen Herren berufenen Geheimen Rats wurde beseitigt, die Hofkanzlei einem neuernannten leitenden Minister, dem Fürsten Salm, untergeordnet. Ebenso wurde jetzt die gesamte Kriegsverwaltung dem Präsidenten des Hoftriegsrats, dem Prinzen Eugen, und die Finanzverwaltung aller Provinzen dem Hoftammerpräsidenten, Gundacker von Starhemberg, untergeben. Wie weit Josef bei der Kürze seiner Regierung in das Einzelne der Verwaltung eingegriffen hat, ob er seine Organisationsbestrebungen auf die noch halb ständischen Provinzialbehörden oder gar auf das noch ganz ständische niedere Beamtentum ausgedehnt hat, läßt sich vorerst nur nach allzu dürftigen Einzelbeobachtungen beurteilen. Entscheidend war, daß nun auch in Österreich eine bedeutende, schöpferische, herrschgewaltige Persönlichkeit in den Mittelpunkt trat, daß sich, entsprechend demselben Vorgange in Brandenburg, Staatsmänner von ebensoviel Begabung wie Aufopferung um sie scharten und daß sich Thatkraft und Nachdruck von der Spitze her der gesamten österreichischen Verwaltung mitteilten.

In Brandenburg war es noch dem Großen Kurfürsten selbst in seinen letzten Lebensjahren beschieden gewesen, die Legung der Schlußsteine seines mächtigen Staatsbaues vorzubereiten und ihn damit für die Jahrhunderte, widerstandskräftig auch gegen die Ungunst späterer Zeiten zu sichern.

Und doch, es waren die traurigsten Jahre seines Lebens: ein altes Gichtleiden fesselte seine Glieder immer häufiger und schmerzlicher. Seine Seele litt unter der Demütigung des Friedens von St. Germain en Laye, unter dem Drucke der Hingabe an Frankreich und unter verbitterndem religiösen Gram; der Tod all seiner Beamten, mit denen er in der Zeit voller Mannestraft zusammengearbeitet hatte, ein Gefühl des Niedergangs und der Vereinsamung zehrte an ihm. Zuweilen, wenn er sich gar nicht mehr in sein Schicksal finden konnte, brach seine wilde Leidenschaftlichkeit schrecklich wieder durch. Vergaß er sich doch so weit, daß er, in politischem

Zwiespalt mit dem Kurprinzen, an das Wochenbett von dessen Gemahlin stürzte und ihr Kind, seinen ersten Enkel, nicht das Kind seines Sohnes nannte. Intriguen veranlaßten ihn, daß er testamentarisch versuchte, durch Gebietsabtrennungen für seine Söhne zweiter Ehe mit Dorothea (seit 1668) das Erbe des Kurprinzen, ohne Rücksicht auf das Staatswohl, zu schmälern. Man muß es vor Augen haben, dies Bild des sterbenswunden Löwen, um in voller Ehrfurcht von dem Umfang und Werte der staatsmännischen Leistung seines letzten Jahrzehntes zu sprechen.

Ein wie frischer, gütiger, für alle Anregung empfänglicher, vielleicht allzu lebhafter und offener Mensch war dieser Mann von Natur aus gewesen, welche Anlagen des Karakters und Geistes hatten sich in dem Knaben während seiner niederländischen Jahre geregt, wie umschimmert ihn ein Hauch der Romantik, wenn er mit 22 Jahren verkleidet nach Stockholm fahren will, um bei der jungen Königin Christine bloß durch seine Persönlichkeit einen andern Freier auszustechen, wie groß nahm er das Leben, wie selbstverständlich war es seinem jungen Herzen erschienen, daß er siegen und herrschen würde! Uebel hatte seine Umgebung ihm mitgespielt. Mißtrauen und Rachegefühle gegen seine begabtesten Diener hatte man in seine Brust gesät, sein Auge hatte sich umdüstert, sein Verstand war gelehrt worden, das eigene Staatswesen und die ganze europäische Staatengesellschaft unter falschen Gesichtspunkten zu betrachten. Vieles Ungute durfte sich in seinem Wesen darüber entwickeln. Er ließ sich von der Stelle an Brandenburgs Spitze, auf die ihn Gott gestellt, in die weite Welt zum Erobern verlocken. Ohnehin kein genialer Stratege und kein rechter Diplomat, wurde er jetzt unsicher, schwankend, leidenschaftlich, übereilt; er vermochte nichts für sich zu behalten, mit jedem Gedanken brach er den auswärtigen Gesandten gegenüber hervor, brauste auf, wurde verletzend, unüberlegt, wechselte seine Entschlüsse, war leicht abzulenken und umzustimmen und, stieß er damit an, so zog er sich wie ein verwundeter Hirsch auf Wochen und

Monate, für jeden unsichtbar, in seine
Wälder scheu zurück. Aber die urgewaltige,
unerschütterliche Herrscherkraft, die in ihm
brandete, half ihm durch alle Krisen
hindurch. Es muß Bewunderung erregen,
wie in Friedrich Wilhelm mit seinem
Ruhmesstreben, der Eifersucht auf seine
Selbständigkeit gegenüber seinen treuesten
Mitarbeitern, mit seiner Liebe zu prun-
kendem Auftreten, gleich als wenn er
einer der ‚mitternächtigen Könige‘ wäre,
jene Bescheidenheit vereinigt war, die den
Großen der Geschichte immer den rechten

erfüllt bis zum letzten Atemzuge, aber
ein ehrlicher und großer Kampf.
Er war kein Genius, der die Wirrnisse seines Lebensweges spielend durchschaute und rasch das Richtige und Leichte
fand. Er ist zeitlebens zuerst in den
Verhältnissen untergesunken und hat sein
Leben lang lernen müssen.   Seine Länder
und das Reich haben dadurch mit ihm
viel gelitten, was ihnen vielleicht hätte
erspart bleiben können.   Heute ist es uns
doch so, als wenn es nicht anders möglich
gewesen wäre: der Geist und das Pflicht-

Abb. 111 · Lieve Verschuier · Flotte des Großen Kurfürsten

Weg zu ihren weltgeschichtlichen Aufgaben offen hält: selbst durch all seine
Fehler und die nie zu rechtfertigende auswärtige Politik der Jahre 1643 bis 1655
hindurch, ist sein reiner Wille unverkennbar, wie er sich denn schon 1642
den Wahlspruch wählte: Domine, fac
me scire viam quam ambulem, und
wie oft wurde er sich schon mitten in
seinem ruhelosen, unmöglichen, völker-
und reichsrechtwidrigen Planen jener Zeit
bewußt, daß er doch ebenso wie sein
erster Ahn in der Mark nur ‚Gottes
schlichter Amtmann‘ wäre.   Friedrich
Wilhelm ist nie ein fertiger Mensch
geworden.   Kampf hat sein Leben

gefühl harter Arbeit und die aufopfernde
Entwicklung aller Kräfte der Bevölkerung
haben Preußen geschaffen und erhalten es uns.   Das danken wir dem
Kurfürsten. Wenn der Erfolg ihm leichter
geworden wäre, wenn er sich nicht so
hätte anstrengen und durchringen müssen,
wenn seine Heldenseele nicht alle menschlichen Enttäuschungen und Demütigungen
durchkostet und sich doch immer wieder
darüber erhoben hätte, schwerlich hätte
er seinem Staatswesen den Lebensatem
einhauchen können, der es bisher alle
Geschicke der Jahrhunderte besiegen ließ.
Zwei Dinge sind es immer wieder, die
wir als entscheidend in Friedrich Wilhelms

Leben und in der Geschichte seines Staates erkennen: die Kraft, mit der große Dinge groß in Angriff genommen werden, und die Zähigkeit, mit der einmal in den Gesichtskreis eingetretene Ziele immer wieder aufgegriffen werden, bis die geeignete Stunde der Durchführung erschienen ist. In den Anfängen des Kurfürsten drohten die wichtigsten Reformgedanken in der Masse des Beabsichtigten, in der Unruhe und der Launenhaftigkeit der Regierung unterzugehen. Aber Friedrich Wilhelms Seele kehrt immer häufiger zu ihnen zurück, er weist seine Beamten immer nachdrücklicher auf sie hin, und je weiter seine Herrschaft fortschreitet, desto schärfer treten die schöpferischen Gesichtspunkte hervor, desto deutlicher werden sie ergriffen, desto geeignetere Hilfskräfte eilen herzu, und fast unmerklich, aber wie in eiserner Notwendigkeit wächst der preußische Staat empor. Ein halbes Jahrhundert ist Friedrich Wilhelm dabei der Werkmeister; sein eignes Leben verfällt, die gewaltige, so trefflich sicher arbeitende Staatsmaschine kommt unter schweren Stößen in Gang.

Thränen steigen dem Geschichtsschreiber des Kurfürsten auf, wenn er nacherlebt, wie dem alten Recken das Herz zerspringt in eben den Jahren, da er jenes Staatsgebäude zusammenfügt, in dessen Schutz allein sein Volk seit zwei Jahrhunderten groß und das mächtigste und blühendste des Festlandes werden konnte. Das ist ja das tragische Geschick aller großen Naturen, die im Anfange eines Zeitalters stehen, daß sie selbst nicht erkennen, wie das Leben wecken und wie es durch sie keimt und sprießt. Ihre Ungeduld fühlt nur die Enttäuschungen, die sie erleiden, sieht nur den Abstand zwischen ihren Ahnungen und der Gegenwart. Was Friedrich Wilhelm 1679 bis 1688 für die innere Staatsordnung gethan hat, war seinem feurigen Herzen mehr als je in früheren Jahren entsagungsvolle, saure Arbeit, er that es aus Notwendigkeit, nicht mit Begeisterung. Sein Geist weilte viel mehr bei der jungen Flotte, die ihm der Niederländer Raule in der schwedischen Kriegszeit beschafft hatte, bei seiner kleinen

Welthandelsunternehmung, der afrikanischen Kompagnie, die er 1681 gründete, und bei seiner winzigen Kolonie an der Westküste Afrikas, die Groeben für ihn im selben Jahr eroberte. Das waren in jenem Augenblick vielleicht unfruchtbare und kostspielige Liebhabereien, Großmachtträumereien —; jetzt in den Tagen der Erfüllung, da Deutschlands Kriegs- und Handelsflagge auf den Ozeanen zu herrschen beginnt, kehrt die Erinnerung der Nation besonders gern zu jenen geringfügigen Anläufen zurück, in wehmütigem Genusse all des Großen, mittlerweile Erworbenen, wofür die gewaltigste Herrscherpersönlichkeit der preußischen Geschichte ehedem Herz und Kraft selbstlos hingeopfert hat.

Der ‚absolute Staat' war in Brandenburg 1679, als der Kurfürst sich nach den Kriegsunruhen wieder den inneren Angelegenheiten zuwandte, im großen und ganzen aufgerichtet, wenn auch bei des Kurfürsten Gleichgültigkeit gegen Verfassungsparagraphen nicht gesetzlich zur Anerkennung gebracht. Man ließ es fortan darauf ankommen, ob sich im Fortschritt der Entwicklung als notwendig erweisen würde, die ständischen Institutionen weiter zu entkräften, und wandte sich der Neuorganisation der Verwaltung zu. Aber daß die alten Mitarbeiter jetzt nach und nach durch neue abgelöst wurden, wirkte noch bis 1683 hemmend. Gewissermaßen ihr Vorläufer war Bodo von Gladebeck, der 1675 das Finanzwesen übernahm († 1681). Der erste, wirklich die Reihe eröffnende war Joachim Ernst von Grumbkow, der mit dem Jahre 1679 die Organisation des Kriegskommissariats- und Steuerwesens begann. Dann trat an Jenas Stelle für die allgemeine Staatsverwaltung Paul Fuchs, gleich jenem unterstützt von dem tüchtigen, obwohl nicht überragenden Franz Meinders, dem Gehilfen Schwerins. 1683 übernahm der Ostfriese Dodo von Knyphausen die Leitung der Kammer, des Domänen- und Regalienwesens. Es waren lauter Spezialisten, wie der Staat sie nun brauchte, nicht Männer, die gleich den früheren bald hier, bald da verwendbar waren. Die Zentralbehörde, der Geheime Rat zerfiel.

Erst der Ernst der Weltlage im Jahre 1682 veranlaßte den Kurfürsten, die neuen Männer wieder in ihm kollegialisch zu vereinigen; da jedoch niemand unter ihnen war, der alles übersah und leitete, so war der Erfolg nicht groß, bis nach Friedrich Wilhelms Tode Friedrich III. seinen Erzieher Eberhard von Dandelmann an die Spitze stellte.

Eberhard von Dandelmann gehört, obgleich er erst mit dem Tode des Großen Kurfürsten das treibende Element des brandenburgischen Staatswesens wurde, um es dann neun Jahre lang zu bleiben, so untrennbar zu dem Schöpfer Preußens, wie Adam Schwarzenberg, der mit dem Regierungsantritte des Kurfürsten ausgeschieden war. Wie Schwarzenberg den Boden pflügte, so hat Dandelmann für Friedrich Wilhelm das Feld abgeerntet und die Garben eingeheimst. Wohl scheint es,

Abb. 112
Franz Meinders

als hätte sein Geist schon über allem geschwebt, was seit 1679 in Brandenburg geschah, — ein guter und edler Geist und der Geist eines bedeutenden Staatsmannes. Es ist vielleicht nicht viel von ihm zu erzählen; er war bescheiden und einfach, er arbeitete für seinen Kur-

Abb. 113 · Eberhard von Dandelmann

fürsten, aber wenn wir uns heute der Klarheit, der Festigkeit, der Fruchtbarkeit, der Anregungsfähigkeit der preußischen Bureaukratie freuen: es ist Dandelmanns Hand, die uns dies Erbe Friedrich Wilhelms bewahrt, die ihm noch fehlenden Vorzüge mitgeteilt hat.

Die Thätigkeit des mit Verwaltungs- und Gerichtsgeschäften überhäuften Geheimen Rates wurde seit 1682 allmählich vereinfacht. Dringlicher war für den Augenblick die Entwicklung der beiden obersten Finanzbehörden, der für die

Domänen und der für das Steuerwesen.

Knyphausen begann sofort mit einer straffen Zentralisation seines ganzen Verwaltungszweiges. Er erreichte bis 1689 die Einrichtung einer genügend zahlreich besetzten, kollegialisch arbeitenden, aber ihm durchaus untergeordneten Behörde in Berlin, der Hofkammer, sowie in fast allen Provinzen die Trennung der Finanzkollegien von den Landesregierungen und ihre Unterordnung unter die Hofkammer. Darauf zwang er sie zu genauer Rechnungslegung, sorgte für Ueberschußwirtschaft auf den Domänen, beschränkte, so weit er es vermochte, des Kurfürsten willkürliche Eingriffe in die Staatseinkünfte, stellte pünktliche Verzeichnisse der Beamtenbesoldungen her, bewirkte, daß die Behörden möglichst Jahr für Jahr gleich viel brauchten, und verfertigte dann 1689 den ersten, gutgeordneten und richtigen Generaletat der Einnahmen und Ausgaben des gesamten Staates. Zu all dem lagen schon Vorbereitungen vor, und all das hat bis zur gänzlichen Regelung, bis zur klaren Abgrenzung, zur notwendigen Vereinfachung noch vieler Jahrzehnte be-

Abb. 114
Paul Fuchs

durft: aber man war auf dem Geleise und in der rechten Richtung; schon innerhalb der ersten acht Jahre steigerte sich der Reinertrag um 84 vom Hundert, und der Geist strenger Redlichkeit kehrte in die ganze Verwaltung ein.

Grumbkow war kein Systematiker wie Knyphausen, eine weiter ausgreifende Natur, und so entsprach es seinem Amte. Er bildete Behörden und Aemter nur aus, wo es ihm die Notwendigkeit abrang; wo er aber anrührte, brachte er Bewegung und Entwicklung in die Personen und Dinge. Schon vor ihm war in der Steuerverwaltung, was im Kammerwesen noch lange unmöglich blieb, eine einzige ‚Generalkriegskasse‘ geschaffen worden. Es kam für ihn darauf an, ihren Ertrag durch völlige Beitreibung der ausgeschriebenen Summen und durch Erschließung neuer, besserer Steuerquellen möglichst zu erhöhen.

Jenes führte 1680 bis 1684 noch einmal zu heftigen Kämpfen mit den Ständen. Das Ergebnis war, daß die klevischen Stände seit 1680 jährlich 100000, 1688 200000 Thaler, Magdeburg und Pommern 1680 bis 1688 je 150000, die Preußen und die Märker je 3—400000 Thaler zahlten. Die ‚Annahme‘ des geforderten Steuerbetrags durch die Stände war nur noch Formsache, aber der Kurfürst schrieb in den ostelbischen Gebieten auch schon die Erhebungsart vor. Um

Abb. 115 · Joachim Ernst von Grumbkow

die Landtage zu kürzen und die Unterhaltskosten für die Abgeordneten zu sparen, verweigerte er überall den Ständen sogar das Beschwerderecht, das Recht also, auch nur zu klagen, geschweige denn, wie ehedem, ihre Steuerbewilligung an die Abstellung ihrer Klagen zu binden. Das ganze Ständetum war eine fremde Welt für ihn geworden. Er hätte nie begriffen, welcher Unterschied sich daraus ergab, daß er es in der Mark in seiner ‚Landschaft‘ nur mit einer unter sich uneinigen Interessenvertretung bloßer Erwerbsgruppen, in Preußen dagegen mit einem einheitlichen ständischen Regimente zu thun hatte: 1680/81 dekretierte er einfach die Auflösung auch der preußischen Landtage in nebeneinander tagende Versammlungen des Adels und der Städte. In der Mark machte er 1683 gar einen seiner fürstlichen Beamten zum Landtagsvorsitzenden! Aber die Stände hatten noch die Steuereinnahme und die Steuerverwaltung in den Händen, und die innerpolitische Macht hat der, der die Verwaltung,

Abb. 116 Dodo Freiherr von Inn- und Knyphausen

nicht, wer die Verfassung für sich hat. Daher wurde vom Kurfürsten jetzt der Provinzialkriegskommissar an die Spitze der einzelnen ständischen Verwaltungsausschüsse gesetzt und in jeden Kreis oder jedes Amt ein besonderer, allein von ihm abhängiger Steuereinnehmer geschickt, gleichzeitig der Accisekommissar in jeder Stadt nicht bloß mit der Aufsicht, sondern der Verwaltung der Accise selbst beauftragt und damit die Steuerverwaltung bis herab zu ihren untersten Organen verfürstlicht.

Gerade die niederen Steuerverwaltungsorgane sind darauf, je weiter die technische Ausbildung des Beamtentums fortschritt, der Hebel geworden, mit dem das ganze selbstsüchtige ständische Steuersystem, das die Besitzenden schonte, die Bauern und Handwerker überlastete, allmählich unter zähester Gegenwehr der Stände aus den Angeln gehoben werden konnte. Der erste Schritt dazu war die Ausdehnung der Accise auf alle märkischen, magdeburgischen und preußischen Städte im Jahre 1680. Es folgte die Durchbildung des Accisetarifs, seine Anpassung an die Bedürfnisse des wirtschaftlichen Lebens (1684 General-Steuer- und Konsumtionsordnung). Gleichzeitig gab man sich immer wieder Mühe, die Neukatastrierung des Grund und Bodens durchzusetzen, um den Adel gleich stark wie die Bauern heranziehen zu können. Doch glückte das nur in Magdeburg. In Pommern erlangte die Ritterschaft von dem ihr wohlgesinnten Grumbkow sogar noch einmal eine Förderung zu Ungunsten der Bauern, und in Preußen konnte sie noch bis in die Zeit Friedrich Wilhelms I. an die 40000 Husen, ungefähr ein Viertel des gesamten Gebietsumfanges der Provinz, in den Steuerlisten unterschlagen. Aber anderseits ward doch der Adel sonst zu vielen Lasten schon herangezogen, und wenigstens die unmittelbaren, nicht unter ihm, sondern auf kurfürstlichem Gute sitzenden Bauern wurden auch bei der Besteuerung bereits geschützt.

Das Einzelne dieser Verwaltung war noch erschreckend lücken- und fehlerhaft; doch möge man nicht vergessen, daß es sich dabei überwiegend um Dinge handelte, die überhaupt nicht von heute auf morgen, sondern nur in der unablässigen, strengen, pedantischen Arbeit von Jahrzehnten gebessert und geordnet werden konnten. Im ganzen war der Erfolg der Verwaltungsreformen höchst bemerkenswert. Denn das ist doch das Entscheidende, daß bei aller Unvollkommenheit des Details die Hauptzüge der Staatsordnung festgelegt waren, als Danckelmann und seine Mitarbeiter durch Meinungsverschiedenheiten über die auswärtige Politik und gemeine Hofintrige 1698 gestürzt wurden. Schon 1688 hatte das jährliche Staatseinkommen 3 289 000 Thaler betragen, wovon 1 620 080 durch Steuern einkamen; 1713 betrug es im ganzen erst 3 414 000, aus Steuern jedoch schon 2 500 000 Thaler. Schon Friedrich Wilhelm hatte, bei völliger Schuldenfreiheit seines Landes, 1686 die Begründung eines ‚Schatzes‘ anordnen können. Und was noch augenfälliger wirkt, selbst die Behörden, die dem ständischen Einflusse noch immer nicht zu entwinden gewesen waren, die Regierungen der Provinzen, denen die allgemeine Landesverwaltung oblag, gaben zu ernsthaften Klagen kaum noch Anlaß. Sogar in Preußen hat schon der Große Kurfürst den zu ihrer Aufsicht errichteten Statthalterposten eingehen lassen, Spaen, der Präsident der Klevischen Regierung, war sein Vertrauensmann; und so erregt reformiert er in diesen Jahren persönlich bachte, so ist von einer Einschiebung Reformierter in die Regierungen zur Schaffung eines Gegengewichtes gegen die ständischgesinnten Beamten kaum noch etwas zu bemerken. Schon hätten alle Landschaften wie die Märker klagen können, daß sie unter den Räten niemand mehr hätten, der ihre lingua bei der Herrschaft sein wolle. Es war die Uebergangszeit voller Unregelmäßigkeiten und Härten, Jahrzehnte eines allgemeinen Kompetenzkampfes zwischen Fürst und Ständen,

Stänben und Behörden, Regierungen, Kammern und Kommissariat, zwischen Altem, das nicht sterben konnte, und Neuem, das erst geboren wurde: alle Leiden, alle Fehl- und Uebergriffe, alle Begriffsverwirrungen solcher Kämpfe liefen dabei unter, aber ohne diese Kämpfe wäre die Entwicklung nicht zum Durchbruch gelangt. Noch war der Dualismus des alten Ständestaates, die Gegenüberstellung von Fürst und Ständen keineswegs durch ein klares Bewußtsein überwunden, daß beide nur Teile eines höheren Ganzen wären: derselbe große Fürst, der die Macht der Stände als wider den Begriff des Staates nicht anerkannte, nahm seine Beamten doch noch als seine persönlichen Diener in Pflicht und schied noch immer nicht zwischen seinen privaten Rechten und Einkünften und denen des Staates, er versuchte schließlich sein Land sogar unter seine Söhne zu teilen. Indessen das Wesen der Entwicklung wurde dadurch nicht mehr berührt.

Im Hinblick auf den Erfolg der Zukunft wollen wohl auch die volkswirtschaftlichen Anstrengungen Brandenburgs nach 1680 gewürdigt werden. Sie lagen dem Großen Kurfürsten nicht so günstig wie die Ordnung der Staatsverwaltung. Erforderte diese Zusammenfassung, so jene Vielseitigkeit. Und konnte er sich dort in der Richtung der allgemeinen westeuropäischen Entwicklung bewegen, so heischte der gemischte Karakter seines Staates, die Zusammensetzung aus westdeutschen Industrie- und ostelbischen Acker- und Gewerbeländern eine sich grundsätzlich von der Westeuropas unterscheidende Volkswirtschaft. Dem ist er nicht gerecht geworden, vorzüglich weil ihm in dieser Zeit nie ein Mitarbeiter aus den östlichen Verhältnissen heraus erwuchs. Für die östlichen Provinzen, denen die größten Opfer für den Staat abgezwungen wurden, geschah wenig, und vielleicht liegen schon in den Fehlern jener Jahre die Keime zu der unseligen Entwicklung, die unser ostdeutscher Besitz genommen hat, zu seiner wirtschaftlichen Isolierung, der abnehmenden Ertragsfähigkeit seines Bodenanbaus, der Schwäche des Gewerbes dort, der Unbehilflichkeit in der kaufmännischen Gebahrung von Landwirt und Handwerker. Die Einführung der Accise war notwendig, damit der Staat seinen finanziellen Aufgaben genügen konnte; aber wir dürfen nicht übersehen, daß das flache Land in der Entwicklung durch sie aufgehalten worden ist. Für die Hebung der landwirtschaftlichen Technik, worauf in Süddeutschland jetzt schon allgemeiner von Staat und Theorie hingewirkt wurde, fehlte der Sinn ebenso sehr wie seit Raban von Cansteins Sturze der für die soziale Wiederaufrichtung und Festigung der bäuerlichen ‚Unterthanen' gegenüber dem Großgrundbesitz. Eine einzelne Verfügung wie der Zwang von 1686 zur Anpflanzung von Obstbäumen wollte wenig bedeuten.

Um so eifriger setzte der Kurfürst seine Bemühungen für Handel und Industrie fort, besonders für die Tuchbereitung in der Mark, die Verbesserung des Frachtwesens und der Schiffahrtswege in den Seestädten. Kommerzkollegien in Kolberg und Königsberg entstanden. Die Geldarmut,

Abb. 117 · Johann Kasimir Kolb
Reichsgraf von Wartenberg

die Widerhaarigkeit und Mutlosigkeit seiner Bürgerschaften zwang ihn, dabei hauptsächlich mit Ausländern zu arbeiten. Mit der Einladung der Réfugiés im November 1686 hat er sogar eine Massen‑Einwanderung veranlaßt. Es sind aber und aber Zehntausende von Franzosen damals zu uns gekommen. Sie haben den wirtschaftlichen Aufschwung nicht erst verursacht. Ihr Hauptstrom traf erst nach 1688 ein, als die wirtschaftliche Entwicklung schon stetig aufwärts ging, wofür das Steigen der Postüberschüsse von 20 000 Thaler 1660 auf 40 000 Thaler 1688 ein besonders sicheres Anzeichen ist. Der Kurfürst selbst hat schon zwischen 1680 und 1688 das schroffe Aussperrungssystem gegen die ausländische Industrie aufgeben und sich mit dem Plan der Einführung mäßiger Schutzzölle für einzelne Gewerbezweige

befreunden dürfen. Und in sozialer Hinsicht mußte der überreiche Zufluß fremden welschen Blutes sogar schaden: die Réfugiés haben die alte Zucht unsers Bürgertums gelockert, es vielfach entsittlicht und die werdende Berliner Gesellschaft karakterlos gemacht, ohne ihr zum Entgelt das feingebildete und seiner noch gestimmte Wesen der echten Großstadtwelt mitzuteilen. Aber anderseits verdanken wir doch ohne Zweifel ihnen vorzüglich die Belebung, Veredelung und Verzweigung der brandenburgischen Industrie, die Steigerung unsers Handels, einen starken Zufluß von Kapital, Gesundheit und Intelligenz, auch eine Förderung unsers Landbaus. Viele von ihnen sind schon bald mit uns verschmolzen, und ihre Nachkommen wie Fontane, wie Luise von François sind die treuesten und herzlichsten Schilderer der Mark und ihres Menschenschlages geworden.

Friedrich I. gebührt die Ehre, hier wie auf allen Gebieten das Werk des Vaters dem Geiste nach weitergeführt zu haben. Man hat ihn viel verklagt, und er war kein großer Mensch, liebenswürdig, genußfroh, voll Schwung, Ehrgeiz und Geschmack, aber nicht ausdauernd, für seine Einkünfte zu prunksüchtig, für einen Hohenzollern zu sehr ein Mann der Hofkreise und zu sehr der Hofintrige zugänglich. Die Preisgabe Danckelmanns und Knyphausens 1698, der Prozeß gegen sie ist ein Flecken in Friedrichs Ehre, und die Günstlingswirtschaft des nächsten Jahrzehnts eine leidvolle Zeit in dem Leben seines Volkes. Aber er darf verlangen, daß er nicht nur danach beurteilt wird. Die Kraft des Vaters mangelte ihm; dafür ergänzte er dessen Genie durch die Eigenart seines Geistes in dringlichen und unerläßlichen Dingen. Er hat Danckelmann nicht nur gewähren lassen, sondern ist mit seinem starken Sinne für Ordnung, Organisation, Durchbildung und Reform sein verständiger Mitarbeiter gewesen, und auch nach 1698 hat er eine stattliche Reihe hochbegabter Beamter an sich zu ziehen gewußt. Durch die brandenburgische Geschichte des ganzen 17. Jahrhunderts geht ein einziger großer Zug zur Vollendung im glücklichsten Wechsel der leitenden Personen,

Abb. 118 · Friedrich I
Standbild von Andreas Schlüter · Königsberg

von Johann Sigismund über Schwarzenberg zu dem Großen Kurfürsten, von diesem über Danckelmann zu Friedrich; Schritt für Schritt erwächst Brandenburg aus dem deutschen Territorium zu dem europäischen Staate. Als Danckelmann 1698 stürzte, hatte der Kurfürst von Brandenburg, nach Leibniz Worten, alles wie ein König. Da aber ,der nicht König ist, der nicht auch den töniglichen Namen trägt', so setzte sich Friedrich I. am 18. Januar 1701 die preußische Königstrone auf. Es war ein Abschluß und ein Anfang. Der Staat Preußen war vorhanden, es war seine Aufgabe fortan, in einen umfassenderen Pflichtentreis hineinzuwachsen, sich in den Dienst der deutschen Nation zu stellen. Beides ist in Friedrichs Art und Thätigkeit zum Ausdruck gekommen.

Auch nach Danckelmanns Entfernung hat Friedrich an der Einheit des Staates weiter gearbeitet, nur unsicherer und weniger stetig. Seit 1701 gibt es eine töniglich preußische Armee, seit 1702/3 das von auswärtigen Staaten unbeschränkte, alle Provinzen außer der Mark umschließende Oberappellationsgericht in Berlin. Diese Sorge für Vereinheitlichung erstreckte sich niederwärts bis zu den Stadtverwaltungen (Berlin hat erst seit Friedrich einen einheitlichen Magistrat) und bis zur Zunftverfassung. Die ihrem organischen Abschlusse näher kommende Verwaltung erwies sich, vom König unterstützt, angeregt und reformfreundlich. Die entscheidenden Ideen der Justizreform Friedrich Wilhelms I. sind schon unter Friedrich vom Justizminister dargelegt worden. In den Plänen zur Ordnung der Finanzwirtschaft finden sich die fruchtbarsten Gedanken zur Hebung der ländlichen Bevölkerung; in die Handwerksverfassung griff Friedrich nicht im Sinne der Auflösung, sondern der Befreiung verständig ein. Unter ihm ist die Ansiedlung der Hunderttausende Réfugiés durchgeführt worden. Im Todesjahre Friedrichs,

Abb. 119 · Heinrich Rüdiger von Jlgen

1713 warf die Post bereits 137450 Thaler Reingewinn ab, und damals stand das Jahr schon im Gesichtskreise, in dem die wirtschaftlichen Verhältnisse für den ersten sächsisch-preußischen Zollvertrag reif wurden. Alles dies war der Arbeit des Königs und des Beamtentums, nicht der Bevölkerung zu danken. Vorzüglich der preußische Staat unter den norddeutschen Staatswesen hat seine Einwohnerschaft in allen ihren Klassen und Berufen im Kampfe mit ihrem Starrsinn und Ungeschick zu ihrer späteren gewerblichen und amtlichen Tüchtigkeit erziehen, sie insgesamt, wie Gustav Schmoller es nennt, ‚einschulen‘ müssen. Es mag sein, daß dieses einer Notlage entsprungene System im 20. Jahrhundert beim Austritte der preußischen Bevölkerung aus der heimatlichen Grenze und der obrigkeitlichen Aufsicht in die Ungebundenheit der von jedermann Selbsthilfe verlangenden Weltwirtschaft noch Schwierigkeiten bereiten wird. Aber wir dürfen doch darauf bauen, daß sie zu überwinden sind. Denn diese Einschulung verdankt ihren unbestrittenen Erfolg im 18. und 19. Jahrhundert nicht bloß der unermüdlichen, erschöpfenden Kleinarbeit König Friedrich Wilhelms I., die ihr das Gepräge verlieh, sondern ebenso sehr der stürmisch ausholenden, aller Enge und Einseitigkeit baren Kraftentfaltung des Großen Kurfürsten sowie der Anregungsfähigkeit, vorzüglich der zivilisatorischen Wirksamkeit seines Sohnes, des ersten Königs.

Die Bedeutung Friedrichs I. für die geistige Kultur des Staates wird so gern übersehen, und doch vermag gerade sie ihn, wie hoch oder niedrig man seine Verdienste um Verwaltung und Volkswirtschaft sonst auch schätzen will, ebenbürtig zwischen seinen Vater und seinen Sohn zu stellen und uns zu zeigen, wie unentbehrlich auch er in der Entwicklung Preußen-Deutschlands dasteht.

Am Beginne des Zeitalters, dessen Entwicklung wir gefolgt sind, waren die organisatorischen Gebilde des deutschen Volkes zerfallen, der Norden und Süden Deutschlands daran, sich politisch und kulturell zu trennen. Der dreißigjährige Krieg hatte auf das von Oesterreich gegebene Zeichen hin zuerst diesen Auflösungsprozeß unterbrochen. Trotzdem

konnte noch, als er zu Ende ging, die Seele der mächtigsten Mannesgestalt des ganzen Jahrhunderts in jungen Jahren als Ziel ihres Ehrgeizes von einem baltischen Reiche nach den Plänen Gustav Adolfs träumen. Erst auf der Höhe seines Lebens hat Friedrich Wilhelm selbst solchen unnationalen Verirrungen jede Möglichkeit dauernder Verwirklichung abgeschnitten und Norddeutschland wieder fest mit Deutschland verbunden. Indem er dafür sorgte, daß es das politische Kernland der ganzen Nation werben konnte, gab er seiner Staatsverfassung zugleich ein durch und durch deutsches Gepräge: Macht, Pflichtgefühl und Gerechtigkeit sollten ihre Elemente werben. Dieser Staat nahm alle Kräfte der Unterthanen für sich in Anspruch, aber er stellte sich auch ebenso vorbehaltlos zu ihrem Dienst: Fürst und Volk fanden in der gegenseitigen Hingabe ihre Einheit. Indessen damit war nicht alles gethan. So wichtig wie die politische Wiederorganisation des deutschen Volkes, war die Wiedergeburt der nationalen Kultur, und deshalb mußte der politischen Wiedereinverleibung Norddeutschlands in das Reich die geistige Wiederverschmelzung folgen, wie das politische Auseinanderrücken von der kulturellen Entfremdung begleitet gewesen war. Indem Preußens organisatorische Bestrebungen unter Friedrich I. auch auf das Gebiet des geistigen Lebens übergriffen, entstand ihm die nationale Pflicht, unter Verzicht auf partikularistische Abschließung sich in den Dienst des neuerwachten gesamtdeutschen Kulturringens zu stellen, und zugleich die Frage, ob Oesterreich dabei mit ihm zusammenzuwirken vermöge.

*

Als nach dem dreißigjährigen Kriege der deutsche Geist wieder regsam geworden war, hatte er sich vorzüglich auf dem alten Kulturboden des Reichs, nicht in den politisch herrschenden Kolonialgebieten entfaltet: Heidelberg-Mainz und Helmstedt-Leipzig wurden seine wissenschaftlichen Sammelpunkte, Dresden-Leipzig und München die Hauptstätten der künstlerischen Thätigkeit. Von dort breitete sich die Entwicklung allmählich aus.

In der Kunst gab es zunächst ein mühsames Ringen mit dem Auslande. In

München behaupteten sich die Italiener so fest, daß sie noch 1711 bis 1718 die Dreifaltigkeitskirche bauten; an anderen Orten wurden sie zwar durch Künstler deutschen

dem 1679/80 errichteten Lusthause im Großen Garten zu Dresden, trat sie als gleichbefähigt in den Wettbewerb ein. Vorzüglich das siegreiche Oesterreich wurde

Abb. 120 · Lusthaus im Großen Garten zu Dresden

Strebens wie Joachim Sandrart oder etwa Leonhard Christian Sturm (von etwa 1669 bis 1729) ausgeschlossen, jedoch zog

ihre Heimat; aus dem deutsch-österreichischen Volke stiegen ihre Schöpfer herauf, und der Hof, die Staatsmänner,

Abb. 121 · Belvedere in Wien

unvermerkt der belgische Barock oder die niederländisch-französische Architektur an ihrer Stelle ein. Indessen reifte doch die neue deutsche Kunst heran, deren erster Spur wir im Fichtelgebirge begegnet sind. Mit ihrem Meisterstück,

der Adel, die Klöster wetteiferten, ihnen die Mittel zur Entwicklung ihres Genies darzubieten. Und nun gedieh endlich zur Vollendung, was wir vor 1618 in tausend wechselnden Aeußerungen des Kunstgewerbes haben brodeln und ans

Tageslicht drängen sehen: der deutsche Barock spricht sich von jetzt ab in mächtigen, überwältigend geschlossenen Formen aus.

Wir durften die Betrachtung des ganzen Zeitraumes von 1555 bis 1713 mit einem Blicke auf das deutsche Kunst=leben beginnen als auf das Gebiet, worin sich zugleich die Lebensfülle und die Gestal=tungsschwäche des deutschen Volkes von 1618 am deut=lichsten zeigt, worin aber auch die Unversehrtheit und der Schaffensdrang der Volksseele am ehesten dem Betrachter zum Bewußtsein kommt und trotz allem Zerfall ringsum in ihm die Hoffnung wach erhält. Und so dürfen wir jetzt, nachdem wir miterlebt haben, wie sich seit 1618 die Nation erholte und er=mannte, am Schlusse unsres Weges uns wieder durch die deutsche Kunst begeistern lassen, weil nach den Kämpfen sie zuerst

Abb. 122
Fischer von Erlach

der Kloster Melk geschaffen hat, sind die größten unter diesen Künstlern. Aus ihrer Seele zumeist erschöpfte die Barockkunst alles Deutsche und Mächtige, das in ihr gohr: die alte deutsche Liebe zur genauen Ausführung, all die trauliche Freude am Kleinen und Einzelnen ver=einigt sich in ihren Werken mit einer künstlerischen Uni=versalität, einer Herrschaft über die Ausdrucksmittel zu=gleich der Architektur, Malerei und Skulptur, die nur in der italienischen Renaissance ihres=gleichen hat. Wie aus dem Boden und dem Volk heraus=gewachsen, nicht wie von eines einzelnen Menschen Hand ge=schaffen, so stehen die ge=waltigen Bauten da, unver=sehrte Blüten einer großen Kunst, der die vornehmen Prälaten der Kirche und die Hofmänner des von alters kunst=liebenden Herrscherhauses vergönnt haben,

Abb. 123 · Karlskirche in Wien

von allen Zweigen der Kultur in der vollen Pracht und in der ganzen, reinen Schönheit des jungen deutschen Volks=frühlings zu erblühen vermochte.

Johann Lukas Hildebrand (1666 bis 1745), 1693 bis 1724 der Erbauer des Belvedere für Eugen von Savoyen, und Jakob Prandauer (etwa 1650—1727),

sich ohne ängstliche Rücksicht auf die gottesdienstlichen oder weltlichen Zwecke der Gebäude frei in Schönheit auszuleben.

Johann Bernhard Fischer von Erlach (1650—1723) arbeitete mit Hildebrand und Prandauer in Oesterreich zusammen. Er war noch freier im Entwurf und in der Form, ebenso künstlerisch empfindend,

ebenso ein Meister in der Verschmelzung
malerischer, bildnerischer und architek=
tonischer Wirkungen, aber nicht im gleichen
Maße der Sohn des deutschen Volks, zu
viel gereist und darüber ein wenig zum
Eklektiker geworden: man mag ihn an
der Karlskirche zu Wien (1716—1737) in
seiner Größe wie in seinen Fehlern studieren.

Abb. 124
Johanneskirche und Asamhaus zu München

Don Wien drang diese Kunst donau=
aufwärts nach und nach bis München,
um dort von den kraftstrotzenden Künstler=
naturen der Brüder Asam aufgenommen
zu werden und bis nach 1750 in München
selbst, in Einsiedeln, Metten und Ettal
eine vielleicht schon erheblich weniger
karakteristisch deutsche, jedoch vielleicht
noch reichere Nachblüte zu erleben. Durch
die innere Stärke des österreichischen

Barock wurden auch schließlich die Rhein=
lande wieder befruchtet. Von Johann
Balthasar Neumann (1687—1753), der
im Dienste der Schönborn, des damals
wohl geistig edelsten deutschen Adelsge=
schlechtes, stand, ging eine Schule aus, die
bis nach Westfalen höchst Bedeutsames
leistete. Drei Glieder der Familie jenes
ersten Dientzenhofer im kleinen Waldsassen
hielten sich dabei im Vordergrunde.

*

Hildebrands und Prandauers Werke
waren Aeußerungen eines kerngesunden
und schöpferischen Volkstums; Oesterreich
erwies sich in ihnen nach jahrhunderte=
langem Darniederliegen seines geistigen
Daseins als triebfrisches deutsches Land.
An seiner völkisch am heißesten umstrit=
tenen Grenze, in Böhmen, pflegte man
damals im Kirchenbau die deutsche Gotik,
die sonst allenthalben schlummerte. Wenn
die Klage schon berechtigt geworden war,
daß die deutsche Sprache in Oesterreich
fast in einem fremden Lande sei, so er=
wachte die Liebe zu ihr nun aufs neue.
Das fröhliche Volksleben erholte sich rasch
in der kindlich guten, naiven Bevölkerung.
Volkslieder erschallten. Wien selbst ward
frisch und heiter wie ,ein irdisches Para=
dies'. Und so schien Josef I. mit seinem
jugendlichen Schwung, seiner hoheitlichen
Zuversicht, seiner geistigen Unbefangen=
heit und Duldsamkeit, seinem deutschen
Herzen und seiner österreichischen Ge=
sinnung berufen zu sein, endlich auch das
Werden einer deutsch=österreichischen Kul=
tur vorzubereiten. Gewiß war es ein
schweres Werk, — die Gunst der Zeiten,
da Kaiser Max Wien zur blühendsten
deutschen Hochschule gemacht hatte, war
längst vorüber. Nicht nur hatten bis auf
Leopold Nationalitätenfeindschaft, Türken=
furcht, religiöser Druck, Schwächung des
Deutschtums, Versiegen des innerdeutschen
Zustroms die Bevölkerung entkräftet,
sondern man wird auch fragen müssen,
woher Josef I. bei der vollkommenen Er=
schöpfung des katholischen und süddeutschen
Geisteslebens die anregenden Geister hätte
rufen sollen; denn daß die österreichische
Bildung mit der katholischen Weltan=
schauung in innerem Einvernehmen bleiben
mußte, um wirklich österreichisch und
fruchtbar zu werden, das konnte 1700

nicht mehr im Zweifel sein. Vorerst waren trotz der stattlichen Anzahl katholischer Universitäten im Süden Abraham lizismus sich berufen konnte. Aber das aufrichtige wissenschaftliche Streben in manchen nicht-jesuitischen Orden ließ noch

Abb. 125 · Erbdrostehof zu Münster in Westfalen

Abb. 126 · Wallfahrtskirche zu Heilige Linde in Ostpreußen

a Santa Clara und der Kapuziner Martin von Cochem (1689 erschien sein Leben Jesu) die letzten ursprünglichen Köpfe und Herzen, auf die der deutsche Katholizismus sich berufen konnte.

hoffen, und die lebenzeugende Kraft eines Herrschergenius hat sich schon zu oft bewährt, als daß für einen Mann wie Josef I. der Erfolg als unerreichbar gelten müßte.

Doch es ist müßig, darüber zu streiten: Josef wurde Oesterreich entrissen, als er ihm kaum geschenkt worden war und nie wieder ihm ersetzt. Nur das evangelische Norddeutschland kam zur geistigen Entwicklung, um späterhin Oesterreich aus der ersten Stelle im nationalen Leben mehr noch durch die Waffen des Geistes als durch die der Faust zu verdrängen.

Hier im Norden wurde Sachsen wie vorher auf dem politischen, so jetzt auch auf dem kulturellen Gebiete durch das staatlich fertig werdende Preußen abgelöst. 1692 bis 1694 entstand durch Friedrichs I. Gründung die Universität Halle, und die Berufungen erfolgten mit einem Gefühl für die wirklich überlegenen Talente, mit einer geistigen Furchtlosigkeit und doch dem wohlerwogenen Bewußtsein, auch die freiesten Geister durch die dem Staatswesen

Abb. 127 · Kaiser Josef I

innewohnende Kraft in Hingabe an die Staatsentwicklung gewinnen zu können, wie es seitdem nur in Preußen Tradition geworden ist und wie es in der ganzen Bildungsgeschichte nur in der Haltung der Kirche gegenüber dem geistigen Ringen des 12. und 13. Jahrhunderts ein Gegenstück hat.

Der Kampf zwischen Christentum und Rationalismus, seit den sechziger Jahren des 17. Jahrhunderts in Deutschland aufgenommen, war jetzt bis zur Entscheidungsschlacht gediehen. Als sie begann, schien die Wissenschaft noch einmal in christlich gläubige Bahnen gelenkt werden zu können. Der Pietismus hatte unerwartet reiche religiöse Kräfte in sich entfaltet und immer weitere Kreise der evangelischen Bevölkerung ergriffen. Philipp Jakob Spener (1635—1705) war sein bedeutendster Herold geworden. 1675 erschienen seine Pia desideria, 1686 gewährte ihm sogar das lutherische Sachsen Zutritt, 1691 veröffentlichte er ,Die Freiheit der Gläubigen, vom Ansehen der Menschen in Glaubenssachen'. Alles Gläubige und Religiöse in Luthers Seele schien in dem Pietismus, obwohl verspätet, doch noch lebensfähig keimen zu sollen, wenn nicht mit Luthers stürmischer Gewalt, so doch mit seiner Innigkeit und Mystik. Viele setzten ihre Hoffnung darauf, und auch von den deutschen Gelehrten näherten sich nicht wenige der jungen Gemeinschaft, und zwar nicht nur Leute wie der inzwischen altgewordene, innerhalb seines nicht großen Gesichtskreises aber noch immer bienenfleißige Seckendorf, der nun seinen ,Christenstaat' (1685) schrieb, sondern auch solche Kampfnaturen wie der Leipziger Christian Thomasius (1655—1728). Indessen schon bald zeigte sich, daß es nicht mehr, wie in den sechziger Jahren, religiöse Geistesverwandtschaft war, was die führenden Geister zum Anschluß an eine religiöse Gesellschaft trieb, sondern daß zufällig die beide Teile treffende Feindschaft des Predigertums den Bund veranlaßt hatte. Der Pietismus verlor bereits um 1700 wieder seine allgemeine Bedeutung, um endlich in der kleinen Schar der Herrenhuter eine Zuflucht zu finden, die Ludwig Graf von Zinzendorf 1722 um sich sammelte. Sonst reiften von seinen Blüten zu Früchten bloß einzelne humanitäre Stiftungen wie die August Hermann Franckes zu Halle (seit 1695), die evangelische Kirchenbaukunst eines Georg Bähr und die norddeutsche Musik des 18. Jahrhunderts: Sebastian Bach wurde 1685 in Leipzig geboren. Speners eigene Thätigkeit ward seit 1695 durch Gehässigkeit gegen die Katholiken beeinträchtigt. Anderseits nahm die Entwicklung des wissenschaftlichen Geistes nun rasch eine entschieden rationalistische Richtung.

Noch lebte der größte von denen, der an den Erörterungen der sechziger Jahre teilgenommen hatte. Leibniz hatte rastlos geforscht, gesehen, erlebt. Seine Erfahrung wie sein Können war in Wahrheit allumfassend geworden, seine Weltanschauung zum System gereift. Noch kämpfte er für das Christentum, aber selbst bei ihm geschah es nur noch wie im Festhalten an einem heiß ergriffenen, teuer gehaltenen Jugendideal. In seiner Philosophie fand die Voraussetzung alles christlichen Glaubens, ein persönlicher Gott, keine Stelle mehr, und 1712, am Ende dieses Zeitraums, begann schon die geistige Arbeit Christian Wolffs, der Leibnizens System in dem Versuche, es zu popularisieren, folgerichtig in den Rationalismus überführte. Die beiden bedeutendsten Naturforscher damals, Friedrich Hoffmann und G. E. Stahl, blieben persönlich frommgläubige Protestanten, aber Wissenschaft und Glauben gingen in ihnen unvermittelt nebeneinander her; die Geschichte der Weltanschauungen braucht ihrer kaum zu achten. So machte sich die deutsche Wissenschaft von den Konfessionen los, die damals keine innerliche Macht auf sie auszuüben vermochten. 1700 erschien Friedliebs freigeistiges Buch ‚Ueber

Abb. 128 · Spener

Abb. 129
Gottfried Arnold

den Indifferentismus der Religionen' und Arnolds leidenschaftlich kritische ‚Unparteiische Kirchen= und Ketzergeschichte'. Die endgültige Vereinigung mit der kalvinistisch=aufklärerisch gefärbten, rationalistischen Geistesentwicklung Westeuropas ward vollzogen.

Als Führer und Vorkämpfer dabei stellte sich seit eben jenem Jahre der Jahrhundertwende Thomasius an die Spitze, der als Jüngling ein leidenschaftlicher Orthodoxer gewesen war, dann Pietist wurde und dem Mystizismus verfiel und nun die Schwenkung zur Aufklärung machte, ein in tausend Vorurteile verstrickter und immer im Kampf mit ihnen liegender Feuergeist, ein Mann von wenig sicherem Wissen, aber tausend Gedanken, einer jener fröhlichen Streitnaturen, an denen unsere Nation allzeit ebenso reich gewesen ist wie an nachdenklich einsamen Menschen, eine unruhvolle Gestalt, sein Leben lang geschlagen und wieder schlagend, in der Wurzel seines Lebens tief religiös und nach Glauben ringend, im Erfolge seines Wirkens jedoch der Bahnbrecher plattester Aufklärung.

Auf dem religiösen Gebiete war es also durch die lange Zeit des Verfalls schon zu spät geworden, den Anschluß an die deutsche, christlich gläubige Vergangenheit wieder zu gewinnen, und die Aussicht auf all die Wirren und so vieles Unnationale in unserer Kulturentwicklung seitdem öffnet sich vor uns. Hier hatte das rationalistische Romanentum den Erfolg davon getragen und wenngleich bei der Art des deutschen Wesens das religiöse Element in der Wirksamkeit des einzelnen Forschers und Denkers immer eine große Rolle auch fortan gespielt hat, so hat unsre gesamtwissenschaftliche, ja unsre gesamtgeistige Thätigkeit von Thomasius bis jetzt doch grundsätzlich ihre Stellung auf Seiten der westeuropäischen Gegner gläubigen Christentums genommen.

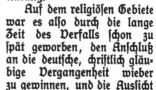

Dagegen war es dank dem Aufschwunge unsres Volkstums und seinen politischen Erfolgen gelungen, noch rechtzeitig ein sieghaftes Element warmer Anteilnahme an dem staatlichen Gedeihen der Nation in die geistige Entwicklung zu tragen. Auch hier stand Thomasius voran, indem er 1687 die deutsche Sprache in den Hochschulunterricht einführte, indem er sein Leben lang auf die Entfernung des römischen Rechts aus der deutschen Praxis drängte und sich sogar an die Nation wandte, um ihr die Schmach des sich Nährens von fremdem Rechte aufzudecken. Aber eine feste Richtung erhielt dies vaterländische Streben der Gelehrten doch erst dadurch, daß der preußische Staat sich mit der Gründung Halles der

Leben lang um eine geeignete Ordnung der juristischen Erziehung und Methode, um die Vereinfachung des Lehrgangs und der praktischen Thätigkeit, um ihre Anpassung an das Bedürfnis bemüht. Er gab seiner Zeit im Privatrecht, im Kirchenrecht, in der Rechtsgeschichte die notwendigen Fingerzeige und so, daß sie sie anwenden konnte. Er eilt ihr nicht voran, er steht nicht über ihr, aber indem er mitten in ihr weilt, wirkt er, immer voll Anregung, immer voll Besorgnis um sie, für ihre Entwicklung mit erstaunlichem Erfolge, das Haupt einer zahlreichen Schule, die er aufs verständigste und selbstloseste für das Leben vorbereitete. Was er daneben noch als Forscher unmittelbar für die Förderung seiner Wissen-

Abb. 130   Abb. 131   Abb. 132
Thomasius   Ezechiel von Spanheim   August Hermann Francke

gesamten wissenschaftlichen Bewegung zur Verfügung stellte.

Die Bedeutung des wissenschaftlichen Fortschritts selber in den Jahren 1674 bis 1713 läßt sich dahin kennzeichnen, daß die Reorganisation hier ebenso wie auf dem innern politischen Gebiete nun zum Abschluß kam. Die einzelnen Fachwissenschaften stellten sich, obwohl sie in lebendigeren Austausch als je miteinander traten, methodisch auf sich selbst, sie schufen sich die Grundlagen für ihre besondere Arbeitsweise, sie erlangten die nötige formale Gewandtheit und sie entschieden sich sämtlich für kritische und nach Erschöpfung strebende Thatsachenforschung.

Voran eilte dabei dank dem Vorwiegen der staatlichen Probleme die Rechtswissenschaft. Zum drittenmal begegnen wir nun Thomasius als Wegweiser. Er hat sich ein

schaft leistete, ist gegenüber seiner Lehrthätigkeit von geringerem Werte.

Mit ihm zusammen arbeitete Samuel Stryk (1640—1710), in seiner ganzen Art des Thomasius Gegenteil, die feste Stütze, an der alle sich wieder orientieren konnten, welche Thomasius sprudelnde Genialität zu verwirren drohte, ein Mann der Selbstbeschränkung, nur Zivilrechtler, aufgewachsen in der überlieferten Verehrung des römischen Rechts, nicht unzugänglich gegen das in seiner Jugend nach Deutschland gedrungene Naturrecht, aber, wie er selbst beklagte, als Jurist fertig geworden, ehe die germanistischen Bestrebungen weitere Kreise zogen, ganz Gelehrter, durchaus sachlich, klar, einfach und bescheiden, wirkend nicht sowohl durch seine Persönlichkeit als durch die Wahrheit und Verläßlichkeit seines juristischen Urteils und deshalb nicht bloß der Bildner einer Schule, sondern des gesamten Standes, in welchem erst er, um nur an dies eine zu erinnern, den Hexenwahn niedergeschlagen hat.

Ueber beiden ragte wie schon über allen des vorigen Geschlechts Leibniz empor. Er hatte weniger als je Fühlung mit seinen Zeitgenossen. Vielmehr war er in diesen Jahren bereits daran, der juristischen Welt die weiten Ziele einer deutschen Rechtskodifikation und Justiz= reform zu stecken, die erst mit dem 19. Jahrhundert in ihren Gesichtskreis rücken und dessen Arbeitsleistung noch ganz beanspruchen sollten. Nur Johannes Schilter (1632—1703) hat unter den Gleichzeitigen ein Anrecht, mit ihm zusammen genannt zu werden, auch er nicht als sein Geistesverwandter, je= doch als der, der wenigstens den Weg zu Leibnizens Ziel der Rechtskodifikation bezeichnete; denn Schilter nahm den ersten genialen Anlauf dazu, durch ge= schichtliche Erforschung und Vergleichung der territorialen deutschen Privatrechte den Boden für die Schöpfung eines ge= meinen deutschen Privatrechts zu bereiten, wie es nun mit dem Jahre 1900 Wirk= lichkeit geworden ist.

Der geschichtliche Geist, dem Leibniz in seinen gelehrten Zeitgenossen zum Durchbruch verholfen hatte, und der aus der nationalen Aufblüte immer lebensvollere Nahrung sog, trug auch sonst in der Wissenschaft schon seine Früchte. Zunächst schuf er die geschichtliche Wissenschaft selbst, einerseits in fleißigster Sammel= thätigkeit, wie sie am feinsten Lünig seit 1694 pflegte, anderseits bereits in scharfsinniger kritischer Arbeit, wie sie nach der Anleitung des Kaspar Sagittarius (seit 1675) Ezechiel von Spanheim für die römische, Johann Philipp Datt 1698 mit seinem mächtigen Werk über den Ewigen Landfrieden für die deutsche Ver= fassungsgeschichte verrichteten. Gottfried Arnold hat das Verdienst, diese Methode auf die Kirchengeschichte angewandt zu haben, obwohl er persönlich viel zu leidenschaftlich war, um durchdringende Er= gebnisse zu erzielen. Und auch das philo= logische Studium fand hier neue Anregung. Ihm ist aus Schilters rechtsgeschichtlichen Untersuchungen die Grundlage aller späteren

germanistischen Forschung, der erst aus Schilters Nachlaß veröffentlichte drei= bändige Thesaurus Antiquitatum Teu= tonicarum, erwachsen.

An diese Vorgänger schlossen sich seit dem Ende des Jahrhunderts die Natur= wissenschaften und die Heilkunde an. Ihnen erarbeiteten vorzüglich Stahl (1660—1734) und Hoffmann (1660 bis 1742) die methodischen Voraus= setzungen, dieser als bahnbrechender Ex= perimentator, jener als tiefsinniger Syn= thetiker, zugleich als der, der die Chemie zum Range einer Wissenschaft erhob und begrifflich bestimmte.

Abb. 133 · Friedrich August von Sachsen

Die Entwicklung der deutschen Schrift= sprache, die schon in dem Zeitabschnitte vorher durch Schottel und Zesen in die rechte Bahn gelenkt worden war, schritt rüstig fort. Wenigstens der Verdienste Christian Weises um sie, des edlen ein= fachen Rektors in Zittau (1642—1708), und des Wismarer Daniel Georg Morhof (1639—1691) mag hier gedacht werden. Das beste Lob für sie ist doch, daß Tho= masius in deutscher Sprache lesen, Arnold seine ‚Unparteiische Kirchen= und Ketzer= historie‘ in ihr schreiben konnte.. 1697 bildete sich in Leipzig die ‚Deutsche Ge= sellschaft‘, aus der 1726 Gottsched her= vorging. Wohl mögen diese Fortschritte um so höher bewertet werden, als die Sprachwissenschaft auf die Hilfe der Dichtkunst verzichten mußte, weil die

10*

Abb. 134 · Standbild des Großen Kurfürsten

Männer der Nation in jenen Jahren harter Arbeit in Staat und Wiſſenſchaft nicht die Muße zum Singen und Sagen erübrigten. Erſt ganz am Schluſſe des Zeitraums und nur wie ein Blitz taucht die Erſcheinung Johann Chriſtian Günthers auf (1695 bis 1723), bei deſſen heißem Liederton und meiſterlicher Subjektivität uns zuerſt der Gedanke an Goethes Nähe durchfährt. Die deutſche Bildung war in der That auf dem Wege zu Goethe.

Wenden wir noch einmal den Blick nach Halle und Berlin. In Halle trafen ſich von 1692 ab ſolche Gegenſätze wie Stryk und Thomaſius, Francke, Stahl und Hoffmann, ſogar der alte Seckendorf war noch berufen worden, doch iſt er alsbald nach der Ueberſiedlung geſtorben. Indem ſie die Zucht bewieſen, zu gemeinſamer Arbeit ſich zu vereinigen, entſtand die erſte deutſche Hochſchullehrergemeinſchaft, wie wir ſie heute kennen: neben dem nur gelehrten Stahl der gewandte Redner Hofmann, neben dem beſonnen klaren, reiſen Stryk die überſchäumende Leidenſchaftlichkeit des Thomaſius, jeder eine Perſönlichkeit für ſich und jeder der Verfechter eines andern Syſtems, alle aber ſich ergänzend und ſo durch die Vielheit ihrer Begabung zur allſeitigen und eigenartigen Entwicklung ihrer Schüler fähig. Aus ihren Hörſälen iſt nach und nach das höhere preußiſche Beamtentum hervorgegangen, mit ſeiner wiſſenſchaftlichen Vorbildung, ſeiner arbeitſamen Tüchtigkeit, ſeiner Ueberlegung zugleich und ſeiner

Abb. 135
Eoſander von Goethe

fortſchrittlichen Verſtändigkeit, jenes Beamtentum, das Friedrich II. wie Stein-Hardenberg, wie Bismarck zu folgen vermochte. Aber ebenſo ſind von Halle aus die entſcheidenden Einwirkungen auf die geſamtdeutſche Gelehrtenwelt erfolgt. Die Wucht des Zuſammenarbeitens der Männer in Halle war ſo groß, daß ſie alles wiſſenſchaftliche Streben in Deutſchland mit ſich in ihre neuen Bahnen riſſen.

Im März 1700 ließ Friedrich I. der Gründung Halles die Stiftung der Akademie der Wiſſenſchaften zu Berlin folgen. Leibniz hatte ſie lange für Wien geplant; jetzt kam ſie nach Preußen. Er erſchien perſönlich, um als ihr erſter Präſident in freundſchaftlichem Verkehr

Abb. 136 · Frauenkirche in Dresden

mit der geiſtvollen Gemahlin Friedrichs,
hochgeachtet von dem König ſelbſt, die
Fülle ſeiner Pläne und Gedanken in
den Boden Brandenburgs zu ſenken.
In dieſem Berlin des Jahres 1700
wirkten nebeneinander Spener und Arnold.

Auch in Norddeutſchland reifte mit
der Wende des Jahrhunderts eine große
Barockkunſt heran. Es glückte nun freilich
Friedrich I. nicht, ihre ausgezeichnetſten
Baumeiſter für Berlin zu gewinnen.
Friedrich Auguſt I. von Sachſen und Polen,

Abb. 137 · Das Berliner Schloß

Hier war 1696 Leibnizens glänzend-
ſter Gegner, Pufendorf, noch vom
Großen Kurfürſten gerufen, als der
Geſchichtsſchreiber des jungen Staates
geſtorben. Hier wurde 1712 in Friedrich II. der Mann geboren, den die
Kultur der Aufklärung nicht laut genug
als ihr Ideal hat feiern
können. Hier begegnete in
Leibniz der größte Genius
der europäiſchen Wiſſen-
ſchaft damals dem tief-
ſten Genius der europä-
iſchen Kunſt jener Tage,
dem Hamburger Andreas
Schlüter (1664—1718).

*

Sein Leben lang hatte ſich der Große
Kurfürſt bemüht, Künſtler von Rom,
Paris und Amſterdam her an ſich zu
ziehen, und ſoviele Entwürfe hatte er
ihnen eingegeben, daß ſein Sohn ein
eigenes Bauarchiv zu ihrer Aufbewahrung
einrichten ließ. Aber die Ausführung
war ihm bei der Größe ſeiner politiſchen
Aufgaben nicht mehr beſchieden geweſen.
Erſt Friedrich I. fand die Muße, er auch
erſt die rechten Künſtler.

den die politiſche Geſchichte mit ſoviel
Widerſtreben zu erwähnen pflegt, kam
ihm hier zuvor, ein Mann, der nicht
nur der Freund, ſondern der Mitarbeiter
ſeiner Künſtler war, voll derber, groß-
zügiger Lebenskraft, ſinnlicher Energie,
ernſt und fein in der künſtleriſchen
Empfindung, ſelbſt ein kunſtſchöpferiſcher
Geiſt, der alles in ſeinen Meiſtern zur
Entfaltung brachte. Ihm haben die
begabteſten unter den Norddeutſchen,
Matthäus Daniel Pöppelmann (1662 bis
1736), der Meiſter des Zwingers (ſeit
1705), und, obwohl ein Sohn der Mark,
auch Georg Bähr (1666—1738) gedient,
dem mit dem Bau der Dresdener Frauenkirche (1726—1740) eine der bedeut-
ſamſten architektoniſchen Schöpferthaten
der Geſchichte gelingen ſollte, die Entwicklung eines neuen Grundrißgedankens
für den Kirchenbau aus der Eigenart
des proteſtantiſchen gottesdienſtlichen Be-
dürfniſſes heraus.

Friedrich I. mußte ſich in der Architektur
unterdeſſen mit der techniſchen Gewandtheit und Mache Coſanders von Goethe
(1670—1729) begnügen und mit dem, was
Schlüters Genialität entwerfen, wenn
auch aus Mangel an Erfahrung nicht

immer durchführen konnte. Dafür schenkte ihm Schlüter das Höchste, was er als der größte germanische Bildhauer aller Zeiten zu geben vermochte. Er war 1694 gekommen. Am Zeughause und am Charlottenburger Schlosse half er zuerst, 1699 begann der Bau des königlichen Schlosses, am 11. Juli 1703 ward das seit 1697 von dem Meister entworfene Standbild des Großen Kurfürsten auf der Langen Brücke enthüllt. Befreit von allem, was irdisch klein an ihm war, erhob sich Friedrich

Abb. 138 · Sächsische Bildhauerarbeit

Wilhelm dort, groß, streng, unwiderstehlich — das herrlichste Bild siegreicher Kraft. Sein Antlitz wandte sich hinüber nach dem in gewaltiger Monumentalität

wiedererstehenden Schlosse seiner Väter, das seinesgleichen in Deutschland nicht gefunden hat. Feierlich, in herber Schönheit richtete es sich auf, entwickelte es seine mächtigen Fronten. Die Kuppel gab ihm die Richtung nach Westen. So steht es, dem Reiche zugekehrt, unter den Augen des Gewaltigen, der Preußens Staatswesen geschmiedet hat, es selbst ein großes, ernstes Zeugnis der deutschen Kultur, die seit dem frühen Tode Josefs I. Preußens Schutz von der Vorsehung anvertraut war und Deutschland in Vollendung der fast ununterbrochenen Kämpfe des 17. Jahrhunderts wieder einig und zur stärksten der Nationen Westeuropas machen sollte.

Buchschmuck

Von den Abbildungen sind entnommen worden

aus Lübke · Geschichte der Renaissance in Deutschland, die Abb. 13 · 27 und der Buchschmuck auf S. 5 · 15 · 17 · 36
" Springer · Handbuch der Kunstgeschichte, der Buchschmuck auf S. 46
" Gurlitt · Geschichte des Barockstils und des Rokoko, die Abb. 61 und der Buchschmuck auf S. 122
" den Bau- und Kunstdenkmälern des Königreichs Sachsen, des Herzogtums Braunschweig und der Grafschaft Schaumburg-Lippe, sowie der Provinzen Ost- und Westpreußen, Sachsen, Schleswig-Holstein, Westfalen, Rheinprovinz, die Abb. 8 · 21 · 27 · 35 · 59 · 69 · 80 · 81 · 84 · 85 · 86 · 99 · 100 · 126 und der Buchschmuck auf S. 12 · 21 · 26 · 32 · 38 · 40 · 58 · 63 · 64 · 81 · 85 · 104 · 108 · 110 · 119 130 · 151
" dem Hohenzollern-Jahrbuch, die Abb. 111 · 118
" Könneckes Litteraturhistorischem Bilderatlas, die Abb. 45

— ——

Die auf S. 51 Jakob I in den Mund gelegten Worte rühren von Aitzema her

Brandenburgischer und Wittelsbachischer Besitz
IM 17. JAHRHUNDERT

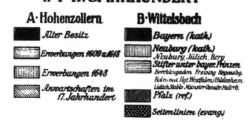

A·Hohenzollern

- Alter Besitz
- Erwerbungen 1609 u.1618
- Erwerbungen 1648
- Anwartschaften im 17. Jahrhundert

B·Wittelsbach

- Bayern (kath.)
- Neuburg (kath.) Neuburg, Jülich, Berg
- Stifter unter bayer.Prinzen Berchtesgaden Freising Regensbg. Köln nist Hyt. Westfalen) Hildesheim. Lüttich.Stablo Münster Osnabr.Padrb.
- Pfalz (ref.)
- Seitenlinien (evang.)

Lightning Source UK Ltd.
Milton Keynes UK
UKHW010609120219
337137UK00007B/1482/P